健康中国2030·专科护理健康教育系列丛书

中医科护理健康教育

主　编　古成播　张小燕　黄　平
副主编　韦甜甜　许　薇　赵东芳　苏永静
编　者　（按姓氏汉语拼音排序）
曹　娟　古成播　黄　平　靳园园
刘　杰　罗诗玲　马彩琴　聂发丽
苏永静　汪琰彦　王利琴　韦甜甜
吴海燕　吴婉玲　许　薇　许继晗
袁志云　张小燕　赵东芳

科学出版社
北京

内 容 简 介

本书详细阐述了中医肺系、心脑、脾胃、肝胆、肾系、气血津液、肢体经络7大类共计54种内科疾病的病因、临床表现、相关检查、治疗原则、护理要点、预防保健等，对于患者关心的日常保健、康复调养等相关的健康教育，以及热点、难点问题、常见的认识误区、容易混淆的概念做了解答。

本书适用于临床一线护理人员，帮助临床护理人员能更加专业、全面地为患者或家属提供指导。

图书在版编目（CIP）数据

中医科护理健康教育 / 古成璠，张小燕，黄平主编. —北京：科学出版社，2018.1

（健康中国 2030 · 专科护理健康教育系列丛书）

ISBN 978-7-03-055929-6

Ⅰ. ①中… Ⅱ. ①古… ②张… ③黄… Ⅲ. ①中医学–护理学 Ⅳ. ①R248

中国版本图书馆 CIP 数据核字（2017）第 315381 号

责任编辑：张天佐　胡治国 / 责任校对：郭瑞芝

责任印制：吴兆东 / 封面设计：陈　敬

科 学 出 版 社 出版

北京东黄城根北街 16 号

邮政编码：100717

http://www.sciencep.com

北京厚诚则铭印刷科技有限公司印刷

科学出版社发行　各地新华书店经销

*

2018年1月第 一 版　开本：789×1092 1/16

2025年3月第五次印刷　印张：11

字数：260 000

定价：79.80元

（如有印装质量问题，我社负责调换）

丛书编委会

主　编　周宏珍　张广清

副主编　王莉慧　覃惠英　陈佩娟

编　者　（按姓氏汉语拼音排序）

陈佩娟　邓瑛瑛　古成播
何景萍　何利君　黄　莉
李海兰　缪景霞　覃惠英
申海燕　屠　燕　王莉慧
王　颖　谢婉花　姚　琳
张广清　张　军　张晓梅
赵志荣　甄　莉　周宏珍
周　霞

丛书前言

随着社会的进步，生活水平和文化生活的不断提高，人们对疾病护理和健康知识的需求越来越高，给护理工作提出了新的要求。同时，随着医学模式由生物学向生物-心理-社会医学的转变，护理模式也由单纯的疾病护理向以患者为中心的整体护理转变。健康教育则是整体护理中的一个重要环节，护士在健康服务体系中不仅仅是一个照护者、治疗者，而且是健康的维护者、教育者。它要求护士不仅为患者提供适当的治疗和护理，还要针对不同的患者、不同的人群开展相关疾病的健康教育，以提高患者的自控行为能力，减轻或消除患者的心理负担，促进疾病的治疗和康复。不仅有利于提高患者对医护人员的信任感，同时有利于增强患者的自我保健意识，防止疾病的复发，而且对患者在住院期间的不同阶段也会产生不同的促进作用。

目前我国护理队伍普遍存在学历偏低、年轻化、经验不足、资源分配不均等特点，如何帮助这支年轻的护理队伍在短时间内掌握疾病的基础知识及新技术的护理要点，使临床护理人员更加专业、全面地给患者或家属提供专业个性的指导成为当务之急。正是在这样的背景下，科学出版社及时组织临床护理专家出版了“健康中国 2030 · 专科护理健康教育系列丛书”，该系列丛书的出版对于推进我国当前护理工作的开展具有现实意义。第一辑共有 20 个分册，各分册间相互独立又彼此关联，涵盖了内科、外科、妇科、产科、儿科等多个学科。归纳起来，本系列丛书具有以下特色。

1. 内容丰富、涵盖面广。

2. 注重讲解各专科疾病的基本概念、发病病因、临床表现、相关检查、治疗原则、护理要点、预防保健等，对于各专科患者关心的运动、心理、社会、日常保健、调养、康复等相关的健康教育，以及大众所关心的热点问题、难点问题、常见的认识误区、容易混淆的概念做了明确的解答。

3. 全书采用问答形式，便于查阅。

4. 编写队伍由活跃在临床一线的经验丰富的护理业务骨干组成，具有较高水准，对于实际工作的指导性很强。

我们真诚地希望护理同仁们通过阅读本丛书，能提高自己的专业知识和自身素质，在实践中为患者提供优质、安全、贴心的护理。

本系列丛书的编写，我们力求准确全面，但由于水平有限，不足之处在所难免，我们真诚地希望广大读者和护理同仁批评指正，以便我们今后不断修正。

周宏珍

2017 年 6 月

前　言

中医作为中国的传统医学，历史悠久，博大精深。随着社会的发展和中医文化的传承，中医对人体的养生保健及各种疾病的治疗和慢性疾病的调理在理论和技能等各方面不断地发展和提高，形成了科学的理论体系。人们对疾病的重视程度及对医疗护理服务水平的需求日益增长，客观上对护理工作提出了更高的要求，护理工作不再只以输液、打针、发药为目的，而更多的是注重患者的身心健康需求和社会需求，鉴于此，编写了这本《中医科护理健康教育》，本书的特色之处在于它以问答的形式应用中西医结合的理念对中医科常见的54种内科疾病的病因、临床表现、相关检查、治疗原则、护理要点、预防保健及患者关心的日常保健、康复调养、常见的认识误区、容易混淆的概念，以及热点、难点等相关问题进行了较为详尽的讲述。本书汇集了编者多年的临床经验和智慧结晶，同时也非常注重对患者及家属的健康教育。

本书在编写中注重实用性、专业性、科学性和先进性，具有较高的理论和实用价值，编者以她们多年的护理经验和体会，对中医科常见的54种内科疾病进行了细致入微的解答，并将中医护理知识提炼出来，以利于临床护士在繁忙的工作之余有针对性地学习，能对临床常见病症开展辨证施护和健康教育，并结合现代临床的新理论、新知识、新方法、新技术，进而提高中医知识水平，帮助临床护理人员能更加专业、全面地为患者及家属提供指导和教育，为患者的身心健康提供更安全、更优质的护理服务。

本书简明实用，编写格式采用问答形式，易于查询阅读，是当前临床中医护理人员不可或缺的工具书。同时它也可以作为广大患者及家属的科普读物。在编写过程中，得到了参编专家所在单位的大力支持，在此表示感谢。衷心感谢全体参与编写的专家的通力合作，使全书得以顺利完成。由于书中涉及的内容广泛、篇幅较多，限于学识及能力，虽经编写人员认真查阅资料，多次修改，但书中难免有疏漏之处，敬请各位专家和同行提出宝贵意见，以便更加完善和更适合临床一线护理人员查阅。

《中医科护理健康教育》编委会

2017年6月

目　　录

第一章　肺系疾病······1

第一节　感冒······1

第二节　咳嗽······3

第三节　哮病······7

第四节　喘证······9

第五节　肺痈······12

第六节　肺胀······14

第七节　肺痨······18

第八节　肺痿······21

第二章　心脑疾病······25

第一节　心悸······25

第二节　胸痹······28

第三节　不寐······30

第四节　癫狂······33

第五节　痫病······37

第六节　痴呆······39

第七节　健忘······41

第八节　厥证······43

第九节　头痛······44

第十节　眩晕······47

第十一节　中风······49

第三章　脾胃疾病······53

第一节　胃痛······53

第二节　痞满······56

第三节　呕吐······60

第四节　噎膈······63

第五节　呃逆······66

第六节　腹痛······71

第七节　泄泻······74

第八节　痢疾······78

第九节　便秘······81

第四章　肝胆疾病······85

第一节　胁痛······85

第二节　黄疸······88

第三节　积聚······93

第四节　鼓胀······96

第五节　瘿病……99
第六节　疟疾……102
第五章　肾系疾病……107
第一节　水肿……107
第二节　淋证……112
第三节　癃闭……116
第四节　阳痿……120
第五节　遗精……123
第六节　耳鸣耳聋……126
第六章　气血津液疾病……130
第一节　郁证……130
第二节　血证……132
第三节　痰饮……135
第四节　消渴……138
第五节　汗证……140
第六节　内伤发热……143
第七节　虚劳……146
第八节　肥胖……149
第九节　癌病……151
第七章　肢体经络疾病……157
第一节　痹证……157
第二节　痉证……159
第三节　痿证……161
第四节　颤证……163
第五节　腰痛……164
参考文献……167

第一章　肺系疾病

第一节　感　　冒

一、什么是感冒？

感冒是由于感受风邪，客于肺卫所致，以鼻塞、流涕、喷嚏、头痛、恶寒、发热、全身不适为主要表现的一种外感疾病。

二、感冒的病因有哪些？

因外感六淫或正气虚弱，卫外不固，致寒热之邪相兼发病，风寒、风热、暑湿从口鼻或皮毛侵犯人体，致卫表失和，肺气失宣。感冒病变脏腑涉及肺卫，而主要在卫表，卫表不和，正邪相争则恶寒发热、头痛、身痛，肺气失宣则见鼻塞、流涕、喷嚏、咳嗽等肺系症状。

三、感冒有哪些临床表现？

邪正相争，卫阳被遏，营卫失调，故临证有风寒、风热、暑湿、气虚、阴虚的不同，在病程中又可见寒热的转化及错杂。普通感冒以风邪为主因，冬、春季节气候变化时发病率高；时行感冒以疫疠之毒为因，常暴发流行，易合并他病。

1. 风寒束表　恶寒重，不发热或发热不甚，无汗，头痛，肢体酸痛；流清涕，咳嗽痰白；舌质淡红，苔薄白，脉浮紧。

2. 风热犯表　发热恶风，汗出，发热或者高热，咽红肿痛；鼻塞，流稠涕，咳嗽，痰稠口干渴；舌质红，苔薄黄，脉浮数。

3. 暑湿袭表　好发于夏季，头身困重，发热；食欲不振，胸闷脘痞，口中黏腻，或呕吐，腹泻；苔黄白，厚腻，脉濡数。

四、感冒有哪些相关检查？

因感冒多为病毒感染，可做血常规检查，白细胞计数一般正常或偏低，淋巴细胞比例可相对增高。如合并细菌感染可有白细胞计数与中性粒细胞增多和核左移现象。流感病毒快速抗原检测有助于时行感冒早期诊断。

五、感冒的治疗原则是什么？

1. 感冒邪在肺卫，以疏风宣肺、解表达邪为原则。临证当分清风寒、风热，风寒之证宜辛温解表、宣肺散寒；风热之证亦辛凉解表、宣肺清热。时行感冒者应清热解毒。

2. 区分兼夹证　风寒证治以解表散寒；风热证治以解表清热；暑湿证治以清暑祛湿解表；体质虚弱者，当辨气虚、阴虚之别，分别治以益气解表、滋阴解表。

3. 老人、婴幼儿、体弱者或感邪较重者，可见化热入里犯肺，或逆传心包（如流感病毒性肺炎、中毒型流感）的传变过程，又当与温病联系互参辨证论治。

六、治疗感冒有哪些要注意的事项？

感冒初起时可予辛凉轻剂疏风解表，药用淡豆豉、桑叶、薄荷、防风、荆芥等轻清透邪；流感（流行性感冒）症状较重者，辨证以风热为多见，在辨证论治基础上，应重用清热解毒之品，如板蓝根、大青叶、蚤休、黄芩、金银花、连翘辛凉解表；夹痰者，在疏风解表基础上加祛痰药。

七、感冒的护理要点有哪些？

1. 观察患者恶寒、发热、汗出及头身疼痛等情况，以便分清感冒证候。

2. 观察并记录心律、心率、脉象的变化，如出现心悸、胸闷不适应及时报告医生并及时处理。

3. 观察体温的变化，发热时可进行温水擦浴，擦拭颈部、腘窝、腋窝、腹股沟等大动脉走行处，不宜采用冷敷降温；如有恶寒时应保暖。观察有无出汗，汗出热退时，宜用温毛巾或干毛巾擦身，及时更换衣被，避免受凉。同时注意保暖，以防复感。

4. 观察咳嗽的时间，咳痰的性质，是否易咳出，痰液的颜色、性质、量；鼻涕的色、量气味的变化；舌苔脉象的变化，了解寒热性质。

5. 风寒者服用中药汤药宜热服，服药后予以保暖，以助微汗出；风热感冒者，汤药宜温服。

6. 服药后的护理：服解热药后体温易骤降，如患者出现大汗淋漓、面色苍白时应立即报告医师予以处理；如药后无汗、体温继续升高、咳嗽、胸痛、咯血或热盛动风抽搐时应立即报告医师紧急处理；注意有无纳差、恶心呕吐、腹泻等胃肠道反应。

7. 重症感冒者应卧床休息，禁止剧烈活动，避免劳累。热退后可适当下床活动。

8. 注意患者的口腔护理，可用银花甘草液或淡盐水漱口，每日 2 次。

9. 对症处理：风寒感冒恶寒发热无汗者，可行背部捏脊直至背部发热（督脉及膀胱经脉腧穴）；鼻塞流涕者按摩迎香穴或印堂穴；头痛加太阳、百会、印堂等穴位。周身酸痛不适者，可循足太阳经做背部按摩至全身微汗，并按摩四肢。

八、感冒后的生活起居应注意什么？

慎起居，适寒温，避免受凉和过度劳累。

1. 注意保持环境安静、舒适，房间空气清新，保持空气流通，患者禁止直对通风口。每日房间至少通风 2～3 次，每次约 30 分钟。

2. 风寒、气虚感冒者，室温可偏高，注意防寒保暖；风热、阴虚感冒者，室温宜凉爽通气；暑湿感冒者室内避免潮湿。

3. 对流感患者应做好呼吸道隔离工作，病房每日紫外线照射空气消毒，预防传染。

4. 高热时要卧床休息，减少活动，热退后可活动，风寒感冒者要少做接触冷水的活动。

九、感冒后的饮食有哪些注意事项？

1. 感冒者饮食宜清淡、细软，宜进易消化、富含维生素食物，多饮水，少量多餐，忌辛辣、肥腻、荤腥食物，戒烟酒。

2. 风寒感冒者宜食发汗解表之品，如葱白、生姜、芫荽、蒜等调味的食物，宜热食，多喝热稀粥或热水或予生姜红糖水热饮，以利驱邪外出。可用葱豉汤葱白 7～12 根，豆豉 10～15g，鲜生姜 5～10g，水煎后加红糖 30g 调服。忌食生冷。

3. 风热感冒者宜食清凉润助清热之品，可多食水果，适量饮水，给温开水或西瓜汁、薄荷叶、鲜芦根、绿豆粥等。忌食辛辣刺激之物，如葱、姜、花椒等。

4. 暑湿感冒应避免食生冷、甜品，可用鲜藿香、佩兰冲茶饮或薏苡仁粥以化湿解暑。

5. 气虚感冒者宜温补易消化的食品，如山药粥、黄芪大枣等健脾补气。

6. 阴虚感冒者以滋阴解表为主。宜食清补食物如银耳、豆腐、海参，忌食羊肉、狗肉等燥热伤阴之物。

十、感冒的服药护理有哪些？

1. 注意煎药及服药方法。解表药多含挥发性成分，汤药不宜久煎，汤剂煮沸后 5～10 分钟即可。趁温热服，服后避风取汗，出汗后尤应避风，以防复感。

2. 外感风寒或体虚外感者汤药宜热服；外感暑湿、风热者汤药宜温服，不宜凉服。

3. 外感风寒服辛温解表药后，保暖以利出汗；多饮热水以利驱邪外达。忌生冷食物。

4. 服用发汗药后，应注意观察出汗量，防止大汗虚脱，避免汗出当风，不可过度发汗，以防过汗伤阴。

5. 口服中药应与西药间隔开 30 分钟左右。

6. 服药期间不宜同时服用滋补性中药。

十一、如何才能预防感冒？

1. 感冒的预防关键在于适当体育锻炼，参加户外活动，增强体质，以御外邪。

2. 冬春之季注意防寒保暖，盛夏不可贪凉露宿，天暑地热之时，切忌坐卧湿地。

3. 慎起居，避风寒，季节变换及时增减衣被。

4. 每日凉水洗脸，冷敷鼻部，增强耐寒能力；流感流行期间避免去人口密集的公共场所，防止交叉感染。

5. 如与流感患者有明确接触者，可用下方预防：金银花 6g，大青叶 6g，薄荷 3g，生甘草 3g，水煎服，每日一剂，连服 3～5 天。老年体弱者可用下方预防：党参 6g，苏叶 6g，荆芥 6g，水煎服，每日一剂，连服 3～5 天。

6. 加强营养，以扶正气，防再次感染。

第二节　咳　　嗽

一、什么是咳嗽？

咳嗽是呼吸系统疾病的主要症状。本证病位主要在肺系，但“五脏六腑皆令人咳，非独肺也”，只要其他脏腑病变累及肺脏，导致肺失宣降，均可引起咳嗽。

二、咳嗽的发病原因是什么？

1. 外感咳嗽　风、寒、湿、暑、燥、火六淫之邪，侵袭于肺，清肃失常，肺气上逆而咳嗽。常见于风寒、风热和燥热。

2. 内伤咳嗽　多由于脏腑功能失调，影响及肺。脾失健运，水谷不能化为精微，痰湿上积于肺；肝气郁结化火，肝火犯肺，灼伤津液；肺阴亏耗，失于清润，气逆于上；肺气亏虚，清肃无权；肾气亏虚，不能纳气，均可引起咳嗽。

三、咳嗽有哪些辅助检查？

1. 血常规检验　合并细菌感染时，白细胞总数和中性粒细胞可增多。

2. 胸部 X 线　多表现为肺纹理增粗。

3. 痰液检查　痰液涂片及培养可发现致病菌。

四、咳嗽的中医治疗原则是什么？

首先要分清外感和内伤咳嗽。外感咳嗽，起病急，病程短，并伴有外感表证，治以宣通肺气、疏散外邪为主；内伤咳嗽，发病缓，病程长，伴有不同里证，治以调理脏腑为主，如养肺、健脾、清肝、补肾等。

五、外感咳嗽有哪些临床表现？

1. 风寒咳嗽　表现为咳嗽声重，痰白稀薄，流清涕，恶寒，无汗，或兼发热，全身酸痛，舌苔薄白，脉浮。治法以疏风散寒，宣肺止咳为主。

2. 风热咳嗽　表现为咳嗽，咯黄稠痰，或兼发热，头痛，咽痛，舌苔薄黄，脉浮数。治法以疏风清热，宣肺止咳为主。

3. 燥热咳嗽　表现为咳嗽痰少，或痰中带血丝，伴有胸痛，咽干，舌尖红，舌苔薄黄，脉细数。治法以清肺润燥为主。

六、内伤咳嗽有哪些临床表现？

1. 痰湿咳嗽　表现为咳嗽痰多而白黏，纳少，身重易倦，舌胖苔白腻，脉濡滑。治法以健脾燥湿，化痰止咳为主。

2. 痰热壅肺　表现为咳嗽，痰多稠黄，或痰中带血，胸闷，胸痛，或有身热面赤，口渴，舌红苔黄腻，脉滑数。治法以清热化痰为主。

3. 肝火犯肺 表现为咳嗽，胸痛，痰黏难咯，面红咽干，口苦，舌红苔薄黄，脉弦数。治法以清肝降火，泻肺止咳为主。

4. 气虚咳嗽 表现为咳嗽，咯痰清稀，气短懒言，喜温畏寒，自汗，舌淡苔白，脉细。治法以补肺益气，止咳除痰为主。

5. 阴虚咳嗽 表现为咳久痰少，咽干，五心烦热，午后潮热，舌红苔薄少津，脉细数。治法以养阴清热，润肺止咳为主。

七、咳嗽如何辨证施护？

1. 风寒咳嗽的辨证施护

（1）保持室内空气清新，室温宜偏暖、向阳。注意保暖，及时增减衣被，预防感冒。

（2）注意观察有无寒战发热，痰涕的性质和舌苔脉象的变化。有恶寒发热时，应卧床休息，注意保暖，可用生姜、红糖、红枣加水适量，煎后热服，以驱风散寒。用热毛巾多次热敷额部，配合按摩迎香穴，以缓解头痛及鼻塞症状。

（3）饮食宜清淡易消化，可多吃温性食物如生姜、葱、蒜、胡椒等，以助驱寒。忌食生冷、油炸及肥甘厚腻等食物。

（4）中药汤剂宜温服，服后可略加衣被，使身体微发汗为宜。

2. 风热咳嗽的辨证施护

（1）保持室内空气清新，避免刺激气味吸入。

（2）饮食宜清淡易消化，少量多次饮水。可食白萝卜、雪梨、马蹄等新鲜蔬菜、水果，忌辛辣、油腻、烟酒等刺激食物，以免加重咳嗽。

（3）中药汤剂宜温服，服药后观察出汗及体温情况。

3. 燥热咳嗽的辨证施护

（1）保持室内空气清新，凉爽通风。保持环境安静、舒适。

（2）饮食宜清淡易消化，鼓励患者少量多次饮水。

（3）中药汤剂宜偏凉服。

4. 痰湿咳嗽的辨证施护

（1）保持室内干燥通风，环境安静舒适。

（2）痰多者，可用超声雾化吸入，促进痰液咳出。要经常变换体位，并轻拍背部，以促进痰液咯出。

（3）饮食宜清淡易消化，可多食赤小豆、茯苓、白扁豆、薏苡仁、山药等健脾化湿食物。忌食糯米、甜食、肥腻、辛辣、过咸食物，以绝生痰之源。

5. 痰热壅肺的辨证施护

（1）保持室内空气新鲜、通风。

（2）饮食宜清淡，可多食苦瓜、丝瓜、冬瓜等清热化痰食物，嘱患者少量多次饮水，以稀释痰液。

（3）中药汤剂宜偏凉服用，服药后观察用药反应。

6. 肝火犯肺证的辨证施护

（1）保持室内空气清新，通风。

（2）加强情志护理，使患者心情舒畅，教会患者如何自我调节情绪，减少负面情绪发生。

（3）饮食宜温凉、清淡，可多食绿豆粥、百合粥等滋阴降火、清热生津的食物。

（4）中药汤剂宜偏凉服，服药后观察用药反应。

7. 气虚咳嗽的辨证施护

（1）保持室内空气清新，阳光充足，室温温暖。

（2）饮食宜清淡易消化，可多食温补的食物，如瘦肉汤、牛肉汤、羊肉汤、黑芝麻等，忌食生冷、油腻、煎炸的食物。

（3）中药汤剂宜温热服。

8. 阴虚咳嗽的辨证施护

（1）保持室内空气清新，通风。

（2）饮食宜清淡易消化，可食川贝、瘦肉、百合、莲子、蜂蜜、牛奶等，以滋阴润肺，增强营养。

（3）中药汤剂宜温服。

八、咳嗽的生活起居要注意些什么?

1. 积极锻炼，增强机体抵抗力

（1）根据疾病恢复程度有计划地进行体育锻炼，如散步、打太极拳、慢跑等，锻炼时以不感到疲劳为宜。

（2）保持口腔清洁卫生，预防感染。

2. 耐寒能力锻炼

（1）从夏季开始逐渐适应用冷水洗脸、擦身等。

（2）入秋后不要过早增加衣服。

（3）根据病情适当进行室外运动。

3. 呼吸肌锻炼 患者取立位（老年体弱者可取仰卧位或坐位），一手放于胸前，一手放在腹部，用鼻吸气，用口呼气。吸气时，尽力挺腹，保持胸部不动；呼气时，缩拢口唇、腹部内陷，尽量排出气体。吸气与呼气时间比为 1∶2 或 1∶3，尽量深吸缓呼，以每分钟 7～8 次为宜。

九、咳嗽患者的情志指导要注意什么?

1. 介绍疾病的相关知识，使患者树立信心，积极配合治疗。

2. 尽量满足患者的合理要求，减少患者的负面情绪。鼓励患者说出内心感受，适当宣泄内心矛盾冲突，避免心理因素刺激。

3. 指导患者自我调节，如听音乐，看书等，以消除紧张、焦虑情绪。

十、咳嗽患者的饮食有哪些要注意的地方?

1. 避免辛辣刺激食品，忌烟酒及酸性食物，因酸味食物性收敛，不利于驱散外邪。

2. 根据病情指导患者少量多次饮水，以利于稀释痰液。

十一、不同证型的咳嗽食疗有哪些可以参考?

1. 风寒咳嗽的食疗

（1）蒸大蒜水：取大蒜 2～3 瓣，拍碎，放入碗中，加入半碗水，放入适量冰糖，加盖放入锅里蒸，大火烧开后改用小火蒸 15 分钟即可。

（2）生姜粥：生姜 3 片，大米适量。将生姜洗净，切碎，同大米煮为稀粥即可食用。

2. 风热咳嗽的食疗

（1）蜂蜜萝卜汁：白萝卜 1 个，蜂蜜 100g，陈皮 10g。将萝卜挖去中心，放入蜂蜜、陈皮，置碗内蒸煮，去陈皮即可食用。

（2）北杏炖雪梨：北杏 10g，雪梨 1 个（去皮、去核），冰糖适量，加适量水，隔水炖 1 小时。

（3）川贝炖雪梨：将雪梨去皮、去核，加入适量冰糖，川贝 10g（敲碎），清水适量，同入锅里炖 30 分钟左右，食梨饮汤。

3. 痰湿咳嗽的食疗

（1）杏仁猪肺粥：猪肺 90g，北杏仁 10g，大米 60g。将北杏仁去皮洗净，猪肺洗净切块，放入锅内，过水后再用清水漂洗净。把大米洗净与杏仁、猪肺同入锅内，加清水适量以文火煮成稀粥，调味即可。

（2）陈皮粥：陈皮30g加入大米100g煮成稀粥。

4. 痰热咳嗽的食疗

（1）罗汉果炖瘦肉：罗汉果、猪瘦肉各适量，加水炖服。

（2）蜜梨汁：雪梨1个，蜂蜜30g。将雪梨洗净去皮，切薄片，放入锅内加水适量，再加入蜂蜜，以文火煮沸后5分钟即可食用。

5. 肝火犯肺证的食疗 银耳冰糖炖梨：银耳5g，雪梨1个（洗净切大块备用），莲子10粒，冰糖适量，隔水炖1小时。

6. 气虚咳嗽的食疗 黄芪虫草鸡汤：母鸡肉100g，洗净，去肥油，切块。将鸡块出水。与黄芪10g，冬虫夏草5g，陈皮3g一同放入炖盅内，加入适量清水，用文火隔水炖3小时，调味后即可食用。

7. 阴虚咳嗽的食疗 沙参百合鸭汤：北沙参、百合各30g，鸭肉150g。将北沙参、百合、鸭肉分别洗净，一同入锅，加清水适量，先用武火烧沸，再用文火炖至鸭肉熟烂即成。

十二、咳嗽患者用药有哪些注意事项？

1. 遵医嘱合理使用抗生素，及时观察用药反应。

2. 止咳糖浆等呼吸道黏膜安抚剂服后不宜立即饮水，以免冲淡药液使疗效降低。

3. 服用祛痰药应注意以下几点：①大部分祛痰药对黏膜有刺激性，有消化道溃疡者应慎用。②祛痰药空腹服用疗效好，但大剂量服用可引起呕吐等胃肠道反应，故应遵医嘱适量服用。③长期卧床者服祛痰药后应注意经常更换体位，协助翻身、拍背，以利于痰液引流，避免造成呼吸困难甚至窒息。

十三、如何预防咳嗽？

1. 保持室内空气新鲜，温湿度适宜，避免刺激性气味及灰尘，坚持戒烟限酒。

2. 培养良好的卫生习惯，保持口腔清洁卫生，预防感染。

3. 保证充足的睡眠，适当运动。缓解期坚持锻炼身体，适当家务劳动。在身体条件允许的情况下，提倡夏季游泳，可增强体力、改善呼吸功能。

4. 如症状加重，痰量增加及性质改变，应及时就医。

十四、是不是所有的咳喘病患者都可以采用冬病夏治的方法呢？

不是的。一般情况下，阳虚体质的患者都适合冬病夏治。但有过敏体质的人不适宜，因为药物容易引起皮肤过敏。

十五、“三伏贴”的原理是什么？

因为三伏天的气温是一年中最高的时候，此时机体阳气充沛、毛孔扩张，有利于中药敷贴刺激穴位和药物的渗透吸收。而且好发于冬季的疾病在夏季相对缓解，此时中药敷贴能起到扶正祛邪、减轻冬季旧疾复发的作用。

十六、哪些疾病适宜贴敷“三伏贴”？

1. 呼吸道疾病 根据患者病情，敷贴选取的穴位各不同。主要选取肺俞、心俞、肾俞、大椎、命门、定喘等穴位贴敷治疗。适用疾病：慢性支气管炎、哮喘、反复发作的呼吸道感染（如扁桃体炎、咽炎）等。

2. 妇科疾病 冬病夏治可温化寒湿，舒经通络，对很多慢性妇科疾病有一定的疗效。适用疾病：属于虚寒因素所致的妇科疾病，如月经失调、痛经等。

3. 胃肠道疾病 适用于脾胃虚寒类疾病，如慢性胃炎、慢性结肠炎等。

4. 风湿类疾病 寒冷、潮湿、季节气候变化等，都会引起风湿类疾病发作或加重。夏天阳气上升，对风湿类疾病有一定的缓解作用。适用疾病：类风湿关节炎、强直性脊柱炎等。

十七、贴敷“三伏贴”后有哪些注意事项?

1. 观察用药后的反应 药物敷贴后4～6小时，部分人会有刺痒感觉；还有人会出现红、肿、热、痛；少数人可能会发疱，这些是药物渗透入表皮后的一种自然反应。为预防感染，起疱后勿抓破，少量的小水疱可等待其自行吸收，大水疱可用无菌针头刺破引流。

2. 遵守固定疗程 三伏为一个疗程，一般需要3个疗程。

3. 避免冷饮，少吹空调 冷饮易伤脾胃之阳，使体内的寒气阻塞，影响治疗效果。而且，敷贴“三伏贴”进入空调房后，皮肤遇冷使毛孔收缩，影响药物的渗入吸收。同时，敷贴治疗6小时内不宜洗澡。

4. 饮食清淡，拒绝发物 敷贴期间应戒酒，忌辛辣、海鲜、牛肉、蘑菇等腥发的食物。宜多食养阴润肺的食物，如百合、莲子、西洋参等。

5. 保证充足睡眠，保持愉悦心情。

第三节 哮 病

一、什么是哮病?

哮病是由于宿痰伏肺，遇诱因或外邪引触，以致痰阻气道，气道痉挛。发作时喉中哮鸣有声，呼吸困难，气促，甚则不能平卧，端坐呼吸。

二、哮病的发病原因是什么?

1. 外邪侵袭 外感风寒或风热之邪，未能及时表散，聚液生痰而成哮病。其他如吸入烟尘、花粉等过敏原，亦可诱发哮病。

2. 体虚病后 肺气耗损，气不化津，痰浊内生而成哮病。

3. 饮食不当 贪食生冷、肥甘或鱼虾蟹等发物，而致脾失健运，痰浊内生，壅阻肺气而成哮病。

三、哮病有哪些辅助检查?

1. 血常规检验 过敏性哮喘患者可有嗜酸性粒细胞增高，如并发感染可有白细胞总数和中性粒细胞增高。

2. 痰液检查 涂片染色后镜检可见较多嗜酸性粒细胞。

3. 过敏原检查。

4. 胸部X线检查 早期在哮喘发作时可见两肺透亮度增加，呈过度充气状态；在缓解期多无明显异常。

5. 呼吸功能检查。

6. 动脉血气分析。

四、哮病的中医治疗原则是什么?

发作期以攻邪治标，祛痰利气为主；缓解期以扶正治本为主。

五、哮病有哪些临床表现?

1. 发作期

（1）风哮：表现为喉中哮鸣有声，呼吸急促，反复发作。发病前多有鼻痒、喷嚏、咽痒等症。舌淡苔白，脉浮。治法以疏风宣肺，化痰平喘为主。

（2）寒哮：表现为喉中哮鸣有声，呼吸急促，痰稀白。形寒肢冷，受凉后易发。舌淡苔白滑，脉弦紧。治法以温肺散寒，化痰平喘为主。

（3）热哮：表现为喉中哮鸣有声，呼吸急促，咯黄稠痰。口苦，面赤，汗出。舌红苔黄腻，脉滑数。治法以清热宣肺，化痰定喘为主。

（4）虚哮：表现为喉中哮鸣声低，咳痰无力，面色苍白，形寒肢冷，气短，动则喘甚。舌淡苔白，脉细。治法以补肺纳肾，降气化痰为主。

2. 缓解期

（1）肺肾亏虚：表现为轻度哮鸣，气短气促，动则喘甚。偏阴虚者，兼五心烦热，颧红，口干，舌红少苔，脉细数；偏阳虚者，兼畏寒肢冷，面色苍白，舌胖苔白，脉沉细。治法以补肺益肾为主。

（2）肺脾气虚：表现为轻度哮鸣，痰稀白，气短声低，汗出，乏力，食少。舌淡苔白，脉细。治法以补肺健脾为主。

六、哮病如何辨证施护？

1. 风哮证的辨证施护

（1）保持室内空气清新，室温偏暖。

（2）饮食宜清淡易消化，避免生冷、油炸食物。忌食易过敏的食物，如虾、蟹、蛋等。

（3）中药汤剂宜温热服，服药后观察用药反应。

2. 寒哮证的辨证施护

（1）保持室内空气清新，室温偏暖，注意保暖。

（2）饮食可食温热食物，可加姜、葱、蒜等辛温调味品，以助散寒祛邪。忌生冷、腥发、油腻等食物。

（3）中药汤剂宜热服，服药后观察用药反应。

3. 热哮证的辨证施护

（1）室内宜凉爽通风，保持空气清新。

（2）饮食宜清淡易消化，可食枇杷叶粥、川贝粥等，有清热润肺化痰的作用。忌辛辣刺激等食物。

（3）中药汤剂宜凉服，服药后观察用药反应。

4. 虚哮证的辨证施护

（1）注意保暖，起居有节，睡前可用温水泡脚。

（2）宜多食补肾纳气之品，如芡实粥、白果核桃粥等。

（3）中药汤剂宜热服，服药后观察用药反应。

5. 肺肾亏虚证的辨证施护

（1）注意保暖，及时增减衣物，预防感冒。

（2）宜多食补肺益气之品，如黄芪炖乳鸽、党参红枣汤等。

（3）中药汤剂宜温服。

6. 肺脾气虚证的辨证施护

（1）注意保暖，起居有节，睡前可用温水泡脚，以增强机体抵抗力。

（2）宜多食健脾补肺之品，如茯苓、扁豆等。

（3）中药汤剂宜热服，服药后观察用药反应。

七、哮病的生活起居指导有什么注意事项？

1. 避风寒、防感冒 室温应保持20～22℃。夏季避免大量出汗，防止痰液过稠不易咳出。秋季根据病情进行耐寒锻炼，预防感冒。

2. 保持室内空气清新，阳光充足，避免刺激性气味吸入。

3. 哮喘发作时，应卧床休息或取半卧位，以减轻疲劳。

4. 保持大便通畅，以免因用力排便而产生疲劳。

八、哮病的饮食应注意什么？

1. 宜营养丰富、易消化食物 多食新鲜蔬菜、水果，避免肥腻、煎炸食物。忌食易过敏的食物，如虾、蟹、蛋、麦类等。在哮喘发作时，应少食胀气食物，如豆类、薯类等，以免腹胀加重呼吸困难。

2. 鼓励患者少量多次饮水，如晨起后、晚睡前。

3. 戒烟酒。

九、哮病的食疗方有哪些？

1. 白果炖鸡汤　白果 150g（去壳）和鸡肉 300g 同入锅，加入适量清水，大火炖 1 小时，文火再炖 30 分钟，即可食用。

2. 百合贝母蒸梨　百合 9g，贝母 5g，雪梨 1 个，冰糖 10g。雪梨去皮去核，切片，与百合、贝母、冰糖同入碗里，隔水蒸熟即可。

十、哮病患者的情志护理有哪些？

1. 保持病室环境安静、舒适，避免各种不良因素刺激。

2. 耐心安慰患者，尽量满足患者合理需求。缓解烦躁、焦虑等不良情绪。

3. 鼓励患者说出自己的心理感受，找出引起哮喘发作的心理因素。让患者适当宣泄内心不良情绪，减少心理因素刺激。

4. 指导患者学会自我调节，如听音乐、看书等，以消除紧张、焦虑情绪。

十一、哮病的用药指导应注意些什么？

1. 糖皮质激素用药期间应注意　①口服药应饭后服用，以减少胃肠道刺激。②停药时不宜过快，应逐渐减量。③观察用药后的反应。

2. β_2 受体激动剂的不良反应　有头痛、头晕、心悸、手指震颤及肠道反应。用药期间应注意：①向患者宣教药物的不良反应，以减轻其思想顾虑。②多选用吸入法，因其不良反应较少、作用迅速。③口服药宜饭后服，可减轻胃肠道反应。

3. 茶碱类药物的不良反应　有胃肠道症状、血压下降、心律失常，偶有兴奋呼吸中枢。用药期间应注意：①控制输液速度，不宜过快，以免引起心律失常或血压下降。②心、肝、肾功能障碍及甲状腺功能亢进者（简称甲亢）慎用。

十二、如何预防哮病？

1. 注意气候变化，预防感冒　避免哮病的诱发因素，如避免接触刺激性气体及花粉、烟尘等。

2. 尽量少去人流密集的公共场所，应戒烟酒。

3. 保持口腔清洁，勤漱口。用含激素的气雾剂吸入时，注意观察口腔黏膜变化。

4. 起居有规律，保证充足睡眠和稳定的情绪。

5. 增强体质，预防感染。根据病情适量活动，如散步、打太极拳等，以提高抵抗力。如有感染及时就诊。

第四节　喘　　证

一、什么叫喘证？

喘证是以呼吸急促，张口抬肩，鼻翼煽动，不能平卧等为主要临床表现的一种病证。

二、喘证的发病原因是什么？

1. 外邪侵袭　外感风寒，侵袭于肺，肺气不得宣畅，则上逆作喘；或因风热犯肺，肺失清肃，导致肺气上逆，以致喘促。

2. 痰浊壅盛　嗜酒及过食生冷、肥甘，致脾失健运，痰湿内生。肺气不得宣畅，以致气逆喘促。

3. 情志失调　情志不遂，忧思气结，悲忧伤肺；或因郁怒伤肝，肝气上逆犯肺，使肺气升降失常，以致喘促。

4. 肺肾虚弱 久病肺弱，咳伤肺气；若久病迁延不愈，由肺及肾，则肺肾俱虚，逆气上奔为喘。

三、喘证有哪些辅助检查？

1. 血常规检验 过敏性哮喘患者可有嗜酸性粒细胞增高，若并发感染可有白细胞总数和中性粒细胞增高。

2. 痰液检查 涂片染色后镜检可见较多嗜酸性粒细胞。

3. 过敏原检查。

4. 胸部X线检查 早期在哮喘发作时可见两肺透亮度增加，呈过度充气状态；在缓解期多无明显异常。

5. 呼吸功能检查。

6. 动脉血气分析。

四、喘证的中医治疗原则是什么？

首先要分清喘证的虚实。实喘表现为发病急，呼吸深，气粗声高，脉搏有力，其治主要在肺，以祛邪肃降为主；虚喘表现为发病缓，过劳即甚，呼吸短促，气怯声低，脉微弱，其治主要在肺肾两脏，以培补摄纳为主。

五、实喘有哪些临床表现？

1. 风寒闭肺 表现为呼吸急促、胸闷、咳嗽，咯稀白痰，或伴有寒战发热、头痛等症，舌淡苔薄白，脉浮紧。治法以宣肺散寒为主。

2. 表寒里热 表现为咳嗽、气促、胸痛，咯黄稠痰，烦热，大便干结，舌红苔薄白或黄，脉浮数。治法以宣肺泄热为主。

3. 痰浊阻肺 表现为气促、咳嗽、咯黏痰，或胸闷，恶心纳少，舌胖苔白腻，脉滑。治法以化痰降逆为主。

4. 气郁伤肺 表现为平素多忧思抑郁，因精神刺激，突然呼吸短促，胸闷，或失眠、心悸，不思饮食，舌淡苔白，脉弦。治法以开郁降气平喘为主。

六、虚喘有哪些临床表现？

1. 肺气虚 表现为气促、咳嗽，气怯声低，咳声低弱，咯稀白痰，畏寒，自汗，舌淡苔白，脉细。治法以补益肺气为主。

2. 肾气虚 表现为久病气喘，动则加甚，形瘦神惫，小便常因咳甚而失禁，面青唇紫，肢冷，自汗，舌淡苔白，脉沉细。治法以补肾纳气为主。

七、喘证如何辨证施护？

1. 风寒闭肺的辨证施护

（1）病房宜温暖，阳光充足，保持空气清新。

（2）饮食可食温性食物，如鸡蛋、奶制品等。可食用葱白粥、生姜粥等，具有驱寒、解表作用。忌食辛辣、油腻之品，戒烟酒。

（3）急性期应卧床休息，采用半卧位或坐位，以利呼吸肌的活动，提高肺活量。

（4）遵医嘱予持续低流量吸氧，做好给氧护理。

（5）中药汤剂宜温服，服药后如有汗出，应及时用毛巾擦干，更换潮湿衣服，注意保暖。服药期间，少食寒性食物，如绿豆、冬瓜等。

2. 表寒里热证的辨证施护

（1）保持室内空气清新，避免吸入异味、尘埃等刺激性气体。

（2）饮食宜清淡，多吃新鲜蔬菜、水果，发热患者多饮温开水，忌油炸、油腻之品。

（3）中药汤剂宜温服，服药后观察出汗和体温变化。

3. 痰浊阻肺证的辨证施护

（1）病房宜干燥通风，避免吸入各种刺激性气体。

（2）饮食宜多食健脾利湿化痰的食物，如扁豆、山药、茯苓、薏苡仁等。忌食甜食、肥腻、糯米、辛辣之品，以免助湿生痰。

4. 气郁伤肺证的辨证施护

（1）病房环境宜温暖明亮，保持通风。

（2）饮食宜温热的食物，多食新鲜蔬菜水果、豆制品等。

（3）加强情志调护，稳定患者情绪，避免不良刺激因素。

5. 虚喘证的辨证施护

（1）及时观察病情变化，记录发作持续时间、诱发因素、痰液性质、呼吸等病情。根据病情给予半卧位或坐位，予氧气吸入。

（2）指导患者锻炼腹式呼吸和缩唇呼吸。

（3）饮食宜清淡，可多食百合、山药、薏苡仁等补益之品。可多食健脾益肺的食物，如大枣粥、党参怀山薏仁排骨汤等。

（4）加强用药宣教，服用补益剂时，向患者讲解服用此类药物疗效缓慢，需耐心长期服用。

八、喘证患者的生活起居有哪些注意事项？

1. 避风寒、防感冒 秋季可视病情轻重进行耐寒锻炼，预防感冒；冬季应注意室内保暖，室温宜保持 20～22℃；夏季避免大量出汗，防止痰液过稠不易咳出。

2. 保持室内空气清新，阳光充足。避免接触过敏原，护理操作时动作轻柔，防止灰尘飞扬。

3. 急性发作期，应卧床休息，取半卧位，以减轻疲劳。

4. 保持口腔清洁，预防感染。

九、喘证患者的饮食指导有哪些？

1. 宜营养丰富、易消化食物 多吃新鲜蔬菜、水果，避免冷硬、油炸食物。忌食易致过敏的食物，如虾、蟹、蛋、麦类等。在哮喘发作时，应少吃胀气或难消化的食物，如豆类、山芋等，以避免腹胀压迫胸腔而加重呼吸困难。

2. 鼓励患者多饮水，如晨起后、晚睡前。因患者哮喘发作时，呼吸急促，大量出汗会使体液丢失过多。

3. 戒烟酒。

十、喘证的食疗方有哪些？

1. 芡实核桃粥 芡实 30g，核桃仁 20g，红枣 5 个，大米 50g 同煮成粥，分次服食。有补肾纳气作用。

2. 参苓粥 党参 30g，茯苓 30g，生姜 5g，粳米 100g。将党参、生姜切薄片，茯苓捣碎泡半小时，与粳米同煮粥。

3. 虫草炖鸭 水鸭肉 250g，冬虫夏草 10g，红枣 4 个。将红枣去核洗净，取鸭肉洗净，切块。将全部食材一起放入锅内，加清水适量，隔水炖 3 小时，调味即可食用。

4. 杏仁粥 杏仁 10g，大米 50g，冰糖适量。将杏仁研碎，加大米、冰糖，清水适量煮成粥。

5. 核桃猪肺汤 猪肺 250g 洗净切块、飞水，核桃 30g，生姜 15g，同入锅内，加清水适量炖熟，调味即可。

十一、如何给喘证患者进行情志指导？

1. 耐心安慰患者，满足患者合理要求。缓解烦躁、焦虑等不良情绪。

2. 提供安静、舒适的休养环境，避免不良因素刺激。

3. 鼓励患者说出自己的内心感受，找出引起哮喘发作的心理因素。

4. 指导患者学会自我调节，如听音乐、阅读、聊天等，以消除紧张、焦虑情绪。

十二、如何给喘证患者进行用药指导？

1. 糖皮质激素用药期间注意事项 口服药应饭后服用，以减少胃肠道刺激，停药时不宜过快，应逐渐减量。

2. β_2受体激动剂的不良反应 有头痛、头晕、心悸、手指震颤及肠道反应。用药期间应注意：①向患者宣教药物的不良反应，以减轻其思想顾虑；②多选用吸入法，因其不良反应较少、作用迅速；③口服药宜饭后服，可减轻胃肠道反应。

3. 茶碱类药物的不良反应 有胃肠道症状、血压下降、心律失常，偶有兴奋呼吸中枢。用药期间应注意：控制输液速度，不宜过快，以免引起心律失常或血压下降；心、肝、肾功能障碍及甲亢者慎用。

十三、喘证患者怎样预防发病？

1. 增强体质，预防感染 根据病情轻重适量活动，如散步、打太极拳等，以提高自身抵抗力。

2. 生活起居有规律，保证充足睡眠和稳定的情绪，避免过度劳累。

3. 注意气候变化，预防感冒。

4. 尽量少去人流密集的公共场所，应戒烟酒。

5. 家庭氧疗对控制病情、提高生活质量有重要意义。

第五节　肺　　痈

一、什么叫肺痈？

肺痈以发热、咳嗽、胸痛、咯吐腥臭浊痰为主要临床表现。若病程迁延，溃后余毒未净，耗伤气阴，则可转成慢性肺痈。

二、肺痈的发病原因是什么？

1. 外邪入侵 多为风热毒邪，经口鼻或皮毛侵于肺；或风寒袭肺，未能表散，郁而化热，肺失清肃，蕴毒化脓而成痈。

2. 痰热素盛 因嗜酒或多食辛辣煎炸之品，酿湿蒸痰化热，蕴结日久，形成肺痈。

三、肺痈有哪些辅助检查？

1. 血常规检验。

2. 痰和血细菌学检查。

3. 胸部X线检查。

4. 纤维支气管镜检查。

四、肺痈的中医治疗原则是什么？

肺痈治以清热解毒、化瘀排脓为主。未成脓时，应着重清肺消痈；脓已成时，应着重排脓解毒。

五、肺痈如何辨证施护？

1. 初期

（1）保持病房安静，室温偏暖，适当通风。

（2）注意观察体温、胸痛及痰量的变化，及时记录痰量变化及性质。

（3）饮食宜清淡，以易消化的半流质为宜。

（4）中药汤剂宜温热服，服药后应多休息，注意保暖，使全身微发汗为宜。

（5）可配用荆芥水擦身，可加强表散药效。

2. 成脓期

（1）保持室内空气清新，适当通风，室温宜偏暖。

（2）饮食以半流质为宜，高热时应多饮水，多食凉性食物，如西瓜汁、绿豆汤等，以清热润肺。

（3）严密观察病情，记录发热、胸痛与痰液的性质变化。

3. 溃脓期

（1）保持病房安静，室温偏暖，适当通风。

（2）汗出者及时更换衣服，注意口腔及皮肤护理，保持大便通畅。

（3）观察胸痛及咳嗽、咳痰的变化。痰多难咯时，应根据病变部位不同，行体位引流，协助拍背，以助排痰。如痰液黏稠，难以咳出，可配合用超声雾化吸入，以稀释痰液。

（4）饮食宜清淡半流质，多饮水。多食新鲜蔬菜、水果，如雪梨、马蹄、橙子等。可食用绿豆汤、薏仁汤等以利清热排痰。

4. 恢复期

（1）可适当下床活动，但不宜过劳。注意保暖，预防感冒。

（2）饮食应逐渐过渡到普食，多吃生津润肺之品，如雪梨、枇杷、百合、绿豆、丝瓜等，忌过食煎炸、油腻及辛辣刺激的食物。

六、肺痈患者的生活起居指导有哪些?

1. 保持病房内空气流通和清新，避免交叉感染。

2. 急性期应绝对卧床休息，恢复期可适当下床活动，以不感劳累为宜。

3. 保持呼吸道通畅，有效引流排痰。应注意以下几点：遵医嘱用祛痰药如氨溴索，使痰液易咳出；痰液浓、黏稠者，可用超声雾化吸入，以利于痰液的排出；对身体状况较好的患者，可采用体位引流排脓，使脓肿部位处于最高位置，轻拍患部，每日2～3次，每次10～15分钟；有缺氧表现时，遵医嘱给氧护理。

4. 做好口腔护理，预防呼吸道感染。

5. 出汗多者，及时更换衣服，注意保暖，预防感冒。

6. 平时应加强身体锻炼，增强体质，提高抗病能力。

七、如何给肺痈患者进行情志指导?

1. 指导患者保持乐观、轻松的情绪，避免焦虑、烦躁、激动等不良情绪诱发病情加重。让家属多关心体贴患者，消除患者不良因素的刺激。

2. 鼓励患者适当宣泄不满情绪，学会转移注意力。

3. 指导患者学会放松技巧，如全身肌肉放松、深呼吸、听音乐等。

4. 向患者介绍疾病的发展过程及转归，以取得患者的配合，树立其战胜疾病的信心。

八、肺痈的饮食注意事项有哪些?

1. 给予高蛋白、高热量、高维生素流质或半流质饮食。

2. 饮食宜清淡，多食有润肺生津作用的新鲜蔬菜水果，如橘子、雪梨、枇杷、白萝卜等。忌油腻、辛辣刺激及腥发的食物，如辣椒、大蒜、韭菜、海虾、蟹等。

3. 鼓励患者少量多次饮水，无禁忌证者每天至少饮水2500～3000ml。保持大便通畅。

4. 应戒烟酒。

九、肺痈的食疗方有哪些?

1. 沙参麦冬粥　南北沙参各15g，麦冬15g，加大米适量，同入锅内，煮粥食用。

2. 薏苡仁粥　薏苡仁50g，加大米适量，煮粥食用。

3. 百合粥　百合50～100g，加大米适量，煮粥食用。

4. 双花杏蜜饮　金银花、菊花、杏仁各15g，蜂蜜适量。先将金银花、菊花、杏仁（研碎）

放入锅中，加清水适量，煎成药汁。去渣后加入蜂蜜，即可饮用。

5. 蒲公英炖瘦肉 蒲公英 100g，猪瘦肉 100g，加清水适量，隔水炖 2 小时，调味即可。

十、如何指导肺痈患者用药？

1. 中药汤剂每日 1 剂，分 2 次温服。初期用辛凉透表之剂，此药不宜久煎。

2. 根据细菌培养的药物敏感试验结果，遵医嘱用有效抗生素，及时观察用药反应。

十一、怎样可以预防肺痈的发生？

1. 生活起居有规律，保证充足睡眠，避免过度劳累。

2. 应戒烟，避免烟雾、粉尘及有害气体吸入。

3. 保持口腔清洁，积极治疗口腔、上呼吸道慢性感染病灶，以免分泌物误吸入下呼吸道，诱发感染。

4. 鼓励有效咳嗽，保持痰液引流通畅。正确排痰方法为咯痰前先饮少量的凉开水，湿润咽喉部，再深吸气后咳痰。

5. 指导患者进行耐寒锻炼，如冷水洗脸或洗澡，以增强体质，预防感冒。不适应者可先从温水开始，逐渐过渡到冷水洗脸，再擦拭四肢。

第六节 肺　　胀

一、什么是肺胀？

肺胀是指多种慢性肺系疾患反复发作迁延不愈，肺、脾、肾三脏虚损，从而导致肺气壅滞，胸膺胀满，肺管不利，气道不畅，不能敛降的一种病证。临床上以喘息气促、咳嗽、咳痰、胸部膨满，或面色晦暗、唇甲紫绀、心悸、烦躁、肢体浮肿为主症，甚至可见喘脱、神昏等危重证候。

二、肺胀的病因有哪些？

1. 肺病迁延 肺病迁延难治致肺气不能布津，津聚为痰，痰浊潴留于肺间，则肺气胀满，而致肺胀。

2. 六淫乘袭 六淫外邪反复乘袭易引起久哮、久喘、久咳的发生，使肺气胀满，不能敛降，而致肺胀。

3. 气滞血瘀 久病肺虚，肺气郁滞，痰浊阻肺，不能调节治理心血而血行不畅，痰浊与瘀血互结，痰瘀滞留；痰浊久蕴，可以寒化成饮，而成肺胀。

三、肺胀有哪些临床表现？

1. 风寒内饮 临床表现：胸闷气急，咳喘不能平卧，咳白色泡沫痰；面色青紫，恶寒，全身酸痛，口干不思饮；舌质暗，舌体胖大，舌苔白，脉浮。

2. 痰热郁肺 临床表现：咳嗽，咯痰，色黄白，黏稠难咯，咳逆喘息，甚则鼻翼煽动，目胀睛突；发热汗出，烦躁不安，口干喜饮，小便短赤，大便秘结；舌质暗红，苔黄或黄腻，脉滑数。

3. 痰蒙神窍 临床表现：咳逆喘促日重，或伴喉中痰鸣，咳痰不爽；表情淡漠，意识朦胧，谵妄，烦躁不安，撮空理线，或肢体颤动，抽搐，嗜睡，甚则昏迷；舌质暗红或淡紫，或紫绛，苔白腻或黄腻，脉细滑数。

4. 肺肾气虚 临床表现：胸满气短，呼吸浅短难续，咳声低怯，动则喘甚，甚则张口抬肩，不能平卧；咳嗽，痰白如沫，咯吐不利，心慌，形寒汗出，夜尿频数，面紫唇青；舌淡或暗紫，苔白润，脉沉细无力。

5. 阳虚水泛 临床表现：面浮肢肿，腰以下尤甚，按之没指，腹部胀满，尿少，心悸，气短，喘咳不能平卧，咯痰清稀；脘痞纳差，畏冷肢凉，腰膝酸软，面青唇紫；舌淡胖质暗，苔白滑，脉沉细或结代。

6. 痰浊阻肺 临床表现：咳嗽咳痰，量多，黏腻，痰色白或呈泡沫，喘息气短，不能平卧；怕风自汗，神倦乏力，口黏不渴，兼有呕恶，纳少腹胀；舌质暗或紫黯，苔腻或浊腻，脉小滑或弦。

四、肺胀有哪些相关检查？

肺功能检查、X线胸片、肺CT检查、心电图、超声心动图及动脉血气分析有助于本病诊断。

五、肺胀的治疗原则是什么？

1. 标本分治 根据病邪的性质，分别采取活血化瘀、祛邪宣肺（辛温、辛凉）、降气化痰（清化、温化）、温阳利水（通阳、淡渗），甚或开窍、熄风、止血等法。正虚者，以扶正为主，根据脏腑阴阳不同，以益肾健脾，补养心肺。祛邪与扶正应相辅相成。

2. 肺胀的重要病机为痰瘀互结，根据各证型的相互兼夹灵活辨证施治。

3. 久病、年老体弱者，因正气衰竭，病情恶化，需考虑外邪存在，还应注意痰的量、色、质变化，结合全身情况，综合判断。

六、治疗肺胀有哪些要注意的事项？

1. 肺胀的重要治法是活血化瘀 辨证地使用活血化瘀法在肺胀的治疗中具有重要的临床意义，活血化瘀法有清热化瘀、通下化瘀、温阳化瘀、涤痰化瘀、滋阴化瘀、益气化瘀等。

2. 重视调理脾胃 脾胃功能失调，脾土不能生养肺金，机体易感受外邪而诱发感染；脾胃功能失调，不能运化水湿，加重咳嗽。故调理好脾胃是治疗肺胀的主要方法。

3. 重视调畅情志 若肺脏功能减退，气血失调，肺气消散，则情志失常，忧伤过度，易引发抑郁、焦虑。故治疗肺胀伴发抑郁患者可用桑叶、白茅根、麻黄、葶苈子、沙参、西洋参、川贝、人参、黄芪等清肺、宣肺、泻肺、润肺、补肺之品，恢复肺脏主气功能，从而解除抑郁、焦虑症状。

七、肺胀的护理要点有哪些？

1. 预防感冒是护理本病的重要环节 病室宜安静舒适，保持清洁卫生，空气流通，保持适当的温度与湿度，室温一般保持在20～25℃为宜，相对湿度以50%～70%为最适宜，避免对流风，室内禁止吸烟，禁止摆放与患者过敏有关的花草。避免有刺激性气体和尘埃。防止喘咳的诱发因素。

2. 注意口腔卫生，防寒保暖，预防感冒，可用金银花连翘煎汤漱口一天两次，有流感征兆可用紫苏、大青叶、贯众煎汤，进行预防，病室可用艾叶、苍术、贯众香熏，每天熏6小时。

3. 密切观察病情，注意观察患者有无胸闷、胸痛、气促、神色变化及脉象、血压、呼吸频率、节律、深浅变化。如发现血压下降，面色苍白，出冷汗，烦躁、脉细弱，则可能出现脱证。或突然气促、胸闷、大汗淋漓，要考虑是否有气胸的发生。或气促不续，应立即报告医生，配合抢救。

4. 保持患者呼吸道通畅，排痰是关键 鼓励清醒患者咳痰，痰多、咳嗽无力患者，应给予拍背，协助排痰，或行体位引流。或雾化吸入，稀释痰液。昏迷患者每2～3小时给予翻身拍背一次，翻身拍背时先吸净其口腔、鼻腔、咽喉部分泌物。

5. 指导患者正确的氧疗方法 呼吸衰竭失代偿期不宜给予高浓度氧吸入，否则会加重二氧化碳潴留，应持续给予低浓度、低流量的氧，氧浓度<30%，流量1～2L/min。待病情稳定后，可间断性低流量给氧，一般吸20～30分钟停10分钟，或睡前吸入氧气1小时。

6. 本病尤其在夜间发作加重，应多加巡视，注意观察患者呼吸的节律、频率、呼吸困难的严重程度，咳嗽的性状，咳痰的颜色、量，以及患者神志、生命体征，一旦发现患者表情淡漠、嗜睡，或烦躁不安、面色青紫、四肢厥冷、大汗淋漓，应立即报告医生，配合抢救。

7. 咳喘严重，发热时应卧床休息，咳喘痰多者取半卧位或健侧卧位，常更换体位，利于痰液咳出。对烦躁不安患者应设置床栏，或专人护理，防坠床跌仆受伤。卧床患者要做好皮肤护理，预防压疮的发生。可以给红花乙醇按摩受伤部位，达到活血化瘀的作用。

8. 肺源性心脏病患者使用强心利尿药时，注意观察脉搏、心律、心率变化，发出现恶心呕吐、黄视、头痛、心律失常等毒性反应时，及时报告处理。正确记录24小时尿量，并保持大便通畅，因肺与大肠相表里，腑通肺肃，其病为顺。

9. 咳嗽、咳痰患者可取耳穴压豆 取肺、气管、神门、皮质下等；也可拔火罐，取大椎、定喘、肺俞、风门等。喘气患者可穴位按摩，取列缺、内关、气海、关元、足三里等；也可艾灸，取大椎、肺俞、命门、足三里、三阴交、气海等。

八、肺胀的情志护理有哪些？

1. 肺胀患者大多病程缠绵，日益加重，特别是伴有呼吸困难、气促者，患者容易产生恐惧、紧张情绪，因此要耐心倾听患者的主诉，对患者表现出来的悲观情绪要给予同情和理解。尽量满足患者的合理要求。向其介绍本病的有关知识、治疗方法、目的及本病的预后。使患者认识本病，正确对待，树立信心，积极配合治疗及护理工作。

2. 肺胀患者久病咳喘，耗伤肺气，导致肺虚。肺气虚易引发抑郁、焦虑障碍。故要告知患者应保持心情舒畅，心胸开阔，避免情志失度，让家属多关心体贴患者，消除患者不良因素的刺激。

九、肺胀后的生活起居应注意什么？

1. 室内空气新鲜湿润，阳光充足，病室向阳，室内勿放花草，注意保暖，顺应四时气温的变化，及时添加衣被，慎风寒，避免受外邪。呼吸道传染病流行期间，避免去公共场所，防止感受外邪诱发或加重病情。

2. 饮食宜清淡可口、易消化、富有营养，如瘦肉汤，少量多餐。多食新鲜蔬菜及水果。忌辛辣煎炸、烘炒类食物如瓜子、烘饼；过甜过咸食品。忌食生冷、甘肥、厚腻等滋痰生湿之品。水肿者，应低盐或无盐饮食。

3. 戒烟酒，避免肺脾肾心再度损伤；节房事，以保精强肾；毋过劳，以益五脏。

4. 坚持锻炼身体，增强体质。患者可根据病情、体质、个人爱好，选择如步行、慢跑、太极拳、气功等，配合腹式呼吸、缩唇呼吸等呼吸操锻炼，以改善肺脏通气功能，提高抗病能力，防患于未然。

5. 保证充足睡眠，保持大便通畅。便秘者可多食粗纤维食品，鼓励患者少量多次喝水。可顺时针按摩腹部10～20分钟，也可按摩肚脐左右旁开2寸的天枢穴5分钟，促进肠道蠕动。

6. 音乐疗法 可选用商调、羽调音乐，最佳欣赏时间为15：00～19：00，《阳春白雪》、《第三交响曲》、《将军令》，这些曲目能达到促进气机的内收，调节肺气的宣泄、肃降的作用；7：00～9：00《梅花三弄》、《二泉映月》、《平沙落雁》，此曲目能促使肾脏精气隆盛。

十、肺胀后的饮食方有哪些？

1. 肺胀患者饮食以高蛋白、高热量、高维生素、易消化为宜。

2. 寒袭肺饮食宜清淡与辛散，可食用温性调味品，如生姜、胡椒、葱等，以助驱寒。忌食生冷、肥甘、厚腻等滋痰生湿之品，禁食辛辣、烘炒类食物如炒瓜子、烘饼等。

3. 风热壅肺者饮食以易消化、清淡为主，多食蔬菜水果，忌辛辣、油腻、荤腥刺激生痰助炎之品。鼓励患者少量多次喝水。

4. 痰浊阻肺者以易消化、清淡之品为宜，可食赤小豆、白扁豆、薏苡仁、山药等健脾、利湿、化痰之品。忌食糯米、甜食、肥腻、辛辣、过咸食品。

5. 肺脾两虚者饮食宜易消化、富营养，少食多餐，适当进食补益之品，如瘦肉汤、牛肉汤。进食补肺健脾之品，如百合、山药、薏苡仁、核桃、柿子。忌生冷、油腻、辛辣之品。

6. 肺肾两虚者可食温补脾气、益肾清肺之品。如松子、百合、核桃、黑芝麻、木耳。可用生姜汁适量，杏仁、核桃肉捣烂，加蜜糖适量炖服。

7. 肺阴亏虚，干咳少痰，口干舌燥者可食川贝雪梨粥 川贝母10g，雪梨2个，粳米50g，冰糖适量。先将雪梨洗净捣碎取汁，川贝母研细末，粳米煮稀粥。粥将熟时加入梨汁与川贝母末，稍煮即成。

8. 汗出较多者，可多饮淡盐水，进食含钾丰富的食物，如香蕉、橙子，腹胀纳差者可用山楂、炒麦芽少许代茶饮。

十一、肺胀的服药护理有哪些？

1. 肺胀患者因病程长，病情反复，需长期服药，依从性差，自主性强。因此，护理上必须严格执行医嘱，按医嘱服用各种药物，服药到口，不可擅自减药或停药，更不可滥用抗生素，且注意观察用药后的效果及反应。

2. 肺胀患者进行静脉输液时，要合理安排顺序，按时巡视，根据药物性质调整输液滴速，合并心衰（心力衰竭）患者必须严格掌握输液的速度和总量。

3. 长期使用抗生素的患者，注意观察有无二重感染征象。注意观察患者口腔黏膜的改变，必要时口腔护理2次/日，或使用制霉菌素液含漱。

4. 肺胀患者宜饭后服用中药，以减少对胃的刺激，又可延缓中药在胃内的停留时间，增加疗效。服药后不应立即饮用浓茶、牛奶，以免降低疗效。

5. 中药汤剂一般温服，服药后可略加衣服，使微微出汗。表证高热时可针刺大椎、合谷、曲池或复方柴胡做穴位注射或肌内注射。不宜用物理降温，因寒冷刺激使肌肤闭塞，病邪不能发散外透。咳嗽剧烈，可服甘草片以减轻咳嗽，用桔梗 5g，沸水泡后频频口含咽下，具有利咽止痒清肺止咳作用。但不宜用强力止咳药，以免呼吸中枢受抑制，使患者体内二氧化碳潴留加重，造成呼吸停止。

6. 夜间咳嗽重者，宜临睡前服药。服药期间忌食寒冷、生冷、油腻之品；感冒者不宜服滋补中药，以免邪遏伏郁。

十二、肺胀的转归预后如何？

肺胀属病情复杂严重的慢性肺系疾病，其转归预后与患者病情、病程、年龄、体质、环境及治疗及时与否等有密切关联。一般来说，本病病程缠绵，经常反复发作，愈发愈剧，呈进行性加重，难于根治。若患者素体较强，年轻，病情轻，病程短，环境好，摄生有力，发作时能及时控制喘咳，康复条件好，可使病情基本稳定，带病延年。反之，则迁徙恶化，尤其是年老体弱者，发病后不及时治疗，如出现气不摄血，咳吐泡沫血痰，或吐血、便血；或痰蒙神窍、谵妄昏迷、抽搐；或见喘脱、神昧、汗出肢冷，脉微欲绝等危象时，则预后不良。

十三、如何才能预防肺胀？

1. 预防肺胀的关键是要积极防治肺部疾病。本病由咳喘、哮病日久发展而成，故预防和及时治疗咳、喘、哮等病证是预防本病的关键。一旦出现咳嗽、哮病、喘病、肺痨等肺系疾患，应积极治疗，以防迁延不愈，发展为肺胀。做好健康宣教，督导患者戒烟，忌酗酒，尽量避免接触粉尘、烟雾及有害气体吸入，以免诱发加重本病。

2. 既病防变　本病最先肺系受累，反复感邪发作。日久必累及它脏，平时应适寒温，注意保暖，尤其注意胸背部的保暖，冬春寒冷季节及气候变化之际，尤需避免感受外邪。

3. 本病患者在缓解期，亦应积极治疗，可采用冬病夏治、扶正固本、活血化瘀、温化寒饮等，平时可服用玉屏风散等方药，有助增强体质，提高抗病能力。

4. 根据体力及病情可选择太极拳、步行、慢跑等抗寒锻炼，运动量宜由小到大，循序渐进，避免剧烈运动，避免疲劳。还可作呼吸肌放松训练：坐位，躯干稍前倾，双肘屈曲 90°，肩部放松，双上臂及肩关节自前向后做环形运动 10~~20 次，动作宜轻柔缓慢。

5. 合理调配膳食是自我养生保健的重要内容之一，在做到膳食平衡的基础上给予高蛋白、高维生素饮食。

6. 一经发病，立即治疗，以免延误加重。如患者近期出现咳嗽、咯痰、气短、喘息加重，痰量增加变黄，虽无恶寒发热表证，亦为感邪复发之征象，应及时诊治，阻断病势进展。一旦发生喘脱、痰蒙神窍、汗出肢冷，脉微欲绝等危重证候，应密切观察病情变化，采取中西医结合方法救治。

7. 自我按摩印堂、合谷、足三里、内关、三阴交、涌泉等穴位，以促进血气运行，增强机体体质。亦可进行耐寒训练，入秋后可经常用凉水洗脸。

8. 坚持进行呼吸锻炼，可做膈肌呼吸锻炼，作腹式呼吸，增强膈肌运动，增进肺泡通气量；缩唇呼气法：用鼻吸气，用口呼气，呼气时，口唇收拢，作吹口哨样呼气，吸/呼为 1∶2 或 1∶3。

第七节 肺　　痨

一、什么是肺痨

肺痨是由于肺气虚弱，感染痨虫，侵袭肺脏，以咳嗽、咯血、潮热、盗汗、身体逐渐消瘦为特征，具有传染性的慢性消耗性疾病。由于劳损在肺，故称肺痨。

二、肺痨的病因有哪些?

1. 感染痨虫　痨虫是肺痨发病的主要因素，痨虫经口鼻侵袭肺脏。因直接接触患者，都可致痨虫侵入人体而发病。

2. 正气虚弱　肺痨可见于各种体质、各种年龄的人，但往往在正气虚弱时患病，凡先天禀赋不强，或病后失调，或产后失于调养。或年老体弱，生活贫困，营养不良等均可致正气虚弱，易致痨虫侵虚而发病。

三、肺痨有哪些临床表现?

肺痨的临床表现以咳嗽、咯血、潮热、盗汗等为主要症状，这些症状可出现于肺痨的各类型，可相继发生，也可同时兼见。

1. 阴虚火旺　临床表现：咳呛气急，痰黄稠，量多，或痰黏量少，时时咯血，血色鲜红；午后潮热，颧红，盗汗，口渴，五心烦热，失眠，性情急躁易怒，胸闷掣痛，形体日渐消瘦；舌质干红或绛，苔薄黄或剥，脉弦细数。

2. 肺阴亏虚　临床表现：干咳，咳声短促，咯少量黏痰或痰中带血丝，胸部隐隐闷痛；午后手足心热，颧红，皮肤干灼，或有少许盗汗，口干咽燥；舌红，苔薄黄少津，脉细数。

3. 阴阳两虚　临床表现：咳逆喘息少气，痰呈泡沫状或夹白；潮热，盗汗，形寒自汗，声嘶音哑，面浮肢肿，形体消瘦，唇紫，心悸，五更泻，口舌生糜；舌质红而少津，或舌淡胖，边有齿痕，脉细数或虚大无力。

4. 气阴两虚　临床表现：咳嗽气短，咯痰清稀，色白，偶有咯血，血色淡红；形体消瘦，神疲乏力，自汗盗汗，伴有畏风，怕冷，或有腹胀，便溏，纳差，面色㿠白；舌质嫩红，边有齿痕，苔薄白，脉细数。

四、肺痨有哪些相关检查?

X 线胸片或胸部 CT、痰液、支气管灌洗液抗酸杆菌涂片和（或）培养、结核菌素试验、支气管或肺组织病理等检查有助于诊断。

五、肺痨的治疗原则是什么?

肺痨的治疗原则为补虚培元、抗痨杀虫。补虚培元，旨在增强正气，提高抗病能力，促进疾病康复。抗痨杀虫，是针对肺痨的特异病因进行治疗。同时还应适时结合清火、祛痰、止血等进行治疗。

六、治疗肺痨有哪些要注意的事项?

1. 重视培土生金法　本病的特点在于阴虚，久病可阴阳两虚。补虚以滋阴为主，气虚者以补气，阴阳两虚者则滋阴补阳。补虚重点在肺，同时予以补脾肾，尤须重视补脾，因脾为肺之母，补脾可畅气血生化之源而养肺金。

2. 忌苦寒太过伤阴伤脾 肺痨本质在于阴虚，但虚中夹实，故在补虚的同时，要结合应用清化痰热，或清化痰浊及化瘀止血等法。

3. 抗痨杀虫 在辨证论治基础上适当选用抗痨杀虫药，如大蒜、百部、黄连、夏枯草、银杏、律草、大蓟根、连翘等。

七、肺痨的护理要点有哪些？

1. 环境宜安静、整洁、空气新鲜，阳光充足，避免潮湿阴冷。室内禁止吸烟，防止烟、粉尘刺激，加重咳嗽。

2. 肺痨患者具有一定传染性，必须严格执行呼吸道隔离，患者应住单间或与同种病员住一室，防止交叉感染。

3. 病床之间的距离应在 1.5 米以上，餐具、痰具及其他生活用品应各人单用一套，定期进行消毒。患者的餐具、痰具应消毒后再清洗，再次消毒后方可使用。痰液应先消毒后倾倒。

4. 患者的分泌物可用焚烧法、煮沸法，或用化学消毒剂进行消毒处理。排泄物用 2%来苏溶液或漂白粉消毒处理后倾倒。

5. 病室内物品用 0.1%新洁尔灭来擦拭，或喷洒消毒地面、空气，或定期用紫外线照射消毒。

6. 减少探视，谢绝儿童探视，避免传染。

7. 注意观察患者咳嗽的性质、咳声的大小、有力无力；干咳、咳声低短为发病之初；呛咳气急，多见于阴虚火旺，病有发展之势；咳嗽低怯，则病邪入侵机体较深，病情较重；如咳喘气急，全身汗出则是后期阴阳俱虚的表现，预后不佳。

8. 密切观察患者潮热的时间和热势，肺痨患者初期多是自觉手心足心发热，进而可见午后潮热，病重者自觉五心潮热。测体温多为低热或中度热，朝低暮高，个别患者在危重期或合并感染时出现高热。应每日定时测量体温 4 次或 6 次。

9. 咯血是肺痨最危重的主证。发病初期仅是痰中带血丝或痰中夹血、吐血痰，疾病后期可见咯大口鲜血，或咯出血块。咯血量的多少则提示病情加重，甚至能致命。因此要密切观察患者咯血的性质、时间、咯血的颜色。特别要注意观察大咯血的先兆症状：如胸闷、咽痒、烦躁、口中有血腥味等。一旦发现患者这些征兆应立即通知医生，配合抢救，警惕患者因咯血而堵塞气道引起窒息。

10. 肺痨出现咳血或大咯血时，立即予患者头偏向一侧或头低足高位，以利通气和防止病灶播散，同时告诉患者勿紧张，放松，避免剧烈咳嗽，屏气、深呼吸。咯血后加强口腔护理。

11. 观察患者出汗的时间、性质、部位。轻者常为夜间入睡后出汗或无汗，后期病情严重时转为自汗出，无论昼夜，稍为一动即出汗。盗汗多者，宜静少动，注意室内通风，盖被勿太厚，衣被浸湿后，及时更换，用盐水擦身，保持皮肤清洁。

12. 消瘦是肺痨的主要症状之一，要定期监测体重，一般每周测量一次并记录。

13. 凡痰中找到结核杆菌的患者外出应戴口罩，勿对着别人面部讲话，切忌随地吐痰，应使用一次性痰杯或吐在废纸内，集中消毒用火焚烧灭菌。痰液可用 5%～12%的来苏溶液浸泡 2～12 小时消毒。

八、肺痨的情志护理有哪些？

治疗肺痨是一个漫长的过程。患者不可避免地存在各种各样的心理问题，从而影响疾病的治疗和康复。

1. 恐惧、害怕 患者因缺乏本病的医学知识，怕治不好病，又不能上班，给家庭和社会增加负担，影响生活和工作，又怕自己生病的事让他人知道后，受到别人的排斥，所以容易产生恐惧害怕心理。

2. 悲观、抑郁 患者因患病，暂时丧失劳动能力，经济收入不能得到保证，加上治疗需要昂贵的费用，患者的情绪就变得异常悲观，表现为言寡行独，抑郁苦闷，被失望无助及孤立凄凉困扰，对生活事业失去信心，精神上感到非常痛苦。

3. 疑虑、孤独 为了防止疾病的传播，对严重排痰者进行适当的隔离。但由于患者缺乏医学知识，对此不理解，认为家人、同事、社会都抛弃了自己，自己受到了冷落、歧视，所以心存疑虑，心理重重，情绪低落、焦虑紧张。

4. 情绪不稳定，易冲动 肺痨病情缠绵，患者长期养病，生活单调乏味，治愈慢，易复发，患者需长期服药，易出现脾气暴躁，生气，唠叨，哭泣。

5. 针对患者的心理问题，面对患者的各种心理特点，护理人员要理解同情他们，及时了解患者的思想情绪，针对不同情况给予适当的劝导、安慰。对发病初期患者以安抚为主，对病情反复者则着重给予鼓励，增强其战胜疾病的信心，鼓励患者树立正确的人生观，排除干扰，安心养病。

九、肺痨后的生活起居应注意什么？

1. 养成良好的卫生习惯，不随地吐痰。咳嗽喷嚏时用手巾遮住口、鼻，防病菌通过飞沫传染。

2. 患者应注意休息，保持心情愉快，起居有常，饮食有节，恢复期可增进营养，多食优质高蛋白、高热量、高维生素食品。可户外散步、呼吸新鲜空气，多晒太阳，劳逸结合，避免到人群密集处，防止病毒传播。餐具、个人用品应单独放置，定时消毒。

3. 可进行适当锻炼，以增强体质，如散步、打太极拳、练气功、呼吸操等有氧运动。

4. 居室应保持空气流通、阳光充足，每日应打开门窗 3 次，每次 30 分钟左右，注意防寒保暖，戒烟酒，慎房事。

十、肺痨后的饮食方有哪些？

1. 饮食宜高热量、高蛋白、高维生素食物为主，如鸡蛋、鱼肉、瘦肉、牛奶、豆浆、豆腐等。宜食新鲜蔬菜、水果等，忌食生冷及肥甘厚腻食物，少食多餐，细嚼慢咽。

2. 肺阴亏虚者可常食动物肺脏、白木耳、百合、山药、梨、银耳、藕之类食品。冬季可用老母鸭一只，冬虫夏草 6g 同煮吃汤、鸭肉。咳嗽甚者伴痰多，可食贝母冰糖炖豆腐，起清热润肺止咳化痰之效（贝母 9g，冰糖适量置于豆腐上煮 10 分钟）。忌食辛辣刺激食物，如辣椒、葱、姜等。

3. 阴虚火旺者多食生津养阴清凉食品，如生梨炖冰糖、罗汉果泡茶、冰糖银耳羹，还可用石斛 12g 沸水泡茶饮用。可食甲鱼、鸡蛋、冬瓜、萝卜。忌食辛辣、火烤、油炸食品。

4. 气阴两虚者以清淡补气养阴为宜，可用莲子、百合、芡实、山药、红枣等煮烂食用。忌食滋腻碍脾之食品，如甲鱼、鳗鱼。

5. 阴阳两虚者以营养丰富食物为宜，如甲鱼、雌鸡、老鸭、羊乳、牛乳等，忌食辛辣刺激性食物。

十一、肺痨的服药护理有哪些？

1. 坚持合理、规律用药 严格按医嘱服用抗结核药，勿擅自停药或减药、加药，保证治疗全程、规律、联合。注意服药期间的不良反应，如出现肝区疼痛、巩膜黄染、眩晕、耳鸣、胃肠不适、视觉模糊、视力下降等及时就医，勿擅自停药。

2. 服药期间定期复查，一般每月复查一次，复查内容有：痰抗酸杆菌、胸部 X 线、肝肾功能、血尿常规等。便于医生调整治疗方案或采取相应的处理措施。

3. 中药与西药应间隔 30 分钟左右服用。

4. 服用滋阴降火、润肺补肾中药汤剂，宜早晚空腹温服。服药期间可食梨、荸荠、广柑等多汁润肺之品，有助药效。服用滋阴补阳中药汤剂宜热服。服药期间忌寒、凉、生、冷之品。

十二、肺痨的转归预后如何？

肺痨的转归预后与正气的盛衰、体质的强弱、病情的轻重、治疗的合理与否密切相关。若正气较强，病情较轻，加以合理的治疗与适当的调养，一般预后良好；若正气大亏，病邪迅速向肺以外传变，形成新的病变，又由于肺之虚而逐渐损及脾肾心肝，形成五脏亏损。早期诊断，早期治疗，阻止病情恶化，是预后好坏的关键。

十三、如何预防肺痨?

1. 重视体育锻炼 只有通过长期的体育锻炼，才能有强健的体魄，才能抵御各种疾病的侵袭。

2. 注意合理营养、平衡膳食 积极补充蛋白质、维生素、微量元素，如牛奶、禽蛋、瘦肉、鱼肉、各种新鲜蔬菜水果，以提高免疫力，抵御结核菌侵入人体。忌食辛辣刺激动火劫液之品。

3. 卡介苗接种 卡介苗是一种无毒牛型结核杆菌活菌疫苗，接种后机体产生超敏反应，同时获得免疫力。我们国家规定新生儿在出生后 24 小时内进行接种。

4. 充分休息，适当户外活动、动静结合。咯血、潮热、盗汗等症状严重者，应绝对卧床休息，好转后可适当活动。

5. 痰菌阳性应隔离 居室应独住，饮食、食具、器皿均应分开。被褥、衣服等可在阳光下曝晒 2 小时消毒，食具等煮沸 1 分钟即能杀灭结核杆菌。

6. 预防传染 防止污染空气：防止患者排菌到空气中去。消灭传染源，早期发现，及时治疗。教育患者养成良好的卫生习惯，不要随地吐痰，咳嗽、打喷嚏、大笑时用手帕或纸巾遮住口鼻，防痨虫通过飞沫传染给他人，做好隔离预防。咳出的痰应吐入纸制容器内，然后焚烧；空气消毒，室内通风：这是净化空气有效方法，反复多次进行室内通风换气；紫外线空气消毒：可消灭污染区的空气，每日 3～4 次，每次 30～40 分钟；洗手：加强手卫生；戴口罩。

7. 未病先防，已病防变，对易感人群进行普查，一经发现要及时治疗，以防延误病情。已病者，不但要耐心接受药物治疗，还应重视摄生，戒酒色，节起居，息妄想，慎寒温，并适当采用饮食疗法、体育疗法等。以便早日康复，预防病变复发。

第八节 肺 痿

一、什么是肺痿?

肺痿是指肺叶痿弱不用，临床以咳吐浊唾涎沫为主症，为肺脏的慢性虚损性疾患。

二、肺痿的病因有哪些?

1. 久病损肺 肺痨、肺痈、咳嗽、热病、消渴日久不愈，耗伤阴津，消灼肺津，肺失调养，日渐枯痿；大病久病，冷哮不愈，肺虚久喘，虚热肺痿，肺气渐伤，阳气耗损，肺虚有寒，气不化津，津化为涎沫，致肺失濡养，痿弱不用。

2. 误治津伤 因误治，滥用汗、吐、下等治法致重亡津液，肺津大伤，肺失于濡养，致肺叶枯痿。

三、肺痿有哪些临床表现?

1. 虚热 临床表现：咳吐浊唾涎沫，其质较黏稠，或咳痰带血，咳声不扬，甚则音嘶；气急喘促，口渴咽燥，午后潮热，形体消瘦，皮毛干枯；舌红而干，脉虚数。

2. 虚寒 临床表现：咯吐涎沫，其质清稀量多，不咳不渴，短气不足以息，小劳则喘息更著；头眩，形寒，神疲乏力，纳少，形寒肢冷，小便数，或遗尿；舌质淡，脉虚弱。

四、肺痿有哪些相关检查?

1. X 线检查 是最可靠的诊断方法。

2. 肺功能检查、血气分析 能反映肺功能的状况，对疗效评价、病情进展和判断预后有一定参考价值。

3. 肺核素扫描、支气管肺泡灌洗、CT、MRI 等检查也有助于原发病的鉴别。

五、肺痿的治疗原则是什么?

1. 以补肺生津为治疗原则。

2. 虚热证，润肺生津、清金降火以润其枯。
3. 虚寒证，温肺益气而摄涎沫。
4. 虚热久延伤气，亦可转为虚寒证，因此治疗上也要法随证转。
5. 治疗应时刻注意保护津液，重视调理脾、胃、肾。

六、治疗肺痿有哪些要注意的事项？

1. 重视脾胃与肺的关系。肺的津气盛衰取决于脾胃的强弱。
2. 不可妄投燥热，亦忌苦寒滋腻。
3. 慎用祛痰峻剂。

七、肺痿的护理要点有哪些？

1. 注意休息，勿过度劳累，动静结合，休息好，有利于身体的恢复，适当运动可以增强体力，提高抗病能力。

2. 病室保持一定的温度和湿度，空气新鲜，防止灰尘、烟雾、花草等刺激性气味的刺激，禁止吸烟、饮酒。

3. 密切观察生命体征、喘息、浮肿、咳嗽、咳痰等变化。

4. 患者突然出现呼吸急促、张口抬肩、胸部满闷，不能平卧时，立即报告医师，配合处理。

5. 患者夜间喘甚，咳稀泡沫痰，心悸少尿、浮肿时，立即报告医师，配合处理。

6. 患者出现神志模糊、气促、冷汗、四肢厥冷、脉微欲绝，高热、痰多难咳时，报告医师，配合处理。

7. 选择合适的体位，长期卧床患者定时翻身拍背，保持呼吸道通畅。痰黏难咳时给予雾化吸入。

8. 做好基础护理。注意四时气候变化，及时增减衣物，防治感冒。

9. 风热犯肺者，咳嗽频作，咳痰黏稠，可服用止咳化痰汤化痰，多饮水。痰热壅肺者，咳吐黄痰或黄脓痰，可以定时翻身拍背，必要时雾化吸入。也可服清热化痰止咳平喘药。

10. 并发症护理

（1）呼吸衰竭

1）保持呼吸道通畅，合理用氧，根据需要调节氧流量，使 SpO_2＞90%。对Ⅱ型呼吸衰竭患者应给予低流量、低浓度持续吸氧，对于严重的呼吸衰竭患者，给予面罩吸氧。改善肺泡的气体交换。

2）严密观察血压、心率、尿量等，并详细记录。

（2）慢性肺源性心脏病

1）解除患者对疾病的忧虑和恐惧，使其安心治疗。

2）当患者出现呼吸困难时，给予低流量持续氧气吸入。

3）病室环境整洁，对长期卧床患者应预防压疮发生。

4）控制呼吸道感染，按医嘱给抗生素，注意用药方法和时间。

5）观察神志、体温、脉搏、呼吸、血压变化，输液速度不宜过快，一般 20～30 滴/分为宜，以减轻心脏负担。

11. 肺痿病变多为慢性过程，以限制性的肺功能改变为主，因此，指导患者进行呼吸功能锻炼，如深呼吸训练、有效的咳嗽、咳痰训练、扩胸运动等，以促进肺功能的恢复。

12. 预防院内感染，严格执行各项护理技术操作，采取保护性隔离措施，限制探视人员，保持空气新鲜。定时留取痰标本，并注意观察痰的颜色、性状、量。监测体温变化，测量体温、脉搏 4 次/日，防止合并其他部位感染。

八、肺痿的情志护理有哪些？

1. 了解患者疾病发展不同时期的心理变化，及时给予疏导。尤其是用药后患者出现的恐惧、焦虑等应激反应，给予必要的理解，鼓励其坚持治疗。

2. 保持精神愉快 要培养开朗的性格，保持积极向上的情绪，协调好人际关系。培养“知足常乐”的思想，培养幽默风趣感。

3. 戒怒 首先，要学会用意识控制。其次，要学会用疏泄法，即把积聚、抑郁在心中不良情绪，通过适当的方式宣达、发泄出去，以尽快恢复心理平衡。还可采用转移法，即通过一定的方法和措施改变人的思想观念，或改变其周围环境，使其与不良刺激因素脱离接触，从而从感情纠葛中脱离出来，或转移到另外事物上去。

九、肺痿后的生活起居应注意什么？

1. 注意休息，保证充足的睡眠。

2. 要有舒适的居住环境。居室宜安静、温暖，空气要清新、湿润、流通，避免烟雾、香水、空气清新剂等带有浓烈气味的刺激因素，还要避免吸入过冷、过干、过湿的空气。

3. 居室内避免干扫，以免尘土飞扬。房间内不宜铺设地毯、地板膜，也不要放置花草。被褥枕头不宜用羽毛或陈旧棉絮等易引起过敏物品填充，要经常晒、勤换洗。

4. 饮食清淡富营养，易消化，忌食酸辣煎炸油腻食品，平时可少量多次喝水，多食含粗纤维食物，保持大便通畅。

5. 可自我按摩 取手三里、迎香、华盖、膻中、肾俞等穴位，先顺时针轻轻按揉 3 次，再逆时针方向轻轻按揉 36 周，每日数次，坚持不断，可增强机体抗病能力。

6. 适当运动，加强锻炼，提高抗病能力。如做深呼吸、散步、练太极拳、练气功等。

十、肺痿后的饮食方有哪些？

1. 饮食宜做到规律、合理，少量多餐。指导患者进食优质蛋白、高热量、高维生素饮食。如牛奶、蛋类、鱼类、瘦肉、各种豆制品、糙米、玉米面、荞麦面、水果和蔬菜等，可多给予木耳、紫菜、海带、蘑菇等。

2. 忌食辛辣、煎炸等刺激性油腻食品：平时以清淡为宜，尤其对于肥胖患者，脂肪供应量宜低，吃肉以瘦肉为宜。

3. 重症患者可给予软食或半流食。

4. 少量多次饮水，及时补充水分、增加液体摄入量，如患者不能饮食时，可用静脉补液，稀释痰液。伴有心衰的患者饮水要适量。

5. 忌烟酒，忌过甜、过咸的食物，以免加重咳嗽、气喘等症状。

6. 冰糖炖百合 百合、冰糖各 60g，款冬花 15g，加水适量以文火炖。或百合炖雪梨：雪梨 1 个，百合 100g，冰糖 150g。雪梨去核，连皮切片，一块放入炖盅内炖 1 小时。或百合粥：取百合 30g，粳米 60g，银耳 20g，冰糖 10g，煮粥，每日 1 次，具有润燥清火、养阴清热、清心养肺的功效。

十一、肺痿的服药护理有哪些？

1. 指导患者严格遵医嘱用药，规律用药，尤其是糖皮质激素类药物，不可擅作主张，忌随意加大剂量或减量，以免达不到治疗效果或使病情加重。

2. 使用免疫抑制类药物，预防合并感染，如皮肤、口腔感染，注意观察有无感染征象，如发热、咽喉部疼痛、排尿异常，以及有无消化道溃疡、睡眠障碍等。

3. 平喘药只在支气管痉挛时发挥扩张支气管的功效，并没有预防哮喘发作的功效，久服不仅无益，反而有害。因此不主张预防性用药。

4. 中药汤剂一般宜温服，服药后观察效果和反应，并做好记录。

十二、肺痿的转归预后如何？

肺痿属内伤虚证，病情较重而迁延难愈，如治疗对症，调理适宜，病情稳定，可带病延年，或可获愈。如治疗不当，或不注意调摄，则使病情恶化，以至不治。若见张口短气，喉哑，声嘶，咯血，皮肤干枯，脉沉涩而急或细数无神者，预后多不良。

十三、如何才能预防肺痿？

1. 注意生活起居，积极预防感冒及治疗肺系疾患，防止其向肺痿转变。

2. 注意环境卫生，居处要清洁，温湿度适宜，戒烟酒，避免烟尘及有害气体对呼吸道刺激，以利肺气恢复。

3. 避免忧虑、紧张、激动情绪，学会自我心理调控，保持乐观平和心态对疾病康复有重要意义。

4. 饮食以清淡富营养为宜，少量多餐，细嚼慢咽，忌食寒凉油腻、煎炸辛辣食品。

5. 劳逸结合，坚持适度的体育锻炼，如散步、太极拳、练气功等。增强机体抗病能力。尤其是注意耐寒锻炼，适应气候变化随时添加衣服，增强肺卫功能。

6. 时邪流行时，尽量减少外出，避免到公共场所人员密集处。

7. 定期随诊，可以使医生了解治疗效果，及时发现病情变化和药物的不良反应，调整治疗方案。

第二章　心 脑 疾 病

第一节　心　　悸

一、什么是心悸?

心悸是指自感心中急剧跳动，惊惶不安，甚不能自主，或脉见参伍不调。其病机特点为心神不宁。阳气不足，阴气亏损，心失所养；或痰饮内停，瘀血阻滞，心脉不畅，故发生心悸。心悸包括惊悸、怔忡。惊悸由外界因素引起，发由内因而造成。但惊悸日久可发展为怔忡，怔忡患者又易受外惊所扰使悸动不安加重。故将其统称为心悸。多因体虚劳倦，情志内伤，外邪侵袭等，导致心神失宁而发病。其病位在心，根据病证的临床表现，应分辨病变有无涉及肝脾肺肾，是涉及一脏，或病及多脏，心悸病机有虚实之分，故治疗上应分虚实，虚证分别治以补气、养血、滋阴、温阳；实证则应祛痰、化饮、清火、行瘀。但本病以虚实错杂为多见，且虚实的主次、缓急各有不同，故治当相应兼顾。同时，由于心悸以心神不宁为其病理特点，故应酌情配入镇心安神之法。

二、心悸的病因有哪些?

心悸因体质弱，饮食劳倦，致心血不足，水饮凌心，心失所养；禀赋不足以致心虚胆怯，突受惊恐；七情所伤以致阴虚火旺，热扰心神；痰热内蕴，风寒湿痹致使瘀血阻络；感受外邪及药石不当等以致气血阴阳亏损，心神失养，心主不安，或痰、饮、火、瘀阻滞心脉，扰乱心神。

1. 体质虚弱　先天禀赋不足，素体虚弱，或脾胃虚弱，气血化源不足，或久病失养，房劳过度，致气血阴阳亏虚，心失所养，而发心悸。

2. 劳倦饮食　嗜食肥甘厚腻，煎炸炙煿，蕴热化火生痰，或损伤脾胃，运化失职，痰浊内生，痰火扰心，而发心悸。

3. 情志失调　心虚胆怯，如突遇惊恐，或悲伤过极，忤犯心神，心神动摇，不能自主而心悸。

4. 感受外邪　心气素虚，风寒湿杂至，合而为痹，痹证日久，内舍于心，痹阻血脉，心血运行不畅，而发心悸。

5. 药物中毒　用药过量或毒性较大，损及于心，引起心悸，如乌头、附子，或西药洋地黄、阿托品、奎尼丁等。

三、心悸有哪些临床表现?

1. 心虚胆怯所致者　心悸，善惊易怒；坐卧不安，少寐多梦；苔薄白，脉象结代或弦滑促。

2. 心血不足所致者　心悸，头晕乏力；面色无华，神疲倦怠；舌淡红，脉象细弱。

3. 阴虚火旺所致者　心悸不安，心烦少寐，手足心热；腰酸耳鸣，头晕目眩；舌红少苔，脉象细数。

4. 心阳不振所致者　心悸不安，胸闷气短；面色苍白，形寒肢冷；舌淡白，脉象细弱或迟结代。

5. 水饮凌心所致者　心悸胸闷，喘咳浮肿；眩晕吐涎，胸满尿少；舌苔白滑，脉象弦滑。

6. 心血瘀阻所致者　心悸不安，阵发心痛；胸闷不舒，唇甲青紫；舌紫暗，脉象结代或涩。

四、心悸有哪些相关检查?

相关检查：血液检查如血常规、电解质、心肌酶谱、血脂，胸部 X 线摄片，动态心电图，心脏超声波检查，心导管检查。

五、心悸的治疗原则是什么?

1. 心虚胆怯所致者　镇惊定志，养心安神。

2. 心血不足所致者　补血养心，益气安神。

3. 心阳不振所致者 温补心阳，安神定悸。

4. 水饮凌心所致者 振奋心阳，化气行水，宁心安神。

5. 阴虚火旺所致者 滋阴清火，养心安神。

6. 心血瘀阻所致者 活血化瘀，理气通络。

六、治疗心悸有哪些注意事项？

1. 心悸患者应保持心情愉快，精神乐观，情绪稳定，避免惊恐及忧思恼怒等不良情绪。

2. 饮食有节，进食营养丰富而易消化吸收的食物，忌过饱、过饥，戒烟酒、浓茶，宜低脂低盐饮食。心气阳虚者忌过食生冷；心气阴虚者忌辛辣炙煿；痰浊、瘀血者忌过食肥甘；水饮凌心者宜少食盐。

3. 生活规律，注意寒暑变化，避免外邪侵袭而诱发或加重心悸，注意劳逸结合。

4. 心悸病势缠绵，应积极治疗原发病，如胸痹、痰饮、肺胀、喘病、痹病等，应及早发现变证、坏病的先兆症状，结合心电监护，积极准备并做好急救治疗。坚持长期治疗，加强巩固治疗，可服人参等补气药，改善心虚症状，增强抗病能力。

七、心悸的护理要点有哪些？

1. 病室环境 宜整洁、舒适、安静，温度适宜，避免突如而来的惊恐、惊骇等刺激，护士在治疗和巡视时，要做到“四轻”：说话轻、走路轻、关门轻、操作轻。

2. 情志护理 告知患者病情恢复需要时间，不要急于求成，给予耐心的生活照顾，适当的体贴关心和疏导解释，耐心倾听患者的诉求。对有恐惧、紧张情绪的患者，在解释或说明有关病情时应注意遵守保护性医疗制度。对神经质患者应多给予肯定、鼓励，做好家属及探视人员工作，注意谈话内容，避免对患者不良的心理刺激，给予精神安慰，取得家属的关心、支持和合作，保持身心愉快，积极配合治疗。

3. 饮食护理 合理的营养，控制钠盐，多吃水果、蔬菜，饮食以低脂肪、高蛋白质、高维生素为主，少量多餐，忌过饱，忌浓茶、咖啡等刺激性食物和肥腻食物。

4. 用药护理 遵医嘱给药，掌握药物的药理作用、剂量、疗程、适应证、禁忌证、疗效观察、毒副作用及防治。观察药物的不良反应，若发现用药后心率突然增快或减慢，并出现头晕、头痛、恶心、呕吐等症状时，立即报告医生并及时处理。

5. 病情观察 观察心悸发作时的情况和伴随症状，重点观察生命体征，观察脉率、心律、心率，以及血压、呼吸、汗液、尿量、面色、舌象等变化，避免心悸发作的各种诱发因素，若出现心悸伴有胸闷气促、唇甲青紫、汗出肢冷、心前区剧痛、脉结代等情况，应立即报告医生，并做好抢救准备。

八、心悸患者的生活起居应注意什么？

1. 避免情绪紧张、激动，指导患者掌握自我排解不良情绪的方法，保持心情舒畅，积极配合治疗和护理。

2. 饮食原则 低盐、低脂、清淡易消化，多进食新鲜蔬菜水果、豆制品、菌类等。忌烟酒，少饮浓茶、咖啡。忌食辛辣、肥甘厚味之食品。

3. 生活起居有常，避免过劳，根据四时气候变化规律做到：春防风，夏防暑，长夏防湿，秋防燥，冬防寒。心阳虚弱者尤其注意防寒保暖，避免受冷，注意休息，保证充足睡眠，养成良好的排便习惯，勿屏气过度用力排便。

4. 严格遵医嘱按时按量服用抗心律失常药，严禁随意增减药物剂量、停药或擅用其他药物。如服用洋地黄制剂时，服药前应测心率（脉搏），当每分钟低于 60 次，如出现恶心、呕吐、头痛、黄视、绿视等症状时，应立即停药并报告医生处理；中药汤剂宜温服，心阳虚弱者应趁热服用，利水及补益类药物应空腹或饭前服用，安神药应睡前服用。

5. 活动量适度，可选择打太极拳、慢跑等，不宜做突然暴发性和剧烈的运动，如举重、拔河等。

6. 定期检查心电图或动态心电图，教会患者自测脉搏，备全急救药品并随时携带，固定放置及方便取用。

7. 穴位按压：心中悸动不安者可按压神门、内关等穴位，或用火柴头点压心、交感、皮质下等耳穴。

8. 睡前用温水泡脚，并按摩涌泉穴 5～10 分钟，可宁心安神促进睡眠。

九、心悸后的饮食方有哪些？

1. 心虚胆怯所致者 饮食宜选用含钾高的食物，如苦瓜、油菜、蘑菇、香蕉等。

2. 心血不足所致者 饮食宜进补益气血之品，如桂圆、红枣、莲子、黑木耳、瘦肉、牛奶、猪心等食品。忌烟、酒、浓茶及咖啡。

3. 心阳不振所致者 饮食宜温热，宜选用补心气、温心阳之品，如羊肉、鸡肉等，有水肿者应限制饮水量及钠盐摄入。

4. 阴虚火旺所致者 饮食可适当清补，补益心肾之阴，如可食用莲子、银耳、红枣、鲜藕等，忌烟酒，忌食辛辣刺激性食品。

5. 水饮凌心所致者 饮食宜低盐或无盐，酌情控制饮水量，必要时记录 24 小时出入量，测体重等。

6. 心血瘀阻所致者 饮食宜清淡，勿过饱，忌辛辣、肥甘厚腻食物，忌食动物油脂及内脏，鱼子、虾子、蟹子黄、蛋黄富含胆固醇应慎食或不宜食。

十、心悸患者服药注意事项有哪些？

1. 中药汤剂宜温服，心阳不振者应趁热服用。

2. 服用洋地黄类强心药之前，要测心律、心率（测一分钟），服药后要观察服药反应，若发现有中毒症状时，暂停给药，并立即报告医师及时处理。

十一、心悸的转归预后如何？

心悸的预后转归主要取决于本虚标实的程度，治疗是否及时、恰当。心悸仅为偶发、短暂、阵发者，一般易治，或不药而解；反复发作或长时间持续发作者，较为难治。如患者气血阴阳虚损程度较轻，未见瘀血、痰饮之标证，病损脏腑单一，治疗及时得当，脉象变化不显著者，病证多能痊愈。反之，脉象过数、过迟、频繁结代或乍疏乍数者，治疗颇为棘手，兼因失治、误治，预后较差。若出现喘促、水肿、胸痹心痛、厥证、脱证等变证、坏病，若不及时抢救治疗，预后极差，甚至猝死。

十二、如何才能预防心悸？

1. 作息规律 不宜熬夜，保证午睡，对有失眠者，遵医嘱服镇静剂，保证大脑皮层得到充分的休息。否则可造成中枢神经功能的紊乱，使心肌兴奋性增高而诱发早搏（期前收缩）。

2. 保持良好情绪 注意调节情志，保持心情开朗，情绪稳定，避免过度兴奋和忧伤，防止喜怒等七情过极。

3. 强身健体 为提高免疫功能，增强体质，在病情稳定的情况下，适当参加体育锻炼，如散步、太极拳、体操等。

4. 避免感冒受凉 密切注意气候变化，避免寒风侵袭，尽量勿到拥挤的公共场所，以免呼吸道感染。如有咽痛，应及时诊治。

5. 均衡饮食 谷薯类、蔬菜、水果、坚果、蛋白质、奶制品、肉类等根据个体情况合理搭配，宜清淡易消化的食物，不过饱，不吃刺激性、煎炸的食物，少喝浓茶或咖啡，不吸烟，不饮酒。

第二节 胸 痹

一、什么是胸痹?

胸痹是指以胸部闷痛，甚则胸痛彻背、短气、喘息不得卧为主要表现的一种疾病。轻者仅感胸闷如窒，呼吸不畅，重者则有胸痛心悸，严重者心痛彻背，背痛彻心，手足青冷。胸痹的主要病机为心脉痹阻，病位在于心，涉及肝，脾，肾，肺等脏。心、肝、脾、肾、肺气血阴阳不足，心脉失养，不荣则痛，气滞、血瘀、寒凝、痰湿等痹阻心脉，不通则痛。

二、胸痹的病因有哪些?

胸痹心痛的常见病因，多与寒邪内侵、饮食不当、情志波动、劳倦过度、年老体虚等因素有关。基本病机是心脉痹阻，包括寒邪、痰湿、气滞、血瘀等标实证。但气虚、阴虚、阳虚、气阴两虚等虚证，也可导致心脉不荣，心脉血行不畅。

1. 寒邪内侵 寒主收引，遏制阳气，使得血行不畅，发为本病。

2. 饮食失调 饮食失节，过食肥甘厚味，或者嗜烟嗜酒，导致脾胃损伤，运化失调，聚湿生痰，上犯心胸，阻遏心阳，气机不畅，心脉痹阻而发为此病。

3. 情志失节 忧思伤脾，脾失健运，聚湿成痰；郁怒伤肝，肝气瘀滞，甚则气郁化火，灼津成痰。气滞和痰阻均可使血行不畅，心脉痹阻，而发为胸痹。

4. 劳倦内伤 劳倦伤脾，脾虚失运，气血化生无源，心脉失养而胸痹；或者积劳伤阳，心肾阳微，鼓动无力，胸阳不振，阴寒内侵，血行不畅而发为胸痹。

5. 年迈体虚 年过半百，肾气自半，精血渐衰，肾阳虚衰，则不能鼓舞五脏之阳，肾阴亏虚，则不能润养五脏，心脉失于温养而发为胸痹。

三、胸痹有哪些临床表现?

胸部闷痛，甚则胸痛彻背、喘息不得卧为主证，或胸闷，呼吸欠畅，重者则有胸痛，严重者心痛彻背，背痛彻心，脉弦或结代。

1. 心血瘀阻所致者 心悸不宁，胸闷憋气；舌紫暗，有瘀点，脉象沉涩；胸部刺痛，固定不移，入夜更甚。

2. 痰浊壅塞所致者 胸闷如窒而痛，或痛引肩背；形体肥胖，痰多脘闷；苔浊腻，脉象滑。

3. 阴寒凝滞所致者 心悸气短，胸闷肢冷；舌淡苔白，脉象沉细；胸痛彻背，背痛彻心，感寒痛甚，起病急骤。

4. 心肾阴虚所致者 舌红体瘦，脉象沉弦细或细数；胸中隐隐灼痛，时作时休；心悸不寐，盗汗腰酸。

5. 气阴两虚所致者 舌偏红或齿痕，脉象弦细弱或结代；胸闷隐痛，时作时止；心悸气短，面色少华。

6. 胸闷隐痛所致者 心悸乏力，畏寒肢冷；舌淡白或紫暗，脉象沉细或微欲绝；胸闷隐痛，或绞痛或胸痛彻背，遇冷痛剧。

四、胸痹有哪些相关检查?

检查血常规、尿常规、胸部X线片、心电图、多普勒超声心动图、便常规、冠状动脉CT检查。

五、胸痹的治疗原则是什么?

治疗应遵“急则治标”、“缓则治本”权衡轻重缓急，兼顾标本的原则。针对发病有关的危险因素采取综合性防治措施，控制或消除危险因素以预防和减少心痛的发生。在发作期以通脉止痛，主要选用速效止痛作用之药剂，如气雾剂、滴丸、片剂等以迅速控制病情，缓解心痛；在缓解期以本虚为主，重在根据不同证型予以补气养阴、活血化瘀等治疗，但严重心痛者，应及时采取中西医结合法以控制病情，以免发展为心肌梗死。

1. 心脉瘀阻所致者 活血化瘀，通脉止痛。

2. 痰浊痹阻所致者 化痰泄浊，通阳开胸。

3. 寒凝心脉所致者 温通心阳，散寒止痛。

4. 气阴两虚所致者 益气养阴，通脉止痛。

5. 心肾阴虚所致者 滋阴补肾，养心安神。

6. 心阳不振所致者 补益阳气，温振心阳。

六、胸痹的护理要点有哪些?

1. 病情观察 加强巡视，密切观察舌、脉、体温、呼吸、血压及精神情志变化，必要时给予吸氧、心电监护及保持静脉通道通畅，并做好抢救准备。

2. 慎起居，适寒温，居处必须保持安静、通风。注意休息，劳逸结合，顺应四时，春夏应夜卧早起，秋季应早卧早起，冬季应早卧早起。

3. 发作期患者应立即卧床休息，缓解期适当休息，坚持力所能及的活动。保证充足睡眠。

4. 病室环境安静、阳光充足，空气清新，温湿度适宜，定期通风换气，严禁吸烟；热毒血瘀者室温不宜过高，保持适宜的湿度，患者卧床休息，协助患者生活所需，限制探视。

5. 调情志，情志异常可导致脏腑失调，气血紊乱，尤其与心病关系较为密切。故防治本病必须高度重视精神调摄，避免过于激动或喜怒忧思无度，保持心情平静愉快。指导患者掌握自我排解不良情绪的方法，如转移法、音乐疗法、谈心释放法等。避免情绪紧张及不良刺激。对神经质患者应多肯定、鼓励，做好家属及探视人员工作，避免对患者不良的心理刺激，给予精神安慰，取得家属的关心、支持和合作，患者保持身心愉快，积极配合治疗。

七、胸痹的饮食护理有哪些?

1. 饮食宜清谈，食勿过饱，不宜过食肥甘，应戒烟酒，宜低盐、低脂饮食，多食纤维素含量高的食物，忌辛辣燥热食物，如辣椒、姜、葱等，对于牛肉、狗肉、鸡肉、鹿肉等温阳食物宜少食用。

2. 多食用蔬菜、水果如香蕉、西瓜、柿子、苦瓜、莲藕；行气的食物，如佛手、橙子、陈皮、荞麦、韭菜、茴香、大蒜、刀豆、香橼等。

3. 保持大便通畅，多食纤维素含量高的食物，如蔬菜、水果、坚果类，还有松子仁粥、杞子粥、蜂蜜水等。

4. “厥心痛”、“真心痛”病中属心气虚的患者，注意休息和活动时间的选择，不宜饭后“百步走”，因饭后血液多集中在消化道以帮助消化食物，而饭后活动则使血瘀分布在四肢，造成相对的供血不足而诱发“厥心痛”。

八、胸痹的药物治疗有哪些?

药物调理常用以香附、乌药、小茴香、青皮、郁金等疏肝理气解郁的药为主组成的方剂，如越鞠丸等。若气郁引起血瘀，当配伍活血化瘀药。大便干燥者，用麻子仁丸或润肠丸；口干舌燥者，用麦门冬汤；心烦易怒者，宜服丹栀逍遥散。遵医嘱给药，并观察用药疗效和不良反应，掌握药物的药理作用、剂量、疗程、适应证、禁忌证、疗效观察、毒副作用及防治。遵医嘱按时服药，定时门诊复查。

1. 心脉瘀阻证 方药血府逐瘀汤加减：生地黄 15g，桃仁 12g，红花 8g，枳壳 12g，桔梗 10g，芍药 15g，柴胡 12g，川芎 10g，丹参 15g，牛膝 12g，甘草 6g。

2. 痰浊痹阻证 方药瓜蒌薤白半夏汤加减：全瓜蒌 15g，薤白 15g，法半夏 12g，陈皮 10g，茯苓 15g，枳实 15g，胆南星 12g，生姜 3 片，甘草 6g。

3. 寒凝心脉证 方药通脉四逆汤加减：附子 12g（先煎），炙甘草 10g，干姜 10g，葱白 9 根，桂枝 12g，当归 10g。

4. 气阴两虚证 方药生脉散合炙甘草汤加减：人参 10g（另炖），麦门冬 15，五味子 6g，炙甘草 10g，桂枝 9g，生地黄 15g，阿胶 10g（烊化），大枣 15g。

5. 心肾阴虚证 方药左归饮合天王补心丹加减：山茱萸 12g，熟地黄 24g，山药 15g，枸杞子 15g，茯苓 15g，五味子 6g，当归 15g，麦冬 15g，天冬 15g，酸枣仁 15g，柏子仁 12g，丹参 15g，炙甘草 6g。

6. 心阳不振证 方药参附汤合桂枝甘草汤：人参 15g（另炖），附片 12g（先煎），桂枝 10g，炙甘草 10g。

九、胸痹的服药护理有哪些？

1. 严格按照医嘱的剂量、时间、方法服药，并观察用药疗效和不良反应，注意有效期，有些药物应避光保存；易出现直立性低血压或晕厥的药物，服药后应卧床休息。

2. 中药汤剂一般宜饭后 1～2 小时温服。服药后适当卧床休息，避免过劳。热毒血瘀者中药汤剂宜饭后 1～2 小时稍凉服用。

十、胸痹的转归预后如何？

胸痹心痛属内科急症、重症，只要及时诊断处理，辨证论治正确，取得患者配合，一般都能控制或缓解病情。若临床失治、误治，或患者不遵医嘱，失于调摄，则病情进一步发展，瘀血闭塞心脉，心胸卒然大痛，持续不解，伴有气短喘促，四肢不温或逆冷青紫等真心痛表现，预后不佳，但若能及时、正确抢救，也可转危为安。若心阳阻遏，心气不足，鼓动无力，可见心动悸、脉结代，尤其是真心痛伴脉结代，如不及时发现，正确处理，甚至可致晕厥或卒死，必须高度警惕。若心肾阳衰，饮邪内停，水饮凌心射肺，可见浮肿、尿少、心悸、喘促等症，为胸痹心痛的重症合并症，应充分发挥中医药治疗及综合效应的优势，并采取西医抢救手段积极救治，预防发生猝死。

十一、胸痹的预防护理有哪些？

强调动静结合，未病先防，既病防变，应坚持三级预防：首先做好一级预防，积极预防动脉粥样硬化的发生；其次二级预防，如已发生，则应积极治疗，延缓病变的进展并争取其逆转。再者三级预防，若发生并发症，则应积极处理、防止恶化，延长寿命。

1. 重视调摄精神 防治本病必须高度重视精神调摄，避免情绪波动，保持心情平静愉快。

2. 生活起居规律 本病的诱发或发生与气候异常变化有关，故要避免寒冷，居处保持安静、通风，注意寒温适宜。

3. 均衡饮食 饮食宜清淡低盐，食勿过饱，忌辛辣刺激之品，严禁抽烟酗酒，多吃水果及富含纤维素食物，保持排便通畅。

4. 注意劳逸结合 坚持适当活动，发作期患者应立即卧床休息，缓解期要注意适当休息和活动，保证充足的睡眠，坚持力所能及的活动，做到动中有静。

5. 加强病情观察和监护 发病时应加强巡视，密切观察舌、脉、体温、呼吸、血压及精神情志变化，必要时给予吸氧、心电监护及保持静脉通道通畅，并做好抢救准备。

第三节 不 寐

一、什么是不寐？

不寐，中医病名，亦称失眠。凡以不易入睡或睡而易醒或彻夜不眠为主要表现者为不寐。其是以不能获得正常睡眠为特征的一类病证，古称“不得眠”、“目不瞑”，亦称“不得卧”。其多为情志所伤、饮食不节、劳逸失调、久病体虚等因素引起脏腑机能紊乱，气血失和，阴阳失调，阳不入阴而发病。病位主要在心，涉及肝胆脾胃肾，病性有虚有实，且虚多实少。治疗以补虚泻实，调整脏腑阴阳为原则。

二、不寐的病因有哪些?

1. 情志失常 喜怒哀乐等情志过极均可导致脏腑功能失调，而发生不寐病证。或由情志不遂，肝气郁结，肝郁化火，邪火扰动心神，心神不安而不寐。或由五志过极，心火内炽，扰动心神而不寐。或由喜笑无度，心神激动，神魂不安而不寐；或由暴受惊恐，导致心虚胆怯，神魂不安，夜不能寐。

2. 饮食不节 暴饮暴食，宿食停滞，脾胃受损，酿生痰热，壅遏于中，痰热上扰，胃气失和，如浓茶、咖啡、烈酒等。

3. 劳逸失调 劳倦太过则伤脾，过逸少动亦致脾虚气弱，运化不健，气血生化无源，不能上奉于心，而致心神失养而失眠。或因思虑过度，伤及心脾，心伤则阴血暗耗，神不守舍；脾伤则食少，纳呆，生化之源不足，营血亏虚，心失所养，而致心神不安。

4. 病后体虚 久病血虚，引起心血不足，心失所养，心神不安而不寐。正如《景岳全书·不寐》所说：“无邪而不寐者，必营气之不足也，营主血，血虚则无以养心，心虚则神不守舍”。

5. 年迈体虚，血少阴阳亏虚而致不寐。

三、不寐有哪些临床表现?

1. 身体方面 脸色呈灰白色、头晕、哈欠、头重感、头痛、食欲不振、手指震颤、倦怠感、口腔干燥、活动低下。

2. 精神方面 集中力、思考力、注意力低下，情绪不稳定、消极、自卑。

3. 社会方面 人际交往狭窄，活动能力低下。

4. 伴随症状 疾病恶化，心身疲惫，由于抵抗力低下，影响疾病康复。

5. 证治分类

（1）肝郁化火所致者：不寐，入睡困难，噩梦纷纭；性急易怒，目赤口苦；舌红苔黄，脉象弦数。

（2）痰热内扰所致者：不寐，入睡困难，寐而不实，饮食不节；头重目眩，痰多胸闷；舌红苔黄腻，脉象滑数。

（3）阴虚火旺所致者：心烦不寐，入睡困难；五心烦热，口干津少；舌红少苔，脉象细数。

（4）心脾两虚所致者：多梦易醒，夜寐不实；心悸健忘，头晕目眩；舌淡苔薄白，脉象细弱。

（5）心胆气虚所致者：不寐多梦，易于惊醒；胆怯心悸，自汗少气；舌淡，脉象弦细或细弱。

四、不寐有哪些相关检查?

血常规、甲状腺及肾上腺功能检查，心电图、多普勒超声心动图、脑电图、心理测验，多项睡眠描记法（PSG）、眼动仪（EMG）。

五、不寐的治疗原则是什么?

1. 肝郁化火所致者 疏肝泄热，辅以安神。

2. 痰热内扰所致者 清热化痰，和中安神。

3. 阴虚火旺所致者 滋阴降火，养心安神。

4. 心脾两虚所致者 健脾养心。

5. 心胆气虚所致者 益气镇惊，安神定志。

六、治疗不寐有哪些要注意的事项?

1. 要养成良好的日常生活习惯，白天适度的体育锻炼，有助于晚上的入睡。

2. 养成良好的睡眠习惯，如保持卧室清洁、远离噪音、避开光线刺激等，避免睡前喝茶、饮酒等。

3. 自我调节、自我暗示，身心放松。

七、不寐的护理要点有哪些？

1. 病室环境宜整洁、舒适、安静，空气新鲜，温度适宜，一般冬季为18～22℃，夏季为25℃左右，湿度以50%～60%为宜。做好病室的隔音设备，避免强光和噪声刺激，调整睡眠环境，光线适宜，患者保持正常的睡眠习惯，协助患者采取舒适的卧姿，减少治疗工作对患者睡眠的干扰，工作人员工作时要注意"四轻"。

2. 情志护理 及时了解患者的心理状态及心理需要，耐心倾听其述，做好心理疏导和安慰工作，向患者讲解不良心境、焦虑、烦躁会耗心血，心阴不足，阴虚火旺，加重不寐，睡前不看刺激的文章、电视节目，不做过量活动，不饮刺激性饮料，鼓励患者相信自己能改善睡眠，创造一个静谧舒适的睡眠环境。

3. 饮食护理 饮食宜清淡、富营养，勿过饥或过饱，禁吸烟，睡前不宜饮用浓茶、咖啡等兴奋性饮料，戒烟酒。气血不足者注重加强饮食调养，增加补益气血食物的摄入，如每日服红枣莲子粥、黄芪粥等。阴虚火旺者，晚睡前饮牛奶一杯，饮食宜如百合、莲子、海参、银耳、酸枣仁膏等。

4. 用药护理 遵医嘱给予养心安神药，必要时给予安眠药，协助睡眠，观察并记录患者的服药情况，指导患者按医嘱服药，对患者的睡眠情况进行效果评价，观察其不良反应，及时报告医师调整用药。

5. 病情观察 观察患者入睡的情况、睡眠时间、睡眠形态及醒后的一些症状，如头晕、头痛等，观察患者有无失眠而呈现注意力不集中、定向力差、反应变慢、无精打采、打瞌睡、不安易怒、轻微的手发抖症状等，以了解其失眠程度，及时报告医师按医嘱用药。

八、不寐后的生活起居应注意什么？

1. 坚持有规律的作息时间，早睡早起，保证每天睡眠8小时，中午午觉半小时至一小时。

2. 多食用一些可以提高睡眠质量的食物，如红枣、百合、小米粥、核桃、蜂蜜、葵花子，睡前喝一杯牛奶等。

3. 睡前不喝咖啡和不抽烟，不吃辛辣的富含油脂的食物。

4. 保持适宜室温，有助于睡眠。

5. 失眠的时候不要给自己压力，有压力会更睡不着。

6. 睡前不要喝太多水，因为不断上厕所会影响睡眠质量。

7. 睡前温水洗澡，合理选择锻炼时间，上下午锻炼有助于放松肌肉，提高夜间睡眠质量。

8. 保持安静，关掉电视和收音机。

九、不寐后的方药有哪些？

1. 肝郁化火所致者 方药：龙胆泻肝汤加减。常用药：龙胆草、黄芩、栀子、泽泻、车前子、当归、生地、柴胡、甘草、生龙骨、生牡蛎、灵磁石。

2. 痰热内扰所致者 方药：黄连温胆汤加减。常用药：半夏、陈皮、茯苓、枳实、黄连、竹茹、龙齿、珍珠母、磁石。

3. 阴虚火旺所致者 方药：六味地黄丸合交泰丸加减。常用药：熟地黄、山萸肉、山药、泽泻、茯苓、丹皮、黄连、肉桂。

4. 心脾两虚所致者 方药：归脾汤加减。常用药：人参、白术、甘草、当归、黄芪、远志、酸枣仁、茯神、龙眼肉、木香。

5. 心胆气虚所致者 方药：安神定志丸合酸枣仁汤加减。常用药：人参、茯苓、甘草、茯神、远志、龙齿、石菖蒲、川芎、酸枣仁、知母。

十、不寐的服药护理有哪些？

1. 失眠后，服药之前，不能马上睡觉。这样的话，就会导致入睡困难等情况的发生。因为，药物的吸收，需要一个消化的过程。失眠的人上床才服药，对睡眠潜伏期无明显的改善作用，还会提高失眠人士的焦虑水平。

2. 服药后躺卧过早，让药片滞留在食管处。难以顺利到达胃部，导致食管受损害。对失眠者来说，这样服药的药效也不大，改善失眠也不明显。

3. 很多失眠的人，服药之后，认为会能提高睡眠的质量。所以早早入睡，这会产生两个不良后果，所服药的药效，在半夜或清晨就过去了。很容易造成失眠者的醒觉过早，进而发展为早醒型失眠。另外，上床时间过早干扰了失眠者原来的睡眠生物节律。很有可能导致失眠的症状加重。

十一、不寐的转归预后如何？

失眠部分病程短，病情单纯者治疗收效较快外；大多属病程较长，病情复杂，治疗难以速效，而且病因不除或治疗失当，易使病情更加复杂。属心脾两虚证者，如饮食不当；或过用滋腻之品，易致脾虚加重，气血更虚，又食滞内停，往往导致虚实错杂。本病的预后一般较好。

十二、如何才能预防不寐？

养成良好的生活习惯，如按时睡觉，不经常熬夜，睡前不饮浓茶、咖啡和抽烟等，保持心情愉快及加强体质锻炼等对失眠的防治有重要作用。

本病因属心神病变，故应注意精神调摄，做到喜恶有节，解除忧思焦虑，保持精神舒畅；养成良好的生活习惯，并改善睡眠环境；劳逸结合等，对于提高治疗失眠的效果，改善体质、提高工作、学习效率，均有促进作用。

第四节 癫 狂

一、什么是癫狂？

癫狂是中医病名，是一种精神失常疾病，系由七情内伤，饮食失节，禀赋不足，致痰气郁结，或痰火暴亢，使脏气不平，阴阳失调，闭塞心窍，神机逆乱。其病位在心，与肝胆脾胃关系密切。癫病以精神抑郁、表情淡漠，沉默痴呆，语无伦次，静而多喜为特征，治以理气解郁、畅达气机为其大法；狂病以精神亢奋，狂躁不安，喧扰不宁，骂詈毁物，动而多怒为特征，降火豁痰以治其标。同时，移情易性不但是防病治病的需要，也是防止病情反复或发生意外的措施。

二、癫狂的病因有哪些？

癫狂的病位主要在心肝，涉及脾胃，久而伤肾。病理因素以气、痰、火、瘀为主，四者有因果相兼的关系，且多以气郁为先。病久则气滞血瘀，凝滞脑气，又每兼瘀血为患。癫与狂的病机特点各有不同。癫为痰气郁结，蒙蔽神机；狂为痰火上扰，神明失主。本病初起多数实证，久则虚实夹杂。癫为痰气郁结，蒙蔽神机，久则心脾耗伤，气血不足；狂多为痰火上扰，心神不安，久则火盛伤阴，心肾失调。

1. 七情内伤 多因恼怒郁愤不解，肝失疏泄，胆气不平，心胆失调，心神扰乱而发病；或肝郁不解，气郁痰结，阻塞心窍而发病；或暴怒不止，引动肝胆木火，郁火上升，冲心犯脑，神明无主而发病；或肝气郁滞，气失畅达，血行凝滞，致气滞血瘀，或痰瘀互结，气血不能上升脑髓，神机失用而发病。

2. 饮食失节 嗜食肥甘厚味，脾胃运化失司，聚湿生痰，痰浊内生，郁而化火，上扰心神，或痰气互结，阻痹神明，或与瘀血相伍，痹阻心窍，均致神志失常而发病。

3. 先天不足 胎儿在母腹中禀赋异常，脏气不平，出生后一有所触，遭遇情志刺激，则气机逆乱，阴阳失调，神机失常而发病。

三、癫狂有哪些临床表现？

1. 癫证 以精神失常为其各证候的共有特征。以精神抑郁，表情淡漠，沉默痴呆，语无伦次，静而少动，喃喃自语，不知秽洁，不知羞耻为特征。发病一般较慢，部分患者可有晨重晚轻的节律变化。常伴有失眠、纳差、便秘等症状。常见以下四类症状：

（1）肝郁气滞：精神抑郁，情绪不宁，沉默不语，善怒易哭，时时太息，胸胁胀闷，舌质淡，舌苔薄白，脉弦。

（2）痰气郁结：精神抑郁，表情淡漠，沉默痴呆，出言无序，或喃喃自语，喜怒无常，秽洁不分，不思饮食。舌红苔腻而白，脉弦滑。

（3）心脾两虚：神思恍惚，魂梦颠倒，心悸易惊，善悲欲哭，肢体困乏，饮食锐减，舌淡苔腻，脉沉细无力。

（4）气阴两虚：久治不愈，神志恍惚，多言善惊，心烦易怒，躁扰不寐，面红形瘦，口干舌燥，舌红少苔或无苔，脉沉细而数。

2. 狂证 以动而多怒、兴奋性精神失常为证候特征。常以喧扰不宁，躁妄骂詈，不避亲疏，逾垣上屋，登高而歌，弃衣而走，甚至持刀杀人等凶狂之象为主。常见以下五类症状：

（1）痰火扰神：素有性急易怒，头痛失眠，两目怒视，面红目赤，烦躁，遇较大精神刺激，突然狂乱无知，骂詈号叫，不避亲疏，逾垣上屋，或毁物伤人，气力逾常，不食不眠，小便黄，大便干，舌质红绛，苔多黄燥而垢，脉弦大或滑数。

（2）痰结血瘀：狂病经久不愈，面色暗滞而秽，躁扰不安，多言，恼怒不休，甚至登高而歌，弃衣而走，妄见妄闻，妄思离奇，头痛，心悸而烦，舌质紫暗有瘀斑，少苔或薄黄苔干，脉弦或细涩。

（3）瘀血阻窍：狂病日久，少寐易惊，疑虑丛生，妄见妄闻，言语支离，面色晦暗，舌青紫，或有瘀斑，苔薄滑，脉小弦或细涩。

（4）火盛伤阴：狂病日久，其势较戢，呼之能自止，但有疲惫之象，多言善惊，时而烦躁，形瘦面红而秽，大便干结，舌红少苔或无苔，脉细数。

（5）心肾失调：狂病久延，时作时止，势已较轻，妄言妄为，呼之已能自制，寝不安寐，烦闷焦躁，口干便难，舌尖红无苔有剥裂，脉细数。

四、癫狂有哪些相关检查？

常可作：头颅 CT、MRI、周围血白细胞计数、脑脊液等检查可排除其他相关疾病。

五、癫狂的治疗原则是什么？

本病初期多以邪实为主，治当理气解郁，畅达神机，降（泄）火豁痰，化瘀通窍。后期以正虚为主，治当补益心脾，育阴养血，调整阴阳。

1. 癫证治疗原则

（1）肝郁气滞：疏肝解郁，行气导滞。

（2）痰气郁结：理气解郁，化痰醒神。

（3）心脾两虚：健脾养心，调畅气机。

（4）气阴两虚：益气养阴。

2. 狂证治疗原则

（1）痰火扰神：清泻肝火，涤痰醒神。

（2）痰结血瘀：豁痰化瘀开窍。

（3）瘀血阻窍：活血化瘀，通络开窍。

（4）火盛伤阴：滋阴降火，安神定志。

（5）心肾失调：育阴潜阳，交通心肾。

六、治疗癫狂有哪些要注意的事项？

1. 本病属神志失常的疾病，故对有家族史又性格内向之人，要加强思想修养，正确对待各种事物，保持心情开朗，是预防本病的重要措施。

2. 本病除药物治疗外，调摄护理很重要。如情志、起居、食饮、劳逸等的调摄；护理工作要加强安全防护，防止意外。

3. 患者不宜从事高空作业及驾驶、操纵机械高空等危险性大的工作。防止恶言、讥讽扰乱情志，要给予关心照顾。

七、癫狂的护理要点有哪些？

1. 病室环境 病室安置简单，并有安全设备，以防意外。保持光线明亮，保持患者的智力活跃情绪，增加社会接触和消除被隔离感。

2. 情志护理 及时了解患者的心理状态，正确对待患者的各种病态表现，不应讥笑、讽刺，要关心、体贴、照顾患者；禁止存放危险物品，建立安全措施，无危险物品及障碍物，备好牙垫、舌钳及床栏等，指导使用避免伤害的方法；对重症患者的打人、骂人、自伤等症状，要采取防护措施，注意安全，防止意外，必要时专人照顾。安排有规律的作息生活，参加适宜的文化、娱乐、体育生活，以促进人际交往，调节情绪，避免焦虑、孤独、退缩等。

3. 饮食护理 进食清淡，易消化，无骨、刺、硬核，营养丰富的食物，忌食辛辣刺激、肥甘厚味，忌浓茶、咖啡，禁止吸烟、饮酒。轻症患者或恢复期患者，提倡集体进餐；经常调换食物品种，尽量注意色、香、味俱佳，增进食欲。宜选择具有清热、祛痰、镇静、安神作用的食品，如新鲜蔬菜、瓜果、萝卜、大枣、酸枣、莲藕等。餐具要清洁卫生，容易持握，进食方便；对于躁动、抢食、或拒食者，给予重点照顾并帮助进餐，以免发生意外不良后果。

4. 病情观察 掌握患者的情绪变化规律，从其语言、情感、行为表现中发现问题并及时采取措施，患者不能离开家属的视线；抑郁患者常睡眠不好，容易早醒，在清晨最易发生自杀，深夜和凌晨更要加强看护，切勿被患者的假象所迷惑；做好“三防”措施防：防自杀、伤人、意外等。

八、癫狂后的生活起居应注意什么？

1. 加强生活调摄，充实精神生活；养成生活规律、起居有节的习惯；培养业余爱好，保持乐观情绪。

2. 坚持治疗服药，加强适当的锻炼，增强体质，巩固疗效。

3. 家庭和社会支持，创造良好和谐的环境气氛与人际关系，多给予关心、爱护，使之感受到幸福与温暖，避免不良情志刺激，预防疾病复发。

九、癫狂后的方药有哪些？

1. 癫证

（1）肝郁气滞：方药柴胡疏肝散加味。方中以柴胡、枳壳、香附疏肝理气解郁；川芎开肝经血郁；白芍、甘草柔肝缓急。加石菖蒲、远志、郁金宜开心窍。本证多见于癫痫初期，重点在于疏肝理气解郁。若肝失疏泄，气滞而致血瘀，出现胁下胀痛明显，舌有瘀点、瘀斑，可加川楝子、姜黄、丹参行气活血止痛；若兼有肝木太旺，克伐脾土，出现纳差食少，腹胀等症状时，当加用党参、白术、山药、茯苓等以健脾益气；若肝气犯胃，出现嗳气频作，胸脘满闷者，加旋覆花、代赭石、苏梗以平肝和胃降逆。

（2）痰气郁结：方药加味导痰汤。方用二陈汤理气调中，燥湿祛痰；加枳壳、南星、生姜即导痰汤祛风涤痰；黄芩、黄连、竹沥清心热，泻心火；瓜蒌、桔梗顺气化痰；人参、大枣和中健脾，以防攻伐太过；乌梅收敛生津，以防疏泄太过。可加入郁金、石菖蒲、苍术以加强理气解郁醒神。若痰浊壅盛，胸膈瞀闷，口多痰涎，脉滑大有力，形体壮实者，可暂用三圣散取吐，劫夺痰涎。因药性猛悍，自当慎用。若吐后形神俱乏，宜以饮食调养。若神思迷惘，表情呆钝，言语错乱，目瞪不瞬，舌苔白腻，为痰迷心窍，治宜理气豁痰，宜窍散结。先以苏合香丸，芳香开窍，继以四七汤加胆南星、郁金、石菖蒲之类，以行气化痰。若不寐易惊，烦躁不安：舌红苔黄，脉滑数者，此痰郁化热，痰热交蒸，干扰心神所致，宜清化痰热，可用温胆汤加黄连合白金丸，取黄连清心火，白金丸手少阴药，白矾酸咸能软顽痰，郁金苦辛，能去恶血，痰血去则心窍开而病已。若神昏意乱，动手毁物，为火盛欲狂之征，当从狂论治。

（3）心脾两虚：方药养心汤送服越鞠丸。养心汤健脾养心安神，即以人参、黄芪、甘草补脾；川芎、当归养心血；茯苓、远志、柏子仁、酸枣仁、五味子宁心神；更有肉桂引诸药入心经，以奏养心安神之功。越鞠丸以香附、川芎、苍术、栀子、神曲，解诸郁结，调节气机，使气畅血通，郁解神复，取其“气血流通即是补”之义。

（4）气阴两虚：方药四君子汤送服大补阴丸。以四君子补中健脾益气；久病及肾，耗伤肾阴，阴虚火旺，故用大补阴丸以盐黄柏、盐知母、酒蒸熟地、龟板、猪脊髓和蜜为丸，盐汤送下，滋阴以降火，所谓壮水之主以制阳光。加猪脊髓，取其能通肾命，阳生阴长，肾命相通，共奏滋阴降火之功，使之阴阳得其平，神机自复而向愈。

2. 狂证

（1）痰火扰神：方药程氏生铁落饮。方以生铁落平肝重镇，降逆泻火；钩藤除心热平肝风而泻火；胆南星、贝母、橘红、茯苓涤痰化浊；石菖蒲、远志、茯神、朱砂宜窍宁心复神；天冬、麦冬、玄参、连翘养阴清热解毒；丹参活血化瘀。若大便秘结者，加大黄、枳实泄热通腑。若痰火壅盛而舌苔黄腻垢者，用礞石滚痰丸逐痰泻火，再用安宫牛黄丸（以水牛角3倍量易犀角）清心开窍。若神较清，可用温胆汤合朱砂安神丸主之，清热化痰，养阴清热，镇心安神。

（2）痰结血瘀：方药癫狂梦醒汤。方以桃仁、赤芍活血化瘀；柴胡、香附、青皮疏肝理气，气行则血行；陈皮、半夏燥湿化瘀；苏子、桑白皮、大腹皮降气化痰宽中；木通降心火，清肺热，通利九窍血脉关节；甘草调和诸药。诸药相合共奏豁痰化瘀利窍之功。若痰涎、瘀血较盛者，可加服白金丸，以白矾消痰涎，郁金行气解郁，凉血破瘀；若头痛明显者，加川芎、延胡索活血化瘀，通络止痛。

（3）瘀血阻窍：方药通窍活血汤加味。方中以川芎、赤芍、桃仁、红花活血化瘀；麝香（0.3g，研末，另包吞服）其性走窜，开窍辟秽，通络散瘀；大枣、鲜姜、老葱散达升腾，使行血之品能上达于巅顶，外彻于皮肤。可加琥珀粉、大黄活血化瘀通络；石菖蒲、郁金开通机窍；柴胡、郁金、香附疏肝解郁。若尚有痰涎夹杂者，则须化瘀与涤痰并进，方中可加入胆南星、天竺黄、川贝母等；善惊，不眠多梦者，加酸枣仁、夜交藤养心安神。

（4）火盛伤阴：方药二阴煎。方中以生地、麦冬、玄参养阴清热；黄连、木通、竹叶清心泻火安神；茯神、酸枣仁、甘草养心安神定志。亦可合《千金》定志丸以资调理，方中党参、甘草益气健脾；茯神、远志、石菖蒲养心安神开窍。

（5）心肾失调：方药黄连阿胶汤合琥珀养心丹。方中黄连、牛黄、黄芩清心泻火；生地、阿胶、当归、白芍、鸡子黄滋阴养血，两组药共呈清心火，滋肾水，以交通心肾；人参、茯神、酸枣仁、柏子仁、远志益气养心安神；生龙齿、琥珀、朱砂镇心安神；石菖蒲开窍豁痰，理气活血。

十、癫狂的服药护理有哪些？

1. 患者服用药物应在旁观察，鼓励患者自己服下，不合作者可以设法改变剂型或服用方法，或给药途径，保证准确的给药量。

2. 加强监护，服药后要观察片刻，如有可疑应用压舌板检查口腔内有存药。有时患者可能将药物藏在口袋内、床褥下等处，要随时注意观察，及时发现予以说服教育及妥善处理。

十一、癫狂的转归预后如何？

癫狂的转归预后关键在于早期诊断，及时治疗，重视精神调护，避免精神刺激。若失治、误治，或多次复发，则病情往往加重，形神俱坏，难以逆转。

十二、如何才能预防癫狂？

1. 重视精神疗法 移情易性等是预防和治疗癫狂的有效方法，防止环境的恶性刺激，保持光线明亮，保持患者的智力活跃情绪，增加社会接触和消除被隔离感。

2. 加强精神护理，包括情志和谐，起居、饮食、劳逸调摄规律。正确对待患者的各种病态表现，不应讥笑、讽刺，要关心、体贴、照顾患者。加强安全防护，对重症患者的打人、骂人、自伤等症状，要采取安全防护措施，必要时专人照顾，防止意外发生。

3. 加强妇幼保健工作，先加强母孕期间的卫生，避免受到惊恐等刺激，对有阳性家族史者应当劝其不再生子女，同时注意幼儿的发育成长，一旦发现有精神异常表现，应尽量找专科医生诊治，早期治疗。

第五节　痫　　病

一、什么是痫病？

痫病是以突然昏仆、肢体抽搐等突出症状为依据。其范围，包含西医的原发性癫痫和某些继发性癫痫。

二、痫病的病因有哪些？

痫病是发作性神志异常之疾。患者素有痰浊伏于体内，一旦风、火上壅，触动伏痰而发病。病变主要为心，情志失调是主因。由于恼怒伤肝，肝气郁结，气郁化火，气火灼津成痰，痰随火升，闭塞心窍，突然发作。由于突受惊恐，气机逆乱，产生内风。风痰上壅，心窍被蒙蔽而癫痫发作。痰浊的产生，除火灼津液外，嗜酒食肥、脾失健运、聚湿生痰是重要原因。痫病的发作，有的是先天性的，由于先天不足，肾精亏虚，心肝因失养而受损，气机逆乱而生内风。有的是外伤性的，由于跌仆或撞击，颅脑受伤，瘀血内停，以致气机逆乱。痫病形成之后，反复发作，日久则虚证显露。故在其休止期表现为心气虚、脾虚、肾阴虚等不同病情。

三、痫病有哪些临床表现？

1. 分发作期和休止期两个阶段。发作期分风痰闭阻，痰火内盛。

（1）风痰闭阻证在发作前以眩晕、头痛、胸闷为特点，这是因风痰上升，清空受扰。发作时突然昏倒，两目上视，口吐白沫，四肢抽搐，喉间作猪羊叫声，乃内风挟痰瘀上逆，蒙蔽心窍，横窜经络所致。

（2）痰火内盛证以平时情绪急躁，心烦失眠，口干，口苦为特点，此系肝火偏盛，干扰神明。发作时突然昏倒，口吐白沫，四肢抽搐，喉作异声，大便秘结，乃肝火化风生痰，痰火上升，闭塞心窍。

2. 痫病休止期可见心肾亏虚和脾虚两种证型。

（1）心肾亏虚证以心悸，健忘，神疲，腰酸为特点，乃心血不足，肾精亏损。伴少寐，头晕目眩等肝肾不足，心肾不交征象。

（2）脾虚，痰阻于中，以形体消瘦，食少，痰多为特点，伴见头痛，胸闷，神情呆木，面色晦暗，舌紫等气滞不畅，瘀血内阻征象。

3. 证候的变化

（1）痰火内盛证有阴液耗伤之变。醒后心烦失眠，口干咽燥，大便秘结，小便短赤，舌红苔黄糙。

（2）休止期脾胃虚弱，复因忧郁伤神，以致心气亦虚。精神恍惚，常默然，不思饮食，四肢无力，脉细弱。

四、痫病有哪些相关检查？

脑电图上的痫性放电是诊断痫病的主要作证。确定继发性痫病的病因、脑部疾病的性质，可考虑进行头颅 CT、磁共振、同位素脑扫描或脑血管造影等检查。

五、痫病的治疗原则是什么？

1. 治标 用平肝熄风，清肝泻火，祛痰，开窍，活血化瘀通络，镇静安神方法等。

（1）熄风，祛痰，开窍，活血通络，治内风挟痰瘀上逆，蒙蔽心窍，横窜经络。风痰闭窍所致的癫痫，临床最为多见。在治疗期间，不能随便停药，或频繁更换药剂，否则可导致癫痫大发作。

（2）清肝泻火，熄风，祛痰，开窍，治肝阳化风生痰，痰火闭塞心窍。清肝泻火法中加生大黄，泻火通腑，清除郁积于体内的某些毒素，有利于控制癫痫的发作。

2. 治本 用滋阴补肾，健脾益气，补血，养心安神等法。

（1）滋阴补肾，养心安神，治痫病休止期肾阴不足，心血亏虚，以致心肾不交。

（2）健脾益气，补血，养心缓急，治痫病休止期脾虚，气血不足，忧郁损伤心神。

3. 标本兼治 痫病初期，正气未伤，而反复发作，则正虚邪恋，扶正祛邪。

（1）清肝泻火，熄风，祛痰合滋阴，治肝风挟痰火扰心，而阴液已虚。

（2）健脾益气合化痰，理气，活血，治平素脾虚，痰阻气滞，瘀血阻于脑络，导致癫痫发作。因脑外伤瘢痕形成，或脑部炎症粘连，脑缺血、缺氧所致的癫痫，用活血法治疗，能改善脑血液循环，减少发作次数，减轻临床症状。

六、痫病的护理要点有哪些？

1. 观察发作先兆 心慌、烦渴、遗忘、意识障碍、失神等。

2. 发作时护理 立即平卧，头偏向一侧，取下义齿，抬下颌，开放气道，并解开领口及腰带，保持呼吸道通畅，必要时予吸痰。建立静脉通道给予氧气吸入。牙关紧闭者，放置包裹纱布的压舌板或牙垫，防止舌咬伤。应用软垫保护关节，防止擦伤或损伤。禁止用力按压肢体，防止骨折。

3. 观察病情，如神志情况、瞳孔变化、体温、脉搏、呼吸、血压等生命体征变化，昏迷、强直或阵挛的持续时间及间歇时间，注意观察二便情况及呕吐物、呼吸道分泌物的情况。观察和记录心电监测及血氧饱和度监测的结果。

4. 发作缓解后卧床休息，避免经常刺激患者。发作频繁者暂禁食，予静脉营养，必要时予留置胃管鼻饲流质，做好留置胃管的护理。缓解期进食清淡、易消化、富含营养的食物，避免过饥或过饱、辛辣刺激，戒烟酒。

5. 使用床栏，床边备压舌板、吸引器。

6. 病室环境，安静整洁，光线柔和，温度适宜，通风。

7. 避免诱因 避免饱餐、进食刺激性及油腻食物、强光及强音刺激、睡眠不足、过度劳累等。

8. 遵医嘱正确给药 服药的时间、方法和温度依病情、药性而定，密切观察药物疗效及不良反应。注意有无皮疹、皮肤瘙痒等过敏反应。使用镇静药物者，观察有无呼吸抑制、血压下降。使用丙戊酸钠（德巴金）者观察有无血小板减少、肝功能损害、出血时间延长等不良反应，定期监测血常规、肝功能及血药浓度，并向患者做好药物相关知识的宣教。

七、痫病患者的饮食方有哪些？

1. 重视饮食调护，进食高蛋白、富含维生素、高热量的清淡饮食。

2. 戒烟、酒，避免饮用浓茶、咖啡及其他兴奋性饮料，避免服用含有咖啡因、麻黄碱类的西药及含马钱子、麻黄类的中药。

3. 饮食全面均衡，多食青菜水果类，进食健脾、清热祛湿解毒食物，如山药、薏苡仁、赤小豆、绿豆类及小米等。

八、痫病发作的诱发因素有哪些？

诱发因素：劳累、睡眠不足、饥饿、饮酒、刺激性食物、便秘、情绪过度激动、妊娠与分娩、强烈的声光刺激、惊吓、过度脑力劳动、外耳道刺激、长时间看电视、洗浴。

九、痫病患者的生活注意事项有哪些？

1. 保持规律生活方式，注意避风寒，畅情志，节饮食，劳逸结合，保持良好睡眠。

2. 出院后指导患者按医嘱坚持正规用药，避免擅自增减药量或自行停药，了解或掌握药物不良反应监测等。

3. 避免或减少各种诱发因素，避免各种不良刺激。

4. 不宜单独外出，避免各种危险环境、危险场地，如游泳、登山、驾驶、机械操作、登高作业、带电作业等危险活动。

5. 外出时可随身携带有病情介绍、联系人和联系电话的小卡片，方便及时联系。

6. 定期来院复诊。

十、痫病的预后如何？

未经治疗的痫病患者，5 年自发缓解率为 25%左右。70%左右的患者用抗癫痫药能完全控制发作，规则减量后，约 50%患者终生不再发病。特发性全身性癫痫复发的机会较少。青年期失神发作或全面性强直-阵挛性发作的可能性较大，青年期肌阵挛癫痫易被丙戊酸控制，但停药后易复发。

第六节　痴　　呆

一、什么是痴呆？

中医认为“痴呆”是一种神志异常疾病，主要由髓减脑消、神机失用所导致，临床表现为呆傻愚笨，智能低下，善忘等，其症状或轻或重，轻者表现为神情淡漠，寡言少语，反应迟钝，善忘；重者表现为终日不语，或闭门独居，或口中喃喃，言辞颠倒，行为失常，忽笑忽哭。

二、痴呆的病因有哪些？

1. 年老体虚　年高阴气自半，髓海空虚，又气血运行迟缓，血脉瘀滞，致髓减脑消成呆。

2. 耗损　中风、眩晕等疾病日久，或失治误治，积损正伤，使肾、心、肝、脾之精、气、血、阴、阳亏损不足，脑髓失养。

3. 情志所伤　如郁怒伤肝，或所欲不遂致肝郁脾虚，聚湿生痰，蒙蔽清窍，使神明被扰，神机失用而形成痴呆。

4. 痴呆病位主要在脑，与心、肝、脾、肾功能失调密切相关，是一种全身性疾病，其基本病机为髓海不足，神机失用。由精、气、血亏损不足，髓海失充，脑失所养，气、火、痰、瘀内阻于脑所致。

三、痴呆有哪些临床表现？

1. 第一类证型为肝肾阴虚，髓海空虚　表现腰膝酸软，智力减退，烦躁易怒，纳呆，耳鸣，健忘，失眠，尿赤，颧红，便秘，五心烦热，盗汗，薄苔，腻苔，脉滑，脉数，沉默寡言。

2. 第二类证型为气滞血瘀，肾精不足　表现情志抑郁，面色晦暗，活动不利，目赤，形瘦，齿枯发焦，唇甲青紫，精神委靡，舌淡，舌有瘀斑，耳聋，健忘，二便失禁。

3. 第三类证型为痰瘀互结　表现头痛，头晕，反应迟钝，活动不利，行动迟缓，智力减退，肢体麻木，舌紫，肌肤甲错，脉涩。

4. 第四类证型为脾肾阳虚　表现四肢不温，气短，胸闷，腹胀，便溏，多痰，动作缓慢，脉弱。

四、痴呆有哪些相关检查？

1. 实验室检查　如血常规、尿常规、生化和脑脊液检查。

2. 脑电图、MRI 和 CT 检查。

3. 神经心理学评估其认知能力。

五、痴呆的治疗原则是什么？

1. 髓海、肾精不足证 益肾填精，补髓健脑。肾精亏虚，髓海失养，“精气夺则虚”，“虚则补之”，应以扶正为治则，予益肾填精法“补其不足”，而达补髓健脑之目的。

2. 脾肾两虚证 补肾健脾，益气生精。本证属虚，脾虚而气血生化乏源，肾虚而精不生髓，气、血、精不足，髓海失养，发为痴呆。故应当以益肾健脾法“补其不足”扶其正气，使髓海有所充养，从本图治。

3. 痰浊蒙窍证 豁痰开窍，健脾化浊。本证为脾之功能失调，痰浊内生，上蒙清窍，属邪实内阻，当“实则泻之”，并调理脏腑功能。予祛痰之法“泻其有余”，并据“脾为生痰之源”的理论，拟健脾一法相辅，脾健则痰湿可渐化，痰结开而神窍自通。

六、如何进行痴呆患者的护理评估？

护理对日常生活能力明显减退者，尤其是重度痴呆患者更为重要。全面评估患者是制订个体化护理计划并给予相应的护理措施的第一步。评估需对患者的整体病情，如意识状态、认知状况、行为症状、精神状况及生活功能，同时还应对患者生活的支持系统和决策能力、主要照料者心理和身体健康，以及患者家庭的文化、信仰、语言、教育情况和家庭环境等方面进行评估。评估途径包括询问患者本人、主要照料者、其他亲友等与患者有接触的人，查阅相关资料对痴呆患者评估应详细记录患者以下几方面的变化：

1. 日常生活能力包括进食、洗澡、穿衣、运动能力、如厕、管理财务和就医的能力。
2. 认知功能如记忆力、定向力、计算力、注意力等状况。
3. 精神行为症状如焦虑、抑郁、谵妄、幻觉等。
4. 患者的病情变化如生命指征变化，新发躯体症状，以及认知、日常活动能力及行为变化等。
5. 评估患者的居住环境舒适程度及其安全性，了解患者生活习惯、护理需求。
6. 评估患者的决策能力，决定患者是否需要代理人。
7. 评估服药情况和护理的需求，是否需要制订临终护理计划。
8. 患者的家庭和社会支持系统，确认患者的主要照料者，并对照料者的心理和生理健康予以评价。

七、痴呆的护理原则有哪些？

痴呆患者的护理原则是：提高患者的生活质量，延缓病情发展。

1. 指导患者、照顾者或患者家属掌握疾病相关知识和发展规律，提高照顾者照顾患者的意愿和对患者照顾能力。
2. 鼓励家属参与支持性团体，使患者家庭有足够的心理准备共同参与护理。
3. 协助照料者或家属为患者构建适宜的生活环境，有助于增强患者的安全感。
4. 协助照顾者或家属建立辅助支持系统以帮助患者最大化保留生活能力，如利用各种标识增加对患者感官刺激等。
5. 应尊重患者的尊严、隐私，提高患者的自信心和成就感，多给予鼓励和赞赏。
6. 提供整体护理，使用语言和肢体语言交流以增进亲和力。
7. 注意潜在性的危险和意外，不要让患者独立外出，以免发生迷路或丢失，给患者带上有病情、联系人、联系电话的卡片，以备走失时能及时联系。

八、痴呆的护理要点有哪些？

1. 生活护理 保持病房整洁安静，保持病床干燥、平整，患者常用物品放在显眼靠近患者的地方，以利于患者随时使用，注意保暖，预防感冒，防止各种感染。

2. 饮食及睡眠护理 起居应有规律，饮食清淡，保持多样性，保证充足有质量的睡眠。

3. 安全护理 做好“三防”护理，防走失、防跌倒、防意外等措施。

4. 加强维持及锻炼自理能力 要培养和训练患者的生活自理能力，如梳头、进食、穿衣服、叠被褥。需督促、协助，减少患者依赖性，只在其不能做时给予帮助。

5. 鼓励参加收听广播音乐、看电视、看画报等娱乐活动。

6. 情志护理 保持舒适的环境，耐心倾听患者的诉说，及时给予鼓励和肯定，不勉强患者做不喜欢的事情，鼓励患者家属多陪伴，以消除其顾虑，保持良好的情绪，使患者以较好的心理状态配合治疗和护理。

九、痴呆的常用方剂有哪些？

痴呆的病位主要责之肾、肝、心三脏，药物归经以肝、肾、脾、心等较为常见。痴呆的常用方剂为补益剂、理血剂、祛痰剂、清热剂；常用药物多以补虚药、活血化瘀药、清热药、安神药、开窍药为主，补血药以熟地黄、当归、何首乌等为代表药物，活血化瘀药以川芎、丹参、郁金、桃仁、红花为代表，清热药以黄连、大黄、黄芩、竹茹为代表药物；开窍药以石菖蒲为代表药。

十、痴呆患者安全护理包括哪些？

1. 保持环境安全 避免摆放过多杂物，保持室内的宽敞和明亮，使其有助于行走。

2. 限制患者活动范围 对记忆力较差的患者，要尽量限制其外出，避免走丢。身上留好姓名、住址和联系电话、联系人的卡片，以备不时之需。

3. 保证物品安全 收藏好可导致伤害的危险品，如热水瓶和尖锐器械等，让患者远离电源、煤气和化学物品等。

4. 预防意外的发生 床旁要加床栏以防坠床，老年性痴呆症患者在室内或庭院中活动时，应有家属扶持或关照。居住在高层楼房的痴呆老人，更应防止不慎坠楼等意外发生。

十一、如何对痴呆患者进行认知训练？

认知训练包括对患者记忆力的训练、定向力的训练、回忆的训练、分析能力训练及口语训练。记忆力训练中，可以采用让患者复述数字，并逐渐增加难度，以使其增强瞬时记忆力，或使用回忆物品等方法。定向力训练可以让患者记忆日期、节日，以及亲人、护士和医生的姓名和特点等。回忆力训练可以训练其回忆意义较大的物品的来源。分析力训练采用物品分类方法，口语训练采用听故事回答问题或概括情节的方法。

十二、痴呆患者的饮食护理有哪些？

1. 进食高蛋白、高维生素、高纤维、低胆固醇、低脂肪、低糖、低盐饮食。忌辛辣肥甘厚味之品，忌烟酒、咖啡和浓茶。

2. 饮食宜清淡，不宜过饱，不可吃辛辣刺激性食物。

3. 注意营养，宜多样化 富含卵磷脂的食物，如蘑菇、大豆类制品，是神经细胞代谢修复的重要物质；各类坚果，花生、核桃、松子、榛子、葵花籽含丰富的亚油酸，有很好的保护神经细胞的作用；宜进食含纤维丰富的谷类（如麦类）、蔬菜（如芹菜、黄花菜）及富有维生素的水果（如苹果）。

第七节 健 忘

一、什么是健忘？

健忘，医学上称为暂时性的记忆障碍，是指患者记忆力减退、遇事善忘所表现出来的一种病症，又称善忘症、喜忘症，包括器质性和功能性两类：

1. 器质性健忘 就是由于大脑皮层记忆神经损伤，包括脑肿瘤、脑外伤、脑炎等，造成记忆力减退或丧失；某些全身性严重疾病，如内分泌功能障碍、营养不良、慢性中毒等，也会损害大脑造成健忘。

2. 功能性健忘 是指大脑皮层记忆功能减退。成年人由于肩负工作压力等重任，精力往往不易集中，学习内容不能牢固地记忆在大脑皮层的特定部位，这类引起的健忘称之为功能性健忘。

二、健忘的病因有哪些？

健忘主要是由于心肾不交，病变在心、肝、肾，病性有虚有实。病因有以下五种：①年老体虚；②素体亏虚；③伤寒大病之后；④酒色过度；⑤情志抑郁不舒。

三、健忘有哪些临床表现？

根据不同的病因有不同的临床表现：

1. 心脾不足 健忘失眠，精神疲倦，食少心悸，舌淡脉细。

2. 肾精亏耗 健忘，腰酸腿软，头晕耳鸣，遗精早泄，无心烦热，舌红，脉细数。

3. 痰浊上扰 健忘，头晕，胸闷，呕恶，苔黄腻，脉滑。

4. 肝郁气滞 健忘，心悸、胸闷，胁胀，善惊、易恐、喜太息（叹气），脉弦细，苔薄。

四、健忘有哪些相关检查？

血常规检查、血红蛋白、国际标准记忆力测试、MRI 等。

五、健忘的治疗原则是什么？

补益心脾，补肾益精，降逆、化痰、开窍，疏肝解郁，通络开窍。

六、治疗健忘有哪些要注意的事项？

1. 与老年性痴呆症治疗相鉴别。

2. 关注心肾，兼顾其他脏器。

3. 改善记忆为主。

七、健忘后的生活起居应注意什么？

1. 培养良好的生活习惯，劳逸结合。

2. 适当的体育锻炼。

3. 均衡饮食疗法，注意循序渐进，多种方法、多种途径补充所需营养。

八、健忘后的饮食方有哪些？

进食增强记忆力的食物，如海带、海参、沙丁鱼、羊脑、黄豆、大豆、木耳、葵花籽、胡桃仁、核桃、黑芝麻、松子、莲子、桂圆肉、黄花菜等。

1. 核桃枸杞山楂汤

（1）材料：核桃仁 50g，枸杞子 30g，山楂 30g，菊花 12g，白糖或红糖适量。

（2）制作：将核桃仁洗净后，磨成浆汁，加适量清水稀释、调匀；山楂、菊花洗净后，水煎两次，去渣留汁 1000ml。将山楂、菊花汁、核桃仁浆汁一同倒入锅内，加白糖或红糖搅匀，加热至微沸即成，代茶常饮。

2. 山楂首乌熟地炖猪脑

（1）材料：山楂 30g，何首乌 20g，熟地 30g，猪脑 2 只。

（2）制作：将猪脑剔去血筋、洗净，加入以上三味药材，同放入砂锅中，加适量清水，锅盖盖严，文火慢炖。炖至熟烂后，加入少量食盐调味，饮汤吃肉。每周可服食 1～2 次，可常服用。

3. 枸杞红枣怀山狗肉汤

（1）材料：枸杞子 30g，红枣 30g，怀山药 30g，狗肉 1000g，黄酒 2 匙，姜片、葱段、盐、味精、胡椒面适量。

（2）制作：将狗肉洗净切小块，用葱段、姜片共入热油锅中炒 3 分钟，烹入黄酒，加入枸杞子、山药、红枣、精盐，再加入适量清水，小火慢炖 2 小时，至肉烂离火，拣出葱、姜，加入胡椒粉即成。每日 2 次，每次一小碗，2～3 日食完，也可佐餐服食，连服 7～10 日。

4. 田七党参黄芪炖鸡汤

（1）材料：党参 3.0g（或西洋参 1g），黄芪 30g，三七 10g，酸枣仁 20g，1～1.5kg 重的鸡 1 只。

（2）制作：鸡剔去内脏，切成小块，与党参、黄芪、三七、酸枣仁同入锅，加适量清水，小火慢炖 1～2 小时后，加入适量的盐调味。吃肉喝汤，分顿食用，每日 1 次，连续 10～15 天。

九、健忘的服药护理有哪些？

观察患者舌苔、脉象、临床证候进行辨证施护，护理心脾两虚型以益气健脾、养心安神为主；肾精亏虚型以补肾活血、益脑安神为主；瘀痰交阻型以活血化瘀、醒神开窍为主。护理应从身心整体护理出发，重视人体的差异性与特殊性，同病异护，能有效提高治疗护理效果。

十、健忘的转归预后如何？

通过各方面的治疗护理措施治疗，健忘有不同程度的改善。

十一、如何才能预防健忘？

1. 养心安神定志，勤用脑，宁心健脑，避免精神刺激和大喜大悲，保持平静、良好的心态，维护家庭和睦，良好的社会关系。

2. 疏散风热和血，阴阳调和，保持良好情绪。采取针灸治疗，除随证选穴外，针对健忘一证可选用足三里、内关、神门、三阴交等穴、耳穴可选皮质下、内分泌、交感、神门、心肾等，主要起到调阴阳，通神明的治疗作用。

3. 化痰逐瘀开智，消积、通脉、除烦，适当锻炼。体力劳动或体育锻炼能促进内脏器官机能的增强，可使心脏的每搏输出量增加，体育活动，能改善和提高中枢系统的机能，有助于增强大脑的功能，达到预防健忘。

4. 养成良好的生活习惯，生活规律，保证睡眠充足，防止过度疲劳，避免由此引起的脑部供血不足；适宜的体育活动，一周有 3 天、每天 30 分钟～1 小时的健走运动，可分次进行，对延缓大脑衰老、增强记忆有益。

5. 应用多种辅助记忆的方法，对必须要记和要做的事情，写在笔记、黑板、便条、手机上或写在台历上，另外，联想、归类，都是一些良好的记忆方法。

第八节 厥 证

一、什么是厥证？

厥证是由多种原因和疾病引起的，以突然昏倒、不省人事、面色苍白、四肢厥冷、短时间内逐渐苏醒为特征的一种病症，与现代医学的休克、晕厥、低血糖、中暑等疾病的临床表现相类似。由于发病原因不同，厥证分为气厥、血厥、痰厥和食厥四类。

二、厥证的病因有哪些？

1. 气厥 多由恼怒惊骇，情志过极，以致气机逆乱，上壅心胸，蒙闭窍隧，而引起昏倒。

2. 血厥 由于肝阳盛旺，又加暴怒，以致血随气逆，气血上壅，清窍不利，昏倒不知。

3. 痰厥 由于气弱之人，嗜食烟酒甘肥之品，脾胃受伤，运化失常，聚湿生痰，痰浊内阻，气机不利，或恼怒气逆，痰随气升，上蒙清窍，以致突然眩仆而厥。

4. 食厥 由于饮食不节，积滞内停，转输失常，气机受阻，以致窒闷而厥。

三、厥证有哪些临床表现？

1. 气厥 实证突然昏倒，不省人事，口噤拳握，呼吸气粗或四肢厥冷，苔薄白脉浮或沉弦；虚证眩晕昏仆，面色苍白，呼吸微弱，汗出肢冷，舌质淡，脉沉微。

2. 血厥 实证突然昏倒，不省人事，牙关紧闭，面赤唇紫，舌红，脉多沉弦；虚证突然晕厥，面色苍白，口唇无华，四肢震颤，目陷口张，自汗肤冷，呼吸微弱，舌质淡，脉芤或细。

3. 痰厥 突然昏厥，喉有痰声，或呕吐涎沫，呼吸气粗，苔白腻，脉沉滑。

四、厥证有哪些相关检查?

常规检查：血压、血糖、脑血流图、脑电图、脑干诱发电位、心电图、胸部 X 线摄片；颅脑 CT、MRI 等有助于诊断。

五、厥证的治疗原则是什么?

根据病因及虚实不同，分别以顺气开郁，补气回阳，活血顺气，补气养血，行气豁痰，和中消导治之，以达成机体阴阳气之顺。

六、治疗厥证有哪些要注意的事项?

以“急则治标，缓则治本”为原则。首先明辨虚实，进行急救，实证急刺人中、合谷、涌泉等穴或用搐鼻散取嚏，随后调灌苏合香丸或玉枢丹，以开窍醒神；虚证宜灸人中、合谷、涌泉，或气海、关元等穴急救，待其苏醒后，再详辨阴阳、寒热、虚实等进行治疗。

七、厥证后的生活起居应注意什么?

1. 病室应洁净，空气新鲜、定时通风，但应注意不要让患者直接吹风，冬季注意防寒保暖。避免各种噪音和声光刺激。

2. 患者应适当卧床休息，注意劳逸结合，病情发作时，要解开衣领裤袋，保持呼吸道通畅，清除口腔异物，床边加床栏防护，以免坠床。抽搐时，做好各种安全保护措施，但切忌强力约束，以免引起骨折。

3. 四肢厥冷者 注意肢体的保暖，严防冻伤、烫伤。伴有肢厥者，保持肢体功能位置，定时翻身。

八、厥证后的饮食方有哪些?

1. 气厥 实证发作期禁食，醒后宜进清淡半流质饮食，忌食壅气之品。平时可吃金橘、陈皮等以舒气解郁，服逍遥散以理气达郁、调和肝脾，防止复发。虚证晕厥时应禁食，苏醒后宜进清淡半流质饮食。平时宜进食富营养和高蛋白食品，如鸡、鱼、猪肉、牛肉、鸡蛋等。

2. 血厥 实证饮食宜清淡、素食，忌烟、酒、辛辣刺激食品。虚证平时宜食荔枝、龙眼肉、大枣、黄豆、猪肝、牛肉、鸡蛋、菠菜等补血之品。

3. 痰厥 晕厥时予萝卜汁、梨汁、荸荠、海蜇等化痰流质之品，醒后宜进清淡半流饮食。

4. 食厥 患者暂禁食，视病情可给予肠外营养治疗。

九、厥证的服药护理有哪些?

1. 严格按医嘱服用药物，注意药物的不良反应及服药后效果。

2. 中药汤剂宜温热饮。

十、厥证的转归预后如何?

厥证的预后，取决于患者正气的强弱、病情的轻重，以及抢救治疗是否及时、恰当。发病之后，若呼吸平稳，脉象有根，表示正气尚强，预后良好；反之，若气息微弱，或见昏愦不语，或手冷过肘，足冷过膝，或脉象沉伏，或散乱无根，或人迎、寸口之脉全无，多属危候，预后不良。

十一、如何才能预防厥证?

加强锻炼，合理的饮食补充机体营养，增强体质，避免精神刺激、疲劳、饥饿等，保持良好的情绪，学会自我调节和护理，针对病因预防治疗。

第九节 头 痛

一、什么是头痛?

头痛是指局限于头颅上半部，包括眉弓、耳轮上缘和枕外隆突连线以上部位的疼痛。

二、头痛的病因有哪些？

1. 外风　即为外感风邪，风为阳邪，其性轻扬，其气易感。《素问·太阴阳明论》谓“伤于风者，上先受之”，“高巅之上，惟风可到”。而头为诸阳之会，位居高巅，三阳六腑清阳之气皆会于此，三阴五脏精华之血亦皆注于此。寒、热、湿、痰等诸邪皆依附于风，循经上扰巅顶，阻碍脑络。《症因脉治》指出“伤风头痛或半边偏痛，皆因风冷所吹，遇风冷则发。贼风外袭，上犯崩顶。邪气稽留，风邪入脑，清阳被扰气血不畅，阻遏络道”。因此，风邪易侵袭而致头痛。

2. 内风　脏腑功能失调引动内风。如七情所伤，情志不舒，肝失条达，气郁化火生风，风火上扰；肝阳逆动，上扰清窍，气血逆乱；肝木乘脾，脾失健运，或气血乏源，血虚生风，虚风妄动，或聚湿成痰，风痰挟瘀，阻滞脑络；禀腻不足，肝肾阴虚，风阳上亢等皆可致头痛发作。

三、头痛有哪些临床表现？

（一）原发性头痛

1. 紧张性头痛　①双侧头痛；②头痛性质为压迫样或紧缩样（无搏动性头痛）；③轻至中度疼痛；④日常体力活动如步行或上楼不会加重头痛。紧张性头痛一般不伴发恶心或呕吐（可能伴厌食）；不伴有畏光或怕声，或者两者中只具备一项。

2. 丛集性头痛　①头痛周期性出现，单侧疼痛，部位为眼眶、眶上、颞部或者上述 3 个部位的任意组合；②疼痛持续 15～180 分钟，从每隔一天发作一次至每天发作多次；③头痛发作时伴有一个或者多个以上的伴随症状，结膜充血、流泪、鼻充血、流鼻涕、前额和面部出汗、瞳孔缩小、眼睑下垂和眼睑水肿；④头痛非常剧烈，通常难以忍受，患者常描述钻痛或撕裂样疼痛。

3. 偏头痛　①多为跳痛或刺痛；②疼痛程度为中至重度；③伴恶心、呕吐、畏光、畏声。

（二）疾病相关性头痛

1. 高血压相关性头痛　①表现为沉重的压迫性，间歇性钝痛、胀痛及搏动感，有时为持续痛，但头痛程度多不剧烈；②常伴有头晕、眼花、耳鸣、失眠、健忘等症状；③多在早晨刚睡醒的时候症状严重，起床活动后可减轻；④疼痛的程度与血压的波动相关，血压越高头痛越严重。

2. 神经系统疾病相关的头痛

（1）颅内压增高：头痛主要位于枕部、额部，呈胀痛，炸裂样痛；常伴有头晕、恶心、呕吐、面部潮红等；缓慢发生者早期仅在晨起后发生，以后逐渐为持续性疼痛。

（2）癫痫性疼痛：多见于儿童和青少年，约 1/3 有家族史；起病多急骤，常无先兆症状；以颞部、额部为主，程度剧烈；可伴有意识障碍、面色苍白、出汗，头晕和呕吐等自主神经紊乱症状。

（3）三叉神经痛：发生在三叉神经行走区包括前额、颌面部、颞部的疼痛；表现为急骤发作的阵发性、电击样、火烙样疼痛。疼痛可无任何先兆，也可在急性发作期因机械刺激鼻翼外侧，上下唇等疼痛触发点引起，疼痛持续几秒至几分钟不等。

（4）颞动脉炎性头痛：头痛部位主要位于颞部及眼眶周围，也可蔓及额部与枕部；表现为持续的搏动性疼痛；疼痛多在咀嚼时出现，常伴有视力下降，视野的缺损，一些全身症状如发热、倦怠不适、食欲不振、肌肉疼痛、肢体无力等。

（5）精神因素相关的头痛：头部的受压或钝痛感，典型者具有束带感；多与日常生活中的应激有关，例如，长期精神紧张、疲劳、焦虑、喧哗、强烈光线刺激等；疼痛多发生在双侧，神经系统体格检查可无阳性体征，辅助检查也可正常；轻症患者经充分休息后可缓解；持续发作的重症患者，常伴有失眠、注意力不集中、记忆力减退、烦躁不安等症状。

四、头痛有哪些相关检查？

1. 神经影像学检查　头颅 CT 平扫可以诊断因病理性原因引起的头痛，如颅内出血、肿瘤、血管畸形等，必要时可增强扫描。对于颅底病变可行头颅 MRI 检查，可以发现如鼻窦、脑垂体、颅后窝、颅内静脉窦、颈延髓结合部等处的病变。

2. 脑电图　当头痛患者合并某些非典型性偏头痛先兆或短暂性意识丧失等提示可能为癫痫疾

患时，脑电图检查可帮助鉴别诊断。

3. 血液学检查 血常规检查：颞动脉炎可行红细胞沉降率和 C 反应蛋白；青年人头痛伴咽喉疼痛和颈部淋巴结肿大时，应行咽拭子涂片检查；对疑有特殊感染者，应进行全血细胞计数、肝功能、HIV 或莱姆（Lyme）抗体检查（对莱姆病的诊断有一定的意义）；对 MRI 检查发现白质异常的偏头痛患者，应进行抗心肌磷脂抗体和狼疮凝结试验检查；由于 14%的甲状腺功能减退患者具有头痛症状，必要时可行血液促甲状腺激素（TSH）检查；血肌酐和尿素氮检查以排除由肾衰竭引起的头痛；对患垂体瘤的头痛患者应行内分泌学检查。此外，有些用药可行血液浓度检测，如预防偏头痛的丙戊酸盐、治疗三叉神经痛的卡马西平等。

4. 腰椎穿刺检查 一般先行 CT 和 MRI 检查，然后考虑行腰椎穿刺检查。腰椎穿刺检查脑脊液可用于诊断脑膜炎或脑炎、脑膜癌病或淋巴瘤病、蛛网膜下腔出血和高颅压或低颅压。下列情况可以作为腰椎穿刺的适应证：首发的或严重的头痛；伴发热或有其他提示可能为感染性疾病的症状和体征；亚急性或进行性头痛；非典型性相关头痛。

五、头痛的治疗原则是什么？

头痛的治疗要根据不同的头痛类型施治。

1. 病因明确的头痛，首先治疗原发疾病，控制病情，同时运用非药物治疗缓解疼痛。

2. 药物治疗 应用非麻醉性止痛药（如非类固醇性抗炎类药物）及肌肉松弛药和较缓和的镇静药，亦可应用抗抑郁药。

六、治疗头痛有哪些要注意的事项？

1. 首先判断头痛的类型 头痛开始的时间，是否伴随身体其他部位的疼痛，头痛的位置，头痛是否固定，头痛的发作频率，头痛的程度，如轻微、中度、剧烈，头部是否受过伤或撞击，家中父母及兄弟姐妹是否有头痛发作史。

2. 结合现代影像学检查，明确病因。

3. 按医嘱准确用药，保证止痛效果。

4. 观察用药后的反应和毒副作用，及时采取相应措施处理。

5. 采用中西医结合用药及治疗。

七、头痛的生活起居应注意什么？

1. 环境舒适安静，室内光线柔和，合理的安排工作和休息。

2. 注意劳逸结合，勿过度劳累，忌吸烟、喝酒，饮食清淡。避免饮浓咖啡及浓茶，以免诱发头痛。

3. 避免疾病感染如感冒、急性扁桃体炎、肺炎等。高血压患者应注意休息，保持安静，按时服降压药。

4. 放松疗法 听舒缓的轻音乐，以放松心情，转移注意力，想象一些美丽和谐的画面，适当的娱乐活动以缓解精神因素导致的头痛。

八、头痛后的饮食方有哪些？

1. 禁烟酒，忌食辛辣刺激性食物。

2. 肝阳上亢导致的头痛，应禁食猪头肉、螃蟹及辛辣食物，以免病情加重。

3. 因痰浊所致头痛，饮食宜清淡，勿进肥甘厚味，以免助湿生痰。

九、头痛的服药护理有哪些？

1. 遵医嘱按时按量服药；服药期间饮食宜清淡，忌辛辣、刺激性饮食，吃药时不宜饮酒或饮用含酒精的饮料。

2. 密切观察用药疗效，及时与医生沟通，对症处理。

3. 止痛药物对胃肠道有刺激的作用，因此止痛药宜在饭后服用，切不可空腹服。

4. 止痛药用于治疗头痛一般不超过 5 天，如症状未缓解，或伴有发热、嗜睡、血压或眼压升高、手脚冰凉、神志不清时应立即对症救治或去医院就医。

十、头痛的转归预后？

凡外感头痛，一般表邪解后，头痛逐渐减轻，乃至消除，也有表邪虽解，而经脉气血失和，头痛延续，日久可成为慢性头痛，每遇外邪侵袭，头痛反复发作。内伤头痛经积极治疗后易多奏效。偏头痛经久不愈，往往可引起同侧或双侧视力出现问题，应当引起重视，结合现代影像学检查，明确病因，对症处理。

十一、如何能预防头痛？

预防外感头痛，平时生活应当有规律，起居有定时，适当参加体育锻炼，增强体质，抵御外邪侵袭，肝阳所致头痛者，宜疏肝解气，情绪舒畅，避免精神刺激，适当调整作息时间。

第十节 眩 晕

一、什么是眩晕？

眩晕是临床常见症状,是一种因空间定向紊乱所呈现的运动性或位置性错觉是老年患者临床常见症状。

二、眩晕的病因有哪些？

病因方面：眩晕的发病主要是由半规管壶腹嵴至大脑皮层的神经系统不同部位，遭受人为（转体和半规管功能检查）或病变损伤所引起的一侧或双侧兴奋性增高（刺激病变）、降低（毁坏病变）或（和）双侧功能的严重失对称，前庭系统向大脑皮层不断发出机体在转动或翻滚等的“虚假”信息，诱使大脑皮层调节失控所致。

中医方面：眩晕有情志不遂、饮食不节、年高体衰、病后体虚、跌仆损伤等多种病因，其发病与风、火、痰、湿、虚、寒、郁、瘀等多种病理因素相关，其病理变化实为肝、脾、肾三脏功能失调所致，属于足三阴综合性疾病。

三、眩晕有哪些临床表现？

1. 表现为姿势及步态平衡障碍，患者站立或行走时向一侧倾斜或偏倒感、不稳定感、行走时蹒跚。

2. 常伴眼球震颤、指物偏向、倾倒、恶心、呕吐、面色苍白、出汗及脉搏、血压的改变。

四、眩晕有哪些相关检查？

1. 前庭功能检查 包括眼震电图、冷热试验、ix.Hallpike 检查、冠状面滚转检查、转椅检查、前庭诱发的肌源性电位检查。

2. 结合头颅 CT、磁共振成像（MRI）、颈椎 X 摄片、颈动脉超声检查等协助诊断。

五、眩晕的治疗原则是什么？

1. 去除病因，用血管活性药和神经保护剂等共性治疗。

2. 镇眩晕和促进前庭代偿功能的早日康复。

3. 尽量不用或少用镇静剂，以免影响前庭代偿功能的恢复。

六、治疗眩晕有哪些要注意的事项？

注意观察患者面部表情，询问眩晕的持续时间、伴随症状、有无先兆、既往发作情况及其他基础疾病，体格检查需要注意观察是否存在复视及眼震，可减少漏诊和误诊。

1. 病因治疗 病因明确者应及时采取针对性强的治疗措施，如耳石症患者应根据受累半规管，分别以不同的体位法复位；急性椎-基底动脉缺血性脑卒中，对起病 3～6 小时的合适患者可进行溶栓治疗等。

2. 对症治疗

（1）眩晕发作持续数小时或频繁发作者，需要卧床休息者。

（2）应用前庭抑制剂控制症状。如异丙嗪、苯海拉明、抗胆碱能剂（东莨菪碱等）和苯二氮䓬类；止吐剂有甲氧氯普胺和氯丙嗪等。前庭抑制剂主要通过抑制神经递质而发挥作用，当患者的症状控制后宜停用以免抑制中枢代偿机制，抑制剂不适合用于前庭功能永久损害的患者。

（3）心理治疗可消除眩晕造成的恐惧心理和焦虑、抑郁症状，按医嘱使用帕罗西汀等抗抑郁、抗焦虑药物。

3. 手术治疗 对于药物难以控制的持续性重症周围性眩晕患者，需考虑内耳手术治疗。

4. 前庭康复训练 主要针对因前庭功能低下或前庭功能丧失而出现平衡障碍的患者，常规药物治疗无效者。功能训练包括适应、替代、习服、CawthomeCookery 训练等，其目的是通过训练，重建视觉、本体觉和前庭的传入信息整合功能，改善患者平衡功能，减少振动幻觉。

七、眩晕后的生活起居应注意什么？

1. 保持良好的环境，居室宜安静通风整洁，光线柔和，温湿度适宜。肝阳上亢者及阴虚者居室宜凉爽，以利安心静养；气血亏虚者居室宜温暖，阳光充足，避免风寒；痰浊中阻者居室宜宽敞明亮，通风。

2. 养成良好的生活规律，保证充足的休息和睡眠，适当的活动和锻炼，眩晕剧烈者应卧床休息，轻症可闭目养神，睡枕高度以 15～20 厘米为宜，改变体位时动作缓慢，避免过度低头、旋转等大幅度的动作，眩晕者的坐椅、床铺避免晃动。

3. 顺应四时阴阳的变化，依气候季节昼夜变化进行护理，避免外邪侵袭。春季阳气生发，注意养阳，肝阳上亢者尤应注意避免风寒侵袭；夏季阳气旺盛，阴气易发泄应注意养阴。但暑湿较重，白昼当阴居避暑，痰浊中阻者活动宜于清晨或傍晚进行；肾精不足者秋季注意收敛精气，保养阴津；气血亏虚者冬季注意养精固阳，防寒保暖。

八、眩晕后的饮食方有哪些？

1. 肝阳上亢型 饮食清淡为主，可多食滋阴潜阳之品山楂、淡菜、紫菜、芹菜、海蜇、荸荠、香菇等。

2. 痰浊中阻型 多食薏苡仁、红小豆、西瓜、玉米、冬瓜、竹笋等清热利湿之品；宜食金橘、橘皮、橘红、橘络和萝卜以化痰理气，解郁醒脾。忌食肥甘厚味。

3. 气血亏虚者 多食营养丰富的高蛋白以滋补为主。宜少食多餐，鼓励食用多种杂粮、蜂蜜、山楂、香蕉、西瓜、鱼、瘦肉、鸡蛋等。

4. 肾精不足 应食易消化、滋阴益肾之品，如黑芝麻、胡桃肉、红枣、山药、甲鱼、羊肝、猪肾等血肉有情之品。

5. 阳盛者 忌食辛辣之品，阴虚患者忌食羊肉、辛辣、油腻、黏滑及过咸之品。大枣性温，味甘，能补气益血，气血不足眩晕者宜。但大枣滋腻助痰，多食动风，对痰浊中阻眩晕者，食之则加重痰湿，故当忌之。蜂蜜虽有补中益气的作用，但有黏腻壅滞之弊。因此，体虚眩晕者食之颇宜，但痰浊中阻眩晕者忌食之。

九、眩晕的服药护理有哪些？

1. 按时按量服药，注意观察药物不良反应 如类组胺药：常有消化道症状，如上腹痛、恶心、呕吐、腹泻等；抗组胺药：不良反应主要为镇静、嗜睡、乏力等中枢抑制现象，其次是消化道症状。钙离子拮抗剂：尼莫地平有轻度降压作用，对同时服用其他降压药物的患者，要注意监测血压变化。

2. 注意服药方式、时间 ①中药汤剂宜饭后温服，观察用药效果及反应。②眩晕伴呕吐者中药宜冷服，或姜汁滴于舌面，采用少量频服。③肝阳上亢者有口干、口苦时，可用麦冬、菊花煎水服。④肾精亏损型：中药早晚温服。若眩晕发作有定时，可于发作前1小时服药，或能缓解症状。若伴呕吐时，可将药液浓缩，少量多次频服，必要时用鼻饲给药。⑤静脉滴注活血化瘀、通络等中药制剂，应严格执行操作规程，注意用药安全及反应。

十、眩晕的转归预后如何？

建立和完善眩晕疾病“个体化程序化综合治疗”方法和流程，应用两阶段个体化程序化综合治疗。综合应用药物、手术和前庭康复训练治疗眩晕疾病。

十一、如何才能预防眩晕？

1. 心理调适 针对患者不同的文化水平、性格特征、心理素质等，评估其心理状态，做好心理疏导，让患者保持情绪稳定，适当的控制和宣泄情绪。

2. 疾病知识及用药指导 向患者说明眩晕基本知识，发病的先兆和自我防护，按时、按量及用药的重要性。

3. 保持良好的生活方式，生活起居有规律，合理安排休息，适量运动，戒烟限酒，忌食辛辣。

4. 药膳食疗及穴位按压 服用天麻药膳。如天麻炖猪脑，天麻炖鱼头。如突然出现眩晕，可行深呼吸，同时按压太冲穴，持续10～20 秒。

第十一节 中 风

一、什么是中风？

中风又名卒中，因本病起病急骤，变化迅速，与风性善变而数变的特征相似，故名中风。本病是以猝然昏倒、不省人事、口眼㖞斜、语言不利、肢体瘫痪，或不经昏仆而以㖞僻不遂为主症的一种病症。中风是因虚、风、痰、火所致。中风的发病虽较突然，但它是积渐而成的。它的发生与心、肝、脾、肾等脏腑阴阳失调有密切关系，再加上饮食起居、情志失调等原因，致心火暴盛，肝风内动，风火相煽，气血逆乱，引起痰浊流窜经络而发生中风。现代医学中称脑出血、脑血栓形成、脑梗死、蛛网膜下腔出血、脑缺血、脑血管痉挛等。

二、中风的病因有哪些？

1. 正气不足，络脉空虚，风邪乘虚入侵，致气血运行不畅，肌肤筋脉失于濡养；或烦劳过度，病后体虚，年老体衰，致精血不足，肝肾阴虚，肝失所养，肝阳上亢。肝风内动，在一些诱发因素的作用下发生中风。

2. 饮食不节，或嗜酒过度，脾失健运，聚湿生痰，痰郁化热，阻滞经络。

3. 情志过极，如暴喜、盛怒，致心火暴盛，肝阳暴动，风火相煽，气血逆乱。

三、中风有哪些临床表现？

1. 中经络 主症：平素头晕头痛，耳鸣目眩，腰膝无力，少寐多梦，突然发生口眼㖞斜、舌强语謇、半身不遂，舌红苔黄腻，脉弦细数或弦滑。

2. 中脏腑 闭证主症：突然昏倒、不省人事，牙关紧闭，口噤不开，两手握固，大小便闭，肢体强痉。兼有面赤身热、气促口臭、躁扰不宁、苔黄腻、脉弦滑而数者为阳闭；兼有面白唇暗、静卧不烦、四肢不温、痰涎壅盛、舌苔白腻、脉沉滑而缓者为阴闭。脱证主症：突然昏仆，不省人事，目合口张，鼻鼾息微，手撒肢冷，汗多，大小二便自遗，肢体软瘫，舌萎，脉微欲绝。

3. 后遗症 主症：半身不遂，肢软无力，手足浮肿，语言謇涩，口眼㖞斜，面色萎黄或少华，舌淡紫，或舌体不正，苔薄白，脉细涩无力。

四、中风有哪些相关检查？

1. 血液检查 包括血常规、血流变、血糖、血脂检查等。

2. 头颅 CT、磁共振（MRI） 有助于中风类别、部位和面积等。

3. 颈动脉彩色多普勒超声检查 有助于对缺血性脑血管病的诊断。经颅多普勒超声检查（TCD）和数字剪影血管造影（DSA）有助于脑血管疾病的诊断。

五、中风的治疗原则是什么？

治疗原则：采用分期辨治与分型辨治法。主要有活血化瘀法、清凉止血法、通腑泄热法、豁痰化浊法、镇肝潜阳法、醒脑开窍法、通经活络法、滋补肝肾法、益气固脱法等。

1. 中经络 滋阴潜阳，熄风通络。

2. 中脏腑 阳闭宜清肝熄风，辛凉开窍；阴闭宜豁痰熄风，辛温开窍。脱证宜益气回阳，救阴固脱。

3. 半身不遂 补气活血，通经活络。

六、治疗中风有哪些注意事项？

1. 中风重证属危重证，应加强护理和病情观察，不可随意搬动患者。神志不清的患者除掉义齿，及时除痰，保持呼吸道通畅，改善呼吸情况等。如重证患者出现高热、呕吐、抽搐等症，应及时救治和对症处理。

2. 中风常有半身不遂，语言不利，口眼㖞斜等后遗症。对后遗症必须加强对症护理和康复训练，如预防压疮和各种并发症或感染发生；辨证论治给予活血、化瘀、通络之药；偏瘫肢体要加强锻炼，有条件的可配合针灸、按摩等。

七、中风的护理要点有哪些？

1. 一般护理 认真仔细观察病情，是判断病情顺逆的重要环节。

（1）望神色知脑之病症：中风是颅脑血管变化，所以望神对中风患者的安危和预测尤为重要。望神是通过对患者的意识、表情、面色、目光及言语的观察来进行综合判断，即使是昏迷患者也绝非都是“无神”。

（2）切脉象明气血盈亏：中风患者脉象的变化主要是在脉力与脉率两方面。脉力与血压的升降有关，脉弦滑有力，这是中风患者的一般常见病脉；中风患者发作时，脉象都偏数，病情逐渐稳定后，脉率渐缓。

（3）观察舌苔知邪正盛衰：中风患者以黄腻苔较为多见，病情恶化后，舌苔由黄变黑，而随着黄腻苔的日渐消退，神情也渐趋清醒。

（4）看瘫痪判断病情进退：中风发病初，患者瘫痪程度可逐渐加重，说明病情加重，瘫痪肢体如长期得不到恢复，后期可由软瘫转变成痉挛性硬瘫，提示中风后遗症。

2. 饮食护理 中风患者饮食应清淡，富于营养，应低盐、低脂，多食蔬菜、豆制品及水果，忌食辛辣、油腻和刺激性食物。过食肥腻和烈酒，脾失健运，聚湿生痰，痰郁化热，引动肝风，夹痰上扰，可致病发。急性期可进清内热、化痰湿、散瘀血之品，恢复期进清热育阴、健脾和胃之品。

3. 语言及情志护理 中风多以脏腑阴阳失衡，血气逆乱为本，五志过极，心火暴甚，以内风、痰浊、邪热、瘀血闭塞于脑腑为标。常因气怒、过劳、酗酒、感寒而诱发或加重病情。此外，患者语言运动能力受限，生活质量下降。故当重视情志护理，避免精神刺激；并指导患者唇舌运动，练习发音，强化大脑皮层，建立新的兴奋灶。

4. 运动与康复护理 运动训练后鼓励患者逐渐采取自主运动，上下肢应从远端至近端各关节进行屈伸内外旋转、内收、外展、举、握、拉等动作，每个动作 5～10 次，能主动运动时再给予抗阻力运动，1 次/天，同时，配合针灸、体针疗法，头针选穴为运动穴，体针选患者曲池、合谷、外关、环跳、足三里，每天针灸 1 次，10 天为 1 个疗程。按摩采用循经按摩法，一般早晨、午饭后各做 4 次，10 天为 1 个疗程。

5. 心理护理 中风后遗症导致偏瘫，语言、生活能力减退，出现不良心理情绪变化，烦躁、焦虑或抑郁等，患者心理状态影响疾病的转归。对于焦虑型患者，护士要积极主动关注患者，耐心解答患者的疑问，征求患者的需求，预约联系各项检查，进行健康宣教，使患者了解相关的疾病知识，减轻或解除其焦虑情绪。对于抑郁患者，护士要主动关心患者，倾听患者的心声，向患者介绍治疗效果好的案例，建立其康复的信心，注意做好“三防”工作，防自杀、伤人、逃跑或走失等；对于依赖型患者，护士需让其从思想上认识功能恢复的重要性，鼓励其自主锻炼克服怕疼、怕苦、怕累的习惯，主动接受护士的指导，护士及家属共同制订康复计划，取得家属的配合。

八、中风后的生活起居应注意什么？

1. 居室安静，通风整洁，光线适宜，温湿度适宜，注意防寒保暖，患者感到舒适愉快。有健康的生活方式，要适应四时变化，起居有常，睡眠充足。

2. 中风患者病后多虚，极易复感风邪，所以在生活护理中要特别注意保暖，在护理操作中尽量减少掀动衣被和裸露肢体的时间，并随天气变化为患者增减衣被。

3. 早晨醒来，不要急于起床，先在床上仰卧，活动四肢和头颈部各 10 秒，然后慢慢坐起，感觉无不适时再下床活动。

4. 特殊的指导 对中风生活不能自理的卧床患者应按时进行口腔护理及皮肤护理，保持病床单位的整洁，定时为中风患者翻身拍背，擦浴更衣，整理床铺等，预防坠积性肺炎及压疮的发生。

九、中风后的康复护理应注意什么？

1. 根据中风患者的病情轻重、体质强弱和兴趣爱好，做适量的运动。

2. 说明实施早期康复训练及长期锻炼的重要性，出院前教会肢体康复锻炼方法，指导患者翻身、坐起、站立锻炼，先扶床架，椅背站立，然后徒手站立。

3. 行走时要求患者尽量抬高患肢，家属要站在患者的患侧。

4. 肢体简单的运动锻炼，如上肢的外展、外旋、肘关节的伸屈运动、下肢的伸屈和足的伸屈运动。

5. 功能锻炼要循序渐进，要劳逸结合，避免过劳，防止复发。

6. 可采用按摩、推拿和被动运动帮助患者功能锻炼。动作应该由轻到重、再轻。被动运动不要用力过度。每次全身锻炼半小时左右，每天 2～3 次。

7. 注意保持患肢的功能位置，指导肢体功能位的摆放及肢体的被动运动，防止患侧肢体受压及垂足等情况发生。

8. 对已偏废的上肢，肘弯曲、腕和手指伸直、踝关节保持 90°，应用三角巾吊起，防止脱臼。

十、中风后的饮食方面应注意哪些？

1. 饮食调护的指导 平衡健康饮食，饮食应营养丰富多样，以高蛋白、高维生素、高纤维素，低胆固醇、低脂肪、低糖、低盐为宜。多吃新鲜蔬菜、水果、豆制品及海带、海蜇、虾皮和虾米，适当进食鱼肉、鸡肉、蛋和奶及奶制品，以保证足够蛋白质的摄入。应忌烟酒、辛辣、刺激性强的食物。患者忌吃狗肉，狗肉热性大、滋补强，食后会促使血压升高。

2. 合并高血压、糖尿病、心血管病要控制食盐，一般每天 2～4g 为宜。

3. 不能自己进食的患者要协助其进食，采取坐位或半卧位，卧位时将患者的头和身体偏向健侧，防止食物呛入气管。吞咽困难者行插胃管留置胃管鼻饲，每天 6 次，每次 200ml，可依据患者的消化功能情况调整。

4. 病情许可，保证每天饮水量 1500～2000ml。

十一、中风的服药护理有哪些？

1. 遵医嘱服用药物，不可随意自行停药，服用药物过程中出现不良反应应及时来院就诊。

2. 有高血压要根据医嘱长期服用降压药物，将血压控制在稳定的水平 140/90mmHg 以下，有糖尿病、肾病的要控制在 130/80mmHg 以下，最好服用长效降压药物，使血压平稳。

3. 高血脂者，要服用降脂药物。降脂治疗可以稳定动脉硬化斑块，有软化血管等作用。

4. 伴糖尿病者要控制血糖，通过饮食运动、口服药物、应用胰岛素等方法控制血糖，空腹血糖应控制在 4.4～6.1mmol/L。

5. 在医生指导下服用抗血小板聚集药物，如阿司匹林。

6. 体重指数保持在 20～24kg/m^2。

十二、如何预防和识别中风的复发？

1. 控制危险因素，如控制高血压，治疗血脂异常、糖尿病和心脏病，控制体重，戒烟限酒，治疗高同型半胱氨酸血症，治疗高凝状态。

2. 观察先兆症状，如出现面肌及肢体无力、偏瘫、偏身麻木、视物模糊、言语不清、眩晕、头痛等症状，可及时拨打急救电话并尽快去医院接受治疗。

3. 脑中风患者出院后要定期到医院复诊，如有病情变化应及时随诊。

第三章　脾胃疾病

第一节　胃　　痛

一、什么是胃痛?

胃痛又称胃脘痛，胃脘痛系指以上腹部近心窝处经常发生疼痛为主的病症。多因外邪袭侵，恼怒过劳，饮食不节，起居失宜致气机阻滞，胃失和降而成。

二、胃脘痛的病因有哪些?

1. 六淫外袭　寒、湿、暑等外邪，既可单一致病为患，也可兼夹入侵机体，可通过口鼻内客胃脘，或经皮毛、经络内传胃脘，与胃中有形之物相搏结，致胃脘气机阻滞，血行不畅而疼痛。但临床上多见于素有胃脘痛病史之人，因其脾胃功能常不足，卫外不固，故极易遭受六淫之邪的侵袭，外邪循经内传，停于中焦，阻滞气机，气血运行不畅，诱发或加重胃脘痛。

2. 情志所伤　思为脾之志，过度深思远虑，犹疑不决，使脾气郁结，胃气不得宣通，情怀不舒，抑郁寡欢，情志不畅，使肝脏疏泄不及，致脾气郁结，木失条达，气机不畅，进而影响脾胃升降功能，或因遇事烦恼，情志怫逆，甚至暴怒不已或急躁等精神刺激因素，使肝脏气机不和，肝气过盛，疏泄太过，致肝气横逆犯脾胃，影响脾胃生理活动，引起脾胃升降失常，悲忧过度则耗伤肺气，而肺与脾同属太阴，脾与肺为母子关系，子盗母气，肺伤则脾亦伤，脾伤则胃失和降，中焦气滞。总之，各种原因所致情志失调可影响脾胃正常生理功能，致胃腑气机郁结，引起胃脘痛发作。

3. 饮食失调　暴饮暴食，胃纳过盛，积滞胃脘，腐化无能，宿食停滞，损伤脾胃，胃气壅滞，脾运艰迟，致使胃失和降，气机阻滞；或因体弱、年老自衰而脾虚，食入难化，积于胃中；或由于地区、季节、生活习惯不同，所食之物粗糙、生硬，或过热过冷，复因素有胃疾，年老和体虚，脾胃功能虚弱，消化力低下，致食滞胃腑，阻碍气机；过食肥甘滋腻厚味，则壅积于胃脘，阻滞气机，湿聚而生痰化热；或嗜食辛辣煎炒或浓烈调味品，直接刺激胃腑，耗伤阴津；或长期嗜饮烈酒，湿热积于胃脘，并耗伤阴液，甚蚀胃脘，造成胃腑气机郁滞，血行不畅，胃失和降而胃脘疼痛。

4. 生活起居失宜　坐卧湿冷之地，或冒雨涉水，或暑季贪凉而卧于屋檐下或门窗空气对流之处等因，寒湿之邪内侵困脾，脾失健运，气机逆乱，气血运行不畅；或素有胃疾，或体弱脾胃虚之人，复因上述诸因而致起居失宜引发胃脘痛。

5. 瘀血停滞　胃脘疼痛反复发作，气机阻滞日久，影响血液正常运行，血流迟缓而成瘀血，阻滞胃脘脉络而成血瘀；或久病、体虚之人，脾虚气弱，推行血行乏力，血行迟缓，致血瘀停着，瘀阻络脉而发为胃脘痛。

6. 脾胃素虚　素体阳气虚弱，尤其是脾胃虚寒，胃脘络脉失于温养，而生胃脘痛。

总之，胃脘痛虽有以上诸多病因，但以情志所伤和饮食失调为主要发病原因。饮食失调、情志所伤、六淫外侵为急性胃脘痛的病因，又是引起慢性胃脘痛急性发作的重要原因。

三、胃痛有哪些临床表现?

1. 肝气犯胃

（1）临床表现：胃脘胀痛，痛窜胁背，嗳气痛轻，恼怒痛重，食欲减退，胸脘痞闷，善太息，大便不调，舌质红，苔薄白，脉弦。

（2）证候辨析：肝主疏泄，以条达为顺，胃主受纳，以通降为和，情志抑郁，恼怒伤肝，则疏泄失职，横逆犯胃，胃气阻滞，和降失常，则胃脘胀痛，胸脘痞闷；胁为肝络之分野，故痛窜胁背；滞气停于胃脘则食欲减退，滞气上行则嗳气，气郁于胸则善太息，恼怒后肝气郁滞更甚故疼痛加重；弦脉主肝病、主痛。

2. 寒邪犯胃

（1）临床表现：胃脘冷痛暴作，畏寒喜暖，遇寒则痛甚，呕吐清水痰涎，口不渴，大便溏，舌淡苔白，脉弦紧。

（2）证候辨析：外感寒邪或贪食生冷或阴寒内生，寒邪凝聚于胃脘，阳气被遏，不得舒展，胃脘气机阻滞，不通而痛；寒为阴邪，主收引，气血遇寒则凝，故胃脘冷痛暴作，寒邪得温则自散，阳气舒展，故喜暖畏寒；中寒内盛，阳气被遏，中焦脾胃阳虚，运化不健，和降失司，则呕吐清水痰涎，大便溏；口不渴，舌淡苔白为胃寒之候，弦脉主痛，紧脉主寒，弦紧之脉为寒邪犯胃之象。

3. 湿热中阻

（1）临床表现：胃脘灼热疼痛，嘈杂口干或口黏而苦，渴而不欲饮，身重肢倦，纳呆恶心，小便黄，大便黏滞不畅，舌质红，苔黄厚腻，脉滑数。

（2）证候辨析：饮食不节，或其他原因，损伤脾胃，运化失常，湿热内生，蕴结于胃，气机阻滞则胃脘灼热疼痛；湿热熏蒸于胃脘则嘈杂，纳呆恶心；湿热郁滞中焦，上犯于口则口干或黏而苦，水津不布则渴而不欲饮；湿热困脾，则身重肢倦；湿热下侵膀胱则小便黄，湿热阻滞肠道则大便黏滞不畅；舌苔、脉象均为湿热中阻之征。

4. 饮食伤胃

（1）临床表现：胃脘胀痛疼痛，拒按，嗳腐吞酸，或呕吐不消化食物，气味腐臭，吐后痛减，不思饮食，大便不爽，苔厚腻，脉滑或实。

（2）证候辨析：食滞胃脘，气机阻塞，升降失常，气滞不通则胃脘胀满疼痛；食积阻滞，胃气不降，浊气上逆而嗳腐吞酸，甚则呕吐不消化食物；吐出食物后，胃中气机得顺，积滞减故吐后痛减；食积停滞，脾胃受损则不思饮食；食积下迫，大肠传导失司则大便不爽，舌苔脉象均为食积内阻之象。

5. 瘀滞胃络

（1）临床表现：胃脘疼痛较剧，拒按，痛如针刺或刀割，痛处固定，疼痛持久，或黑便，舌质紫黯或有瘀斑，脉涩。

（2）证候辨析：胃痛日久则局部络脉血行不畅，气机阻滞，终则瘀血内停，胃络壅塞，不通则更痛，故胃痛剧烈，状如针刺或刀割；瘀血有形，故痛处固定且拒按；瘀血损伤络脉，血不循经，下渗大肠出于后阴则黑便；血瘀则舌少滋荣，故舌质紫黯或有瘀斑，血瘀则脉道血行不畅所以脉涩。

6. 胃阴亏虚

（1）临床表现：胃脘灼痛，口燥咽干，心烦，手足心热，食少，大便干燥，舌红少津，脉细数。

（2）证候辨析：常见于素体阴虚之人，或脾虚不能为胃行其津液；或热病耗伤胃阴；或久病中虚，生化乏源；或胃脘痛日久化火伤阴；或胃热素盛，或长期服用辛香温燥药等均可导致胃阴不足，胃失濡养，气机不畅，上不布津，见胃脘灼痛，口燥咽干，舌红少津，胃阴不足，虚火内扰则见心烦、手足心热；气津不足，纳食不化，故食少；阴虚液耗，无以下溉，肠道失润，而大便干燥；脉细数乃阴虚内热之征。

四、胃痛有哪些相关检查？

电子胃镜或纤维胃镜、上消化道钡餐造影等检查可作急、慢性胃炎，胃、十二指肠溃疡病，胃黏膜脱垂等的诊断检查，并可与胃癌作鉴别诊断；幽门螺杆菌（Hp）检查：判断是否为 Hp 感染；胆红素、转氨酶、淀粉酶化验和 B 超、CT 等检查可与肝、胆、胰疾病作鉴别诊断；腹部透视可与肠梗阻、肠穿孔作鉴别诊断；血常规可协助与阑尾炎早期作鉴别；心肌酶错、肌钙蛋白、心电图检查可与冠心病、心绞痛、心肌梗死作鉴别诊断。

五、胃痛的治疗原则是什么？

治疗以理气和胃止痛为主，审证求因，辨证施治。邪盛以祛邪为急，正虚以扶正为先，虚实夹杂者，则当祛邪扶正并举。虽有“通则不痛”之说，但决不能局限于狭义的“通”法，要从广义的角度去理解和运用“通”法，正如叶天士所谓“通字须究气血阴阳”。属于胃寒者，散寒即谓通；属于食停者，消食即所谓通；属于气滞者，理气即所谓通；属于热郁者，泄热即所谓通；属于血瘀者，化瘀即所谓通；属于阴虚者，益胃养阴即所谓通；属于阳虚者，温运脾阳即所谓通。根据不同的病机而采取相应的治法，才能善用“通”法。

六、治疗胃痛有哪些注意事项？

1. 肝气犯胃 舒肝和胃，理气止痛。药用醋柴胡、醋白芍、枳实、炙甘草。

2. 寒邪犯胃 散寒止痛，温中和胃。药用高良姜、桂枝、厚朴、当归、生姜。

3. 湿热中阻 清热化湿，理气和胃。药用半夏、陈皮、茯苓、黄连、草豆蔻、甘草。

4. 饮食伤胃 消食导滞，和胃止痛。药用麦芽、山楂、莱菔子、厚朴、香附、陈皮、连翘、甘草。

5. 瘀滞胃络 活血化瘀止痛。药用蒲黄、五灵脂。

6. 胃阴亏虚 滋阴养胃。药用麦门冬、生地、沙参、玉竹、半夏、甘草、粳米。

七、胃痛有哪些护理要点？

1. 顺时摄养 告诫患者应起居有节，生活要有规律，注意气候寒暖、节气时令对病情的影响。顺时摄养，慎防感冒和胃脘部受凉着湿，避免虚邪贼风伤害。居室安静，温度适宜，环境清洁，光线柔和，并根据证型之异而适时调节室内温、湿度。

2. 调养精神 做好精神护理，向患者介绍本病基本知识，避免精神刺激，保持心态平和，情绪安定。力戒忧思恼怒。伤肝犯脾而诱发和加重病情，消除疑虑，增强治疗信心。

3. 谨和五味 饮食宜遵照“定时、定餐、定量、定性”的原则。食物粗细、烹调得当。饮食应保证充足的营养、热量和维生素，又利于消化吸收；养成良好的卫生习惯，不暴饮暴食、不过饥过饱、不过寒过热；进食应少量多餐。定时饮食，切忌餐间零食和睡前进食；忌食烟酒、油炸煨炒、辛辣甜滑、大甘大酸、霉烂变质、生冷坚硬之品；创造良好的进食情绪与饮食环境，保证端正的饮食姿态。

4. 适度锻炼 坚持适当的体育锻炼，如气功、太极拳、广播操、散步等，增加机体的防病抗病能力。协调脏腑功能，利于疾病的康复。

5. 切忌妄作 活动期适当休息，注意劳逸结合，疼痛剧烈时应卧床休息，减少搬动，护理动作应轻柔，以免增加患者痛苦。

6. 辨证药膳 根据病情之寒热虚实，灵活用药，合理膳食。因于寒者当忌苦寒；因于热者当忌辛烈香燥；因于食积者当忌滋补收敛；因于郁者当忌酸收。攻下导伐之品，当中病即止；大补壅滞之剂，不可妄服。禁用有损害胃黏膜的药物如非甾体抗炎药、肾上腺皮质激素、阿司匹林等。

7. 速止疼痛 痛甚时可针刺合谷、内关、足三里、中脘等穴。

八、胃痛的生活起居应注意什么？

1. 病室安静、整洁、空气清新、温湿度适宜。

2. 生活规律，劳逸结合，适当运动，保证睡眠。急性发作时宜卧床休息。

3. 指导患者注意保暖，避免腹部受凉，根据气候变化及时增减衣服。

九、胃痛的饮食方有哪些？

饮食以质软、少渣、易消化、定时进食、少量、多餐为原则；宜细嚼、慢咽，减少对胃黏膜的刺激；忌食辛辣、肥甘、过咸、过酸、生冷之品，戒烟酒、浓茶、咖啡。

1. 肝胃气滞证 进食疏肝理气的食物，如香橼、佛手、山楂、桃仁、山药、萝卜、生姜等。忌食壅阻气机的食物，如豆类、红薯、南瓜等。食疗方：金橘山药栗米粥。

2. 肝胃郁热证 进食舒肝清热的食物，如栀子、杏仁、薏苡仁、莲子、菊花等。食疗方：菊花饮等。

3. 脾胃湿热证 进食清热除湿的食物，如百合、马齿苋、赤小豆等。食疗方：赤豆粥。

4. 脾胃气虚证 进食补中健胃的食物，如鸡蛋、瘦猪肉、羊肉、大枣、桂圆、白扁豆、山药、茯苓。食疗方：莲子山药粥等。

5. 脾胃虚汗症 进食温中健脾的食物，如猪肚、鱼肉、羊肉、鸡肉、桂圆、大枣、莲子、生姜等。食疗方：桂圆糯米粥等。

6. 胃络瘀阻证 进食活血祛瘀食物，如桃仁、山楂、大枣、赤小豆、生姜等。忌粗糙、坚硬、油炸、厚味之品，忌食生冷性寒之物。食疗方：大枣赤豆莲藕粥等。

十、胃痛的服药护理有哪些？

1. 中药汤剂应少量多次频服。中西药联合应用时注意配伍禁忌。

2. 剧烈呕吐者，服药前口含姜片或山楂片。若丸药质地较硬，可用温开水化服，以缓解呕吐。若胃痛持续不解可服沉香粉、延胡索粉各 1g，以理气止痛。

3. 患者应遵医嘱正确服药。对胃有刺激性药物、理气和胃口服液及多潘立酮、西沙比利等胃动力药宜在饭后服用，以减少对胃黏膜的刺激。

十一、胃痛的转归预后如何？

因一时性饮食不当或感受外邪而致的胃痛较易治疗，只要及时治疗，即可痊愈。若病久成慢性宿疾，反复发作，正虚邪实者，则治疗不易，往往病程迁延。

十二、如何才能预防胃痛？

1. 慎起居，适寒温，畅情志，防劳倦。

2. 注意饮食调摄，按时进餐，勿过饥过饱，勿过冷过热，少食油腻生冷之物，戒烟酒，注意饮食卫生。

3. 加强锻炼，适当参加体育活动，以增强体质。

4. 查明引起胃痛的原因，密切配合，积极治疗原发病，不但有助于提高疗效，更有利于患者的尽快康复和根治。若反复发作、迁延不愈，应定期作有关检查，防止恶变。

第二节 痞　　满

一、什么是痞满？

痞满是以胃脘部痞闷满胀不舒无痛，触之无形，按之柔软为临床表现的病证。多因情志所伤、饮食失节、劳逸失调、痰瘀内阻、脾胃虚弱及外邪侵袭等，导致脾失健运，胃失和降而成。

临床表现与西医学的慢性胃炎（包括浅表性胃炎和萎缩性胃炎）、功能性消化不良、胃下垂等疾病相似，这些疾病若以脘腹满闷不舒为主症时，可参考本证辨证论治。

二、痞满的病因有哪些？

1. 脾胃虚弱 先天禀赋不足，或久患胃疾不愈，或疾久不愈累及脾胃，或年老体衰致脾胃自衰，均可使脾胃虚弱，脾失运化，胃纳失司，纳运失常，致升降失和，中焦失畅，食入难化，水谷不化精微，气血生化乏源，胃体失于荣养，渐而枯萎，则发为痞满。

2. 胃阴不足 素体阴津亏虚或禀赋不足，或因肝肾阴虚，或久服香燥辛温之品等原因，均可使胃阴不足，久则胃体失于荣养，渐而枯萎，则发为痞满。

3. 情志因素 多因长期抑郁寡欢，所愿不遂，忿怒急躁，或中年以后随着肝肾阴虚而阳气易盛，性情多乖僻等原因，而致情志失和，气机郁滞，持续不解，影响脾胃，使脾胃升降异常，胃纳失司，脾失健运，清气不升，浊气不降，清浊相干于胃，中焦壅塞，气机久滞则胃之络脉自痹，气血运行受阻，胃体失于荣养，渐而枯萎，发为痞满。

4. 饮食因素

（1）饥饱失宜：长期过饥则气血化源不足，津液气血阴津亏虚，胃失濡养，渐而枯萎；或长期摄入过量，或因饮食滋腻肥甘，皆可致食纳而难化，积于胃腑，壅滞气机，久则损胃，胃体失于荣养，渐而枯萎，发为痞满。

（2）饮食不洁：长期食用污染的水或食品，毒邪（幽门螺杆菌）经口而入胃，客居于胃体络脉，久则胃体失荣，渐而枯萎，发为痞满。

（3）饮食偏嗜：长期服用辛热燥辣之品（如吸烟过度，食物中含有大量的胡椒、辣椒、芥末等调味品），耗伤胃之阴液，灼伤胃之络脉；或长期饮用过热饮料（如浓茶、咖啡等）、摄食粗糙，可反复创伤胃体，络脉受损；或长期过量饮酒，酒性辛温燥热有毒，且湿性重，可以直接刺激胃体，损伤脉络，同时酒积湿化热，伤胃气，耗阴津，湿热又可灼伤胃络，损伤胃体，均可使胃体失荣养渐而枯萎，发为痞满。

5. 药物伐中 长期服用西药（如非甾体类抗炎镇痛药和氯化钾、碘、铁剂等）或中药苦寒药，或素有胃疾滥服药物，或脏腑之疾失治、误治影响及胃，或年老体衰药物攻伐太过，均可使脾胃损伤，升降失常，清浊相干于胃，壅塞中焦，久则胃体脉络受损而痹阻，气血运行受阻，胃体失荣养，渐而枯萎，发为痞满。

6. 劳逸失调

（1）过劳：有劳力、劳心、房劳诸方面。劳力者长期过度从事体力劳作，则外伤肌肉筋骨，内伤脏腑，耗伐阳气，中气受损，纳食减少，运纳失常，久则化源不足，胃体失荣养渐而枯萎；劳心者，用脑过度或积思难解，或长期夜间勤读苦研，使阴血暗耗，胃阴不足，胃体失荣养渐而枯萎；房劳者，早婚或放纵嗜欲，或不知自持，或滥用温补助阳药，使肾精亏损，中气耗伤，脾失健运，胃纳呆钝，气机郁滞，久则胃络痹阻，胃体失荣养，渐而枯萎，发为痞满。

（2）过逸：贪逸嗜卧，意志消沉，则脾胃气机呆滞，纳食减少，运化无力，久则中气暗耗，津液失于输布，气机壅滞，清浊相干于胃，气血运行不畅，胃之脉络痹阻，胃体失荣养，渐而枯萎而形成痞满。

7. 六淫外袭

（1）风寒：脾胃素虚者，每于冬季、冬末春初或气候乍热乍寒时节，反复感受风寒之邪，邪犯胃腑，凝滞气机，运化失常，清阳不升，浊阴不降，久则中焦气机逆乱，清阳不升，浊阴不降，胃脉络痹阻，胃体失荣养，渐而枯萎发为痞满。

（2）暑湿：每于夏季、天热多雨季节，或高热潮湿的居住与工作环境，人感邪后多汗出而伤气耗阴津，致气阴两虚，同时湿邪困脾，脾失健运；湿滞于胃，胃失受纳，清阳不升，浊阴不降，清阳不升，浊阴不降，清浊相干于胃，气血运行受阻，胃体失润濡，渐而枯萎发为痞满。

（3）寒湿：素体阳气虚者，每于寒冷潮湿冬季，或久处阴暗寒冷工作生活环境，则寒湿之邪内侵，湿从寒化，困伤脾阳，阻滞气机，阴寒内生，纳化失常，水湿内停，气血运行闭阻，胃体失润濡，渐而枯萎发为痞满。

8. 瘀血痰湿痹阻 素有胃疾，久病入络，或气郁日久，血运不及，或阴津亏虚，胃阴不足，化热伤络，均可使络脉阻塞，积而成瘀，瘀血痹阻成脉络，气血运行不畅；或肺脾肾诸脏虚衰，水液代谢失常，聚湿成痰，或年高形肥，痰湿壅盛，或年老体虚，脾气虚而运化无权，水谷精微不得转化，反聚为湿痰，痰瘀滞留中焦，久则胃体失滋养，渐而枯萎而形成痞满。

三、痞满有哪些临床表现？

1. 肝胃不和

（1）临床表现：胃脘痞闷，两肋胀满，心烦易怒，嗳气噫臭，善太息，时有吞酸或吐口水，呕哕，舌质淡红，苔薄白，脉弦。

（2）证候辨析：气机郁滞，肝失条达，木郁土壅，脾胃之气不得升降，中焦壅塞故见胃脘痞满；肝气失于条达故两肋胀满，心烦易怒，善太息；胃气上逆则嗳气噫臭，时有泛酸，吐苦水或呕哕；舌苔、脉象均为肝胃不和气机郁滞之象。

2. 食积停滞

（1）临床表现：胃脘痞满而胀，食后尤甚，饥可稍缓，嗳腐吞酸，厌食恶心，口中异味，或嗳气频出，矢气多，味腐臭，舌质淡红，苔厚腻，脉滑或实或弦滑。

（2）证候辨析：食滞胃肠难化，阻滞气机，升降失常，气滞不畅，而致痞满而胀；进食则食滞加重故痞满加重，饥则食滞得消故症状缓；食滞胃肠，损伤脾胃气机，故有嗳腐吞酸，厌食恶心，口中异味，或嗳气频出，矢气多而味腐臭；舌苔、脉象均为食滞胃肠之象。

3. 湿热滞胃

（1）临床表现：胃脘痞满，胀闷不舒，按之濡软，兼见纳差食减，口干黏腻而臭，口渴喜冷，头身沉重，肢软乏力，大便溏薄，或排便不爽，舌质红赤，苔白黄而腻，脉濡数。

（2）证候辨析：湿热壅滞胃腑，阻滞气机，胃气郁遏，致胃脘痞满，胀闷不舒，按之濡软；湿性黏滞，滞于胃腑，阻滞气机，湿滞难化，出现口黏腻，纳差食减；湿性重著，困脾则不能濡养四肢肌肉，而见头身沉重，肢软乏力；湿邪下注大肠则大便溏薄或排便不爽；化热则口干而臭，口渴喜冷；舌苔、脉象均为湿热之象。

4. 痰湿中阻

（1）临床表现：胃脘痞塞，满闷不舒，不思饮食，口淡无味，恶心欲呕，痰多，头晕目眩，体重困倦，舌质淡红，苔白厚腻，脉滑或弦滑。

（2）证候辨析：痰湿阻滞气机，胃气不降，脾气不升，升降失常而胃脘痞塞，满闷不舒；痰湿滞于胃则不思饮食，口淡无味，恶心欲呕，多痰；滞于脾则头晕目眩，体重困倦；舌苔、脉象均为痰湿滞留脾胃之征。

5. 寒热错杂

（1）临床表现：胃脘痞满，有灼热感，口苦心烦，口渴，欲冷饮，或见呕恶欲吐，反酸，肠鸣，腹中冷痛，便溏或冷饮即泻，舌苔黄，脉沉弦、沉细或弦滑。

（2）证候辨析：胃热脾寒，寒热错杂，壅于中焦，胃气下行，热则胃气不降，脾主升清，寒则清阳不升，故肠胃失和，胃脘痞满；热壅塞于胃则有灼热感，心烦；上扰则口苦、口渴，欲冷饮，欲吐呕恶，泛酸；脾虚不足，温运功能低下，谷气下流，则肠鸣，腹中冷痛，便溏或冷饮即泻；舌苔、脉象为寒热错杂之象。

6. 脾气虚弱

（1）临床表现：胃脘痞痛，气短纳呆，自汗乏力，便溏，舌质淡红，苔薄白，脉虚弱或沉弦。

（2）证候辨析：中气亏虚，脾失健运，胃纳呆钝，气滞不行，则胃脘痞满、纳呆；气虚则自汗乏力，气短，便溏；舌苔、脉象均为气虚之象。

7. 胃阴虚

（1）临床表现：胃脘痞满，灼热嘈杂，似饥不纳，口干咽燥，消瘦，大便干燥，舌质红或深红少津，苔少或花剥甚无苔，脉细数或弦细兼数。

（2）证候辨析：胃阴亏虚，失于濡润则胃痞满，腐熟不能则嘈杂灼热，顺降失常则似饥不纳，阴津不能上奉则口干咽燥，不能下达肠道则大便干燥，阴津亏虚体液消耗则消瘦，舌苔、脉象均为阴津亏虚之象。

8. 气阴两虚

（1）临床表现：胃脘部痞闷不舒，纳后加重，不饥少纳，神疲乏力，消瘦，舌淡红，苔薄白，或花剥或少苔，脉沉细或濡缓。

（2）证候辨析：脾气亏虚，胃阴不足，致气阴两虚，胃失滋养、濡养，中焦气机壅塞而见脘痞不舒，纳后加重，不饥少纳；气阴两虚则见神疲乏力，消瘦；舌苔、脉象均为气阴两虚之象。

9. 脾胃虚寒

（1）临床表现：胃脘痞满，或冷痛、隐痛，遇冷则重，得温则缓，喜热饮食，纳少，食后脘胀，手足欠温，神疲乏力，舌质淡体胖，舌苔白，脉沉细弱或沉迟。

（2）证候辨析：中阳不足，脾胃虚寒，运化失健，气机壅滞于中焦则脘痞；中阳虚故时见冷痛、隐痛，遇冷则重，得温则缓，喜热饮食；中阳虚不能化气行水，水湿停中焦故纳少，食后脘胀；阳气不能达四肢故手足欠温；舌苔、脉象均为中阳不足、脾胃虚寒之象。

四、痞满有哪些相关检查？

电子胃镜及病理组织活检可见胃黏膜腺体不同程度萎缩、消失。代之以肠腺化生或幽门腺化生，间质细胞浸润显著。X线钡餐检查：可见胃体部黏膜纹变细或消失，胃底部光滑而无黏膜纹，胃张力减低。胃蛋白酶原测定，胃液分泌功能测定、血清胃泌素测定、幽门螺杆菌检测有助于确诊。B超、CT检查可鉴别肝胆病及腹水等。

五、痞满的治疗原则是什么？

本病总以调脾胃升降、行气除痞消满为基本原则。治疗时宜邪正兼顾，扶正去邪，寒热平调。扶正总以健脾养胃为先，祛邪则依据病邪属性，而分别采用温中散寒、消食导滞、理气解郁、清热化浊、化瘀通络等治法。

六、痞满的护理要点有哪些？

按内科一般护理常规，应详细了解患者心态，针对各种证类患者进行心理卫生知识的宣讲，解除患者心理压力，使患者从主观上建立治愈疾病的信心，树立乐观态度，同时应注意杜绝给患者带来的医源性心理创伤。因本病有病情顽固、病程较长的特点，应劝告患者在治疗过程中有耐心，治疗要持之以恒。饮食要有营养，易消化，可给半流质或普食饮食。可作轻度活动，动静结合，生活有规律，虚寒者，应注意保暖。

七、痞满的生活起居应注意什么？

1. 饮食上应定时定量，少食多餐，营养丰富，易吸收消化，防过饥过饱，暴饮暴食，过食生冷，禁酗酒、吸烟，忌辛辣调味品及饮料，如辣椒、咖喱、芥末、胡椒、浓茶、咖啡，烹饪方式宜炒、烩、煮、蒸、炖，忌煎、炸。

2. 避免七情太过，保持精神舒畅愉快，情绪稳定。

3. 起居、锻炼、生活要有规律，保证充足的睡眠和休息。注意身体锻炼，诸如散步、慢跑、太极拳等，能增强体质，调节胃肠道分泌和蠕动功能，增进食欲，改善消化和吸收过程。注意防寒保暖，以防感外邪而诱发疾病。

4. 如患有口腔炎、鼻炎、胆囊炎、胆汁反流等病证，应积极治疗。

八、痞满的饮食方有哪些？

1. 扁豆粥 白扁豆250g，党参15g，先煮熟白扁豆去皮，入党参、大米适量煮粥服。用于脾胃虚弱者。

2. 白萝卜汤 白萝卜半个，切成丝状，煮汤服。功能顺气化痰。

3. 豆蔻砂仁馒头 面粉1000g，酵母50g，发酵后，加入研为细末的肉豆蔻、砂仁各15g，制成馒头食用。有行气降逆，健脾化湿之功效。

4. 主食选馒头、面包、包子、馄饨、软饭等易消化食物。

5. 多选含粗纤维少的鲜菜，如白菜叶、嫩油菜叶、菠菜叶、冬瓜、黄瓜、西红柿等，切成细丝或小薄片食用。

6. 饮用牛奶、豆浆、蜂蜜等。

7. 食柔软的肉类（猪肉、鸡肉、嫩牛肉）及鱼虾制成的丸子、细丝、肉沫羹等，鱼还可制成鱼块、鱼片、鱼羹。

九、痞满的用药护理？

寒邪犯胃者汤剂宜饭前热服，湿热滞胃者汤剂宜稍温凉服，肝胃不和、胃阴亏虚、食积停滞、脾胃虚寒者汤剂温服。

十、痞满的转归预后如何？

胃痞一般预后良好，只要保持心情舒畅，饮食有节，并坚持治疗，多能治愈。但胃痞多为慢性过程，常反复发作，经久不愈，所以贵在坚持治疗。若久病失治，或治疗不当，常使病程迁延，并可渐渐发展为胃痛、胃癌等疾患。

十一、如何预防痞满？

对胃痞患者，要重视生活调摄，尤其是饮食与精神方面的调摄。饮食以少食多餐，营养丰富，清淡易消化为原则，不宜饮酒及过食生冷、辛辣食物，切忌粗硬饮食，暴饮暴食，或饥饱无常；应保持精神愉快，避免忧思恼怒及情绪紧张；注意劳逸结合，避免劳累，病情较重时，需适当休息。

第三节　呕　　吐

一、什么是呕吐？

呕吐又名吐拟，是指食物或痰-等由胃中上逆而出的病症。古人谓：有声有物谓之“呕”；有物无声谓之“吐”；有声无物谓之“哕”（干呕）；只吐沫谓之“吐”。由于临床呕与吐常兼见，难以截然分开，故合称呕吐。

二、呕吐的病因有哪些？

1. 饮食失调　多为暴饮暴食，饮食过量，过食生冷、辛辣、肥甘、油腻、腥秽之品，嗜饮酒浆，或食用不洁食品，均可损伤胃腑，碍胃滞脾，饮食停滞于胃腑不化，胃气不能和降，上逆而呕吐。

2. 情志失调

（1）平素性情急躁，恼怒愤郁伤肝，肝郁不达，横逆犯胃，肝胃不和，胃气下降，上逆而为呕吐。

（2）忧思过虑，所愿不遂，精神抑郁，则伤脾，脾失健运，纳食不化，清阳不升，浊阴不降，胃气上逆而生呕吐。

3. 外邪犯胃　长夏暑湿之邪所干，秋冬风寒之邪所犯，均可致邪客胃腑，致湿浊阻滞，寒伤中阳，秽浊壅中，使邪聚于中，胃失和降，上逆发生呕吐。

4. 脾胃虚弱　素体虚弱，或劳倦太过，或久病伤脾，均可使脾胃虚弱，中气耗伤，脾功能失常，运化升降失职，胃气上逆而呕吐。

三、呕吐有哪些临床表现？

1. 外邪犯胃

（1）临床表现：突然呕吐，起病较急，如感受寒邪，兼见发热恶寒，头痛，无汗，舌苔薄白，脉浮紧；如感受风热，兼见发热恶风，头痛自汗，舌质红，舌苔薄黄，脉浮紧；如感受暑湿，多是时当暑令，呕吐兼见发热汗出，心烦口渴。舌质红，舌苔黄腻，脉濡数。

（2）证候辨析：外邪致吐，主要是由于感受风寒、风热、暑湿之邪，动扰胃腑，阻遏中焦，使胃失和降，浊气上逆，所以突然呕吐，来势较急。由于邪束肌表，故见发热头痛恶寒；暑湿秽浊阻于胸腹，气机失宣，故见胸脘痞闷，舌苔黄腻，脉象濡数。

2. 饮食停滞

（1）临床表现：呕吐酸腐，脘腹胀满，嗳气厌食，腹痛，吐后反觉舒服，大便或溏或结。舌苔厚腻，脉滑。

（2）证候辨析：饮食不当，食滞停积，使脾胃运化失常，中焦气机受阻，胃气上逆，食随逆上，故呕吐酸腐；食伤胃脘，积滞内阻，不通则痛，故脘腹胀满作痛，大便或溏或结。舌苔厚腻，脉滑，是食滞停阻之征。

3. 痰饮内阻

（1）临床表现：呕吐痰涎清水，胸脘痞闷，不思饮食，头眩心悸，或呕而肠鸣有声。舌苔白腻，脉滑。

（2）证候辨析：由于中阳不运，聚湿生痰，痰饮留聚，胃气不降，故脘闷食不得下，反上逆而呕吐清水痰涎；痰浊上泛，影响头目，并及心阳，使轻扬之气不升，故眩晕心悸；舌苔白腻，脉滑，是痰浊内阻之象。

4. 肝气犯胃

（1）临床表现：呕吐吞酸，嗳气频作，胸胁满痛，烦闷不舒，每遇情志刺激，则呕吐吞酸更甚。舌边红，苔薄腻，脉弦。

（2）证候辨析：肝气不舒，横逆犯胃，胃失和降，故呕吐吞酸，嗳气频作，胸胁满痛；由于气郁化热，热聚胸膈，故烦闷不舒；舌边红，苔薄腻，脉弦，是肝气郁滞之象。

5. 脾胃虚寒

（1）临床表现：饮食稍多即欲呕吐，时作时止，胃纳不佳，食入难化，胸脘痞闷，口干而不欲多饮，面白少华，倦怠乏力，喜暖恶寒，甚则四肢不温，大便溏薄。舌质淡，苔薄白，脉细弱。

（2）证候辨析：脾主运化，胃主受纳，脾胃虚寒，中阳不振，腐熟与运化无能，故饮食稍有不慎，即易作呕。由于脾胃阳虚，气不外达，故面色㿠白，倦怠无力，四肢不温；又由于中焦虚寒，气不化津，故渴不欲饮或口淡不渴；脾虚失于健运，故大便溏薄。舌质淡，苔白润，脉细弱，是虚寒之象。

6. 胃阴不足

（1）临床表现：呕吐反复发作而量不多，或时作干呕，恶心，口燥咽干，饥不思食，脘部有嘈杂感。舌红津少，苔少，脉细数。

（2）证候辨析：热病之后，或肝郁化火，或反复呕吐，均能耗伤胃阴，以致胃失濡养，气失和降，导致呕吐反复发作，或时作干呕、恶心，似饥而不欲食；津液不得上承，因而口燥咽干。舌红津少，脉细数，为津液耗伤，阴虚有热之象。

四、呕吐有哪些相关检查？

呕吐病位主要在胃，与肝、脾、胆有密切关系。所以可用胃镜、上消化道钡餐透视，了解胃黏膜情况，贲门、幽门口关闭情况及十二指肠黏膜的改变。若呕吐不止，伴有腹胀、矢气减少或无大便，应做腹部透视及腹部 B 超，以了解有无肠梗阻。若患者面色萎黄，呕吐不止，伴有尿少、浮肿，应及时检查肾功能，以排除肾衰竭、尿毒症所致呕吐。若患者暴吐，呈喷射状，应做头部 CT 或 MRI，排除颅脑占位性病变，也可以做腹部 B 超，了解胰腺及胆囊的情况，必要时结合化验血常规、尿淀粉酶、血淀粉酶。若呕吐不止，需检查电解质，了解有无电解质紊乱。育龄期妇女，应化验小便，查妊娠试验。

五、呕吐的治疗原则是什么？

由于呕吐病机主要是胃失和降，气逆于上，所以治疗上对于邪实所致呕吐者，大抵重在祛邪，冀其邪去正安。如外邪犯胃者，宜疏肝解表和胃；饮食停积者宜消食导滞；痰饮内阻者宜温化痰饮；肝气犯胃者宜调肝解郁，兼以和胃降腻。偏于虚者重在扶正，对脾胃虚寒者宜温运脾胃，对胃阴不足者宜养阴润燥，并兼降逆止呕。

六、治疗呕吐有哪些要注意的事项？

治疗呕吐要注意药物的配伍宜忌，一般含油质多及有腥臭气味之药物，多不宜用作止呕之剂，如瓜蒌仁、桃仁、阿魏等。而陈皮、生姜、半夏、代赭石等，多为治呕要药，可辨证选用。

七、呕吐的护理要点有哪些？

1. 观察病情变化 观察并记录心率、心律、脉象的变化，如出现心悸、胸闷不适及时报告医生及时处理。

2. 观察呕吐物内容、颜色、气味、次数和时间，并做好记录。

3. 必要时留样送检，动态观察实验室检验结果。

4. 如观察到以下情况，且应立即报告医师，医护协作处理。

（1）呕吐剧烈、量多，伴见皮肤干皱，眼眶下陷，舌质红且光，所致津亏液脱。

（2）呕吐呈喷射状，伴剧烈头痛、项强，神志不清。

（3）呕吐物中带咖啡样鲜血。

（4）呕吐频繁，不断加重，或呕吐腥臭，伴腹胀痛，拒按，无大便及矢气。

（5）呕吐频作，头昏头痛，烦躁不安，嗜睡，深呼吸等。

5. 协助患者活动，患者呕吐时帮助其坐起或侧卧，头偏向一侧，以免误吸。吐毕漱口，保持口腔清洁。

6. 保持床单位清洁，更换污染衣物被褥，开窗通风以去除异味。

7. 告诉患者坐起时应动作缓慢，以免发生直立性低血压；重症呕吐者宜卧床休息。

八、呕吐后的生活起居应注意些什么？

1. 慎起居，适寒温，避免受凉和过度劳累。

2. 病室内保持整洁，空气流通清新，及时清除呕吐物。

3. 寒邪犯胃和脾胃虚寒者，应注意防寒保暖。

4. 呕吐严重者，应卧床休息，不宜过多翻身。吐后不宜立即进食。

5. 呕吐时宜取侧卧位，轻拍其背，吐后用温水漱口。对卧床不起或神志不清者，可将头偏向一侧，以免呕吐物呛入气道而窒息。

九、呕吐的饮食方有哪些？

饮食方面应少量多餐，在发病期间，可食米汤、藕粉、蛋花汤等流食，病情稳定后，易食新鲜、易消化吸收、营养丰富之食物，并富含充足的热量、蛋白质和维生素，如牛奶、鸡蛋等，忌食刺激性食物，如酒、咖啡、油煎食物，以及可产生大量气体的食物，如葱、蒜、辣椒、萝卜等。

脾胃虚弱者用人参粥，每次取人参粉 5g，粳米 100g，冰糖适量，姜汁 1 小匙，煮粥，每日 2～3 次温服。

胃阴不足者用石斛粥：石斛 20g，粳米 100g。先将石斛煎汤后去掉，入粳米煮粥，每日 1～2 次温服。

十、呕吐的服药护理？

注意煎药及服药方法。解表药多含挥发性成分，汤剂煮沸后 5～10 分钟即可。服药方法应少量频服，并注意辨证饮药原则，寒呕者应温服汤药，热呕者应凉服汤。

十一、呕吐的转归与预后？

因寒邪犯胃、饮食不节、情志失调、痰饮内停所引起的实证呕吐，一般及时治疗，多向愈，若辨证有误，或治疗不当，则由实质虚形成虚实夹杂或虚证呕吐，经正确治疗仍可向愈，但易时作时止，每因情志、饮食、劳累等因素而诱发，呕吐反复发作，迁延不愈，以脾胃虚寒或胃阴不足为主者，治之多不易。

若呕吐单独出现，无论实证虚证，随着病因的祛除，呕吐多自行停止，预后良好，若与其他疾病并见，或久吐而不愈者，应找出引起呕吐的原发病因加以治疗，否则呕吐难愈。若呕吐久不止，致使脾胃长期受损，后天化源不足，会影响人之体质，变生它病。

十二、如何才能预防呕吐？

1. 首先是预防病从口入，从饮食调理做起，注意定时、定量进食，不吃不洁食物。

2. 生活有规律、不熬夜，注意劳逸适度。

3. 保持良好的心态，心情愉快，既病以后，积极配合医生的治疗。

4. 根据个人的爱好，选择适宜的体育锻炼，以增强体质，减少疾病的发生。

第四节 噎 膈

一、什么是噎膈?

噎膈是以吞咽困难，饮食受阻于食管，饮食不下，或食入即吐为主症的病症。噎即噎塞，指吞咽不畅或困难；膈即格拒，指饮食难下，或食入即吐。噎可单独为病出现，亦可为膈之前驱，但临床多噎膈并见。多因情志失和，饮食所伤，年老体弱，脏腑失调，以致津血枯槁，气血痰瘀互结填塞胸膈，阻于食管而成。

二、噎膈的病因有哪些?

1. 饮食不节 多为嗜酒无度，或过食肥甘辛香燥热之品，致使胃肠积热，津液耗损，痰热内结；或饮食过热，或食物粗糙，或常食发霉之物，损伤食管、胃脘而致。

2. 七情内伤 多由忧思恼怒而成。忧思则伤脾，脾伤则气结，水湿失运，滋生痰浊；恼怒则伤肝，肝伤气机郁滞，血液运行不畅，痰血阻滞食管、胃脘而成噎嗝。

3. 久病年老 胃痛、呕吐等病变日久，饮食减少，气血化源不足，胃脘枯槁；或年高体衰，精血亏损，气阴渐伤，津气失布，痰气瘀阻，而成本病。

三、噎膈有哪些临床表现?

1. 痰气交阻

（1）临床表现：吞咽梗阻，胸膈痞满，或疼痛，嗳气，呃逆，或呕吐痰涎及食物，口干咽燥，大便艰涩，形体日渐消瘦。舌质偏红，或红而光，苔薄腻，或黄，脉弦细而滑。

（2）证候辨析：气痰交阻，闭塞胸膈，食管不利，则吞咽梗阻，胸膈痞满，或疼痛；胃气上逆则嗳气，呃逆，呕吐痰涎及食物；郁热伤阴，故口干舌燥；津液不能下输大肠，故大便艰涩；饮食少进，无以化生精微，肌肉筋脉失于营养，则形体日渐消瘦。舌质偏红，或红光，苔薄腻或黄，脉弦细而滑，为气郁痰阻，兼肝郁化火、津液受灼之象。

2. 津亏热结

（1）临床表现：吞咽梗塞而痛，饮水可下，食物难进，食后大部分吐出，夹有黏痰，形体消瘦，肌肤枯燥，胸背灼痛，口干咽燥，欲饮凉水，脘中灼热，五心烦热，或潮热盗汗，大便干结。舌红而干，或有裂纹，脉弦细而数。

（2）证候辨析：热毒伤阴，胃阴亏耗，食管失于濡润，故吞咽梗涩而痛，进干食尤甚，热结痰凝，阻于食管，故食而反出；热结灼津，胃肠枯槁，则口干咽燥，脘中灼热，大便干结；胃不受纳，无以化生精微，故五心烦热，形体消瘦，肌肤枯燥。舌红而干，或有裂纹，脉弦细而数，均为津亏热结之象。

3. 痰瘀内结

（1）临床表现：吞咽梗阻，胸膈疼痛，食不能下，甚则滴水难进，进食即吐，泛吐黏痰，大便坚硬如羊屎，或吐下如赤豆汁，或便血，面色灰暗，形体羸瘦，肌肤甲错。舌质红或带青紫，舌上少津，脉细涩。

（2）证候辨析：痰瘀内结，阻于食管或胃口，道路狭窄，甚则闭塞不通，故胸膈疼痛，食入即吐，甚至滴水难进，阴伤肠燥，故大便干结，坚如羊屎；痰热伤络，血渗脉外，则吐下如赤豆汁，或便血；长期饮食不入，化源告竭，故形体羸弱；肌肤甲错，面色灰暗，为瘀血内阻之征。舌质红，或带青紫，舌上少津，脉细涩，为血亏瘀结之象。

4. 气虚阳微

（1）临床表现：吞咽受阻，饮食不下，面色皖白，精神疲惫，形寒气短，泛吐涎沫，面浮足肿，腹胀。舌胖，苔淡白，脉细弱，或沉细。

（2）证候辨析：阴损及阳，脾肾阳微，饮食无以受纳和运化，浊气上逆，故吞咽受阻，饮食不下，泛吐涎沫；脾肾衰败，阳气衰微，气化功能丧失，寒湿停滞，故面色㿠白，形寒气短，面浮肢肿，而腹胀。舌胖淡，苔白，脉细弱，或沉细，为气虚阳微之象。

四、噎膈有哪些相关检查？

胃镜检查，可在直视下观察食管、贲门、胃体的情况，以了解有无肿瘤及炎症、溃疡、狭窄等，若有肿瘤可进行组织活检，以确定病性。X线上消化道钡餐检查，可直接观察到食管的蠕动情况、管壁舒张度、食管黏膜改变、充盈缺损及梗阻程度等。CT检查，可了解全食管壁的结构情况与周围脏器的关系，以帮助诊断。

五、噎膈的治疗原则是什么？

本病的治疗应权衡本虚标实的程度，酌情处理。初期重在治标，宜理气、化痰、消瘀、降火为主；后期重在治本，宜滋阴润燥，或补气温阳为主。然噎膈之病，病机复杂，实每多兼夹，当区别主次兼顾。

六、噎膈的护理要点有哪些？

1. 观察食物下咽受阻程度，以判断病情轻重。

2. 观察全身情况，注意有无病变波及他脏的症状和体征。同时观察呕吐物和大便的质和量。进食时密切观察患者的面部表情、神志、吞咽动作，及时发现窒息先兆。

3. 严密观察有无出血。若见大量出血或汗出，面色苍白、血压下降、脉细等虚脱症状，应立即去医院急诊。

4. 加强口腔护理，患者呕吐后用温水漱口，每次翻墙饭后用淡盐水漱口以保持口腔清洁卫生，防止继发感染。

5. 有食管造瘘者每天漱口2次，造瘘部要保持清洁，开口处用消毒纱布覆盖，所用食具每天进行消毒，避免不良刺激。

6. 长期卧床者，要每2个小时更换体位1次，给予舒适的卧位，翻身时要避免拖、拉、推等动作，以防皮肤擦伤，床单要清洁柔软，受压部位可轻轻按摩，防止褥疮发生。

7. 呕吐时取半坐卧位或将头偏向一侧，可耳穴埋籽取穴神门、交感等，呕吐时按揉3～5分钟。亦可给予少许生姜咀嚼或姜汁数滴滴舌，或半夏、陈皮粉各1.5g温水调服。呕吐日久，记24小时出入量，每周称体重。

8. 大便干结者，用麻仁丸5g研碎水调服，以润燥通便，或大黄粉5～10g冲服。指导患者顺时针方向按摩腹部，以促进肠蠕动。多食新鲜蔬菜汁、水果汁以利润肠通便。

9. 指导患者促进睡眠的方法：每晚热水泡脚，睡前一小时饮服牛奶或红枣桂圆莲子汤，必要时遵医嘱耳穴压籽，选神门、交感、三阴交等穴，以镇静安神。

10. 胸膈疼痛时可给予沉香、延胡粉各1.5g以理气止痛，或按压足三里、中脘、胃俞、内关等穴。

11. 发生误吸液体时，让患者上身稍前倾头稍低于胸口，便于分泌物流出。

12. 进食时体位要舒适。协助患者将床头轻度抬高，采用端坐、头稍微向前倾的姿势。饭后应半卧位，休息片刻，以缓解吞咽困难。

七、噎膈患者的日常生活起居应注意什么？

1. 室内空气清新流通，经常开窗通风，温湿度良好。

2. 居室整洁，及时清除呕吐物，更换污染被单衣物。保持床单位干燥、平整，以免秽浊之气刺激。

3. 室内每天进行空气紫外线消毒1～2次，或点燃苍术艾叶香。

八、噎膈患者的饮食方有哪些？

饮食宜“精、细、软”，以高维生素、高蛋白、高热量、低纤维素的流质或半流质为原则，富于营养，便于吸收。禁食粗糙、硬固性食物及烟酒。做到适时进食、少食多餐、细嚼慢咽，尽量满足患者的口味，以增进食欲。可根据不同证型选择不同饮食。

1. 痰气交阻　宜食低脂、营养丰富、细软多汁的食物，如梨汁、荸荠汁、蜂蜜等，也可用乳类、蛋类、肉、碎菜类等，忌食辛辣、生冷、坚硬、肥甘厚味、过咸之品。进食有定时，细嚼慢咽，切勿匆忙。

2. 津亏热结　应忌食硬固、热性、辛辣及刺激性食物，予清淡、易消化、多津、养阴之饮食，宜频频给服新鲜果汁、蔬菜汁、乳汁等，如西瓜汁、番茄汁、绿豆芽汁或五汁饮（梨汁、荸荠汁、鲜芦根汁、麦冬汁、藕汁或甘蔗汁），宜少量多饮，频频饮服。

3. 痰瘀互结　餐前应调节患者的情绪，勿紧张焦虑，忌食硬固、辛辣刺激性食物，禁烟酒，宜营养丰富能化瘀血的饮食，可用红花泡茶饮。

4. 气虚阳微　饮食可用瘦猪肉、羊肉、鸡肉、鱼肉等作羹，常服乳汁、蜂蜜、松子仁粥。忌食生冷瓜果、辛辣、硬固及刺激性饮食。

5. 初期实证，加强营养，多吃血肉有情之品，增强抵抗力，如蛋类、肉糜、碎菜。后期吞咽困难，给予半流质、流质。阴虚者，可食牛奶、蜂蜜、甲鱼汤、银耳汤；阳虚者，进食瘦肉、羊肉、乳品、豆制品、禽蛋，忌生冷瓜果。行手术治疗后要注意以少食多餐、循序渐进为原则：禁食—流质饮食—半流质饮食—软性食物。

6. 噎膈因痰者可食用白萝卜汁、鲜姜汁、荸荠汁；因热者食用西瓜汁、五汁饮、番茄汁；气噎者可食用山楂糕、陈皮条、金橘饼等。鼻饲时，要合理搭配混合奶及菜汁、水果汁等。温度适宜，勿过热。

7. 药膳

（1）猪脾粥：猪脾 3 具，粳米 100g。将猪脾洗净，切片，放入锅中爆炒，粳米洗净，加水同猪脾共煮（以文火为好）作粥，越烂越糊越好。空腹食用，1 次吃完。每日一次，半个月为一个疗程，有补虚之功。

（2）砂枳炒猪肚：猪肚 1 具，炒枳壳 20g，砂仁 10g。先将猪肚洗净，再将炒枳壳、砂仁纳入猪肚中，扎好，放入锅中，加水，用文火水煮半小时以上，煮熟后趁热食猪肚饮汤。分作 4～6 次食用。每日或隔日 1 次，连续服用 7 日。适用于脾胃气虚，中气下陷之噎膈症。

8. 药茶　甘蔗姜汁饮：甘蔗汁 200ml，生姜汁 5～7 滴。取新鲜甘蔗洗净后绞汁，加入生姜和匀即成，随配随饮。甘蔗据《别录》记载：“主下气和中，助脾胃”。本法治疗反胃有一定功效。症见朝食暮吐，暮食朝吐，食入即吐可服此方。每日 3 次，疗程不限。

九、噎膈的服药护理有哪些？

1. 中药汤剂浓煎，少量多次频服。

2. 丸剂、片剂应碾成粉末，水调成稀糊状口服。

3. 使用化疗药物时，向患者介绍药物的作用和不良反应，如恶心、呕吐、不思饮食、周身无力及脱发等，消除其紧张、恐惧心理，配合治疗。

十、噎膈的转归预后如何？

噎膈有轻重虚实之别，膈多由噎致。初起正气未大虚，仅有吞咽困难，或食后胸膈痞满，灼热疼痛，迨后由实转虚，或虚实夹杂，饮食难入，或食入即吐；终至脾肾衰败，阳消阴竭，则多属不治。但亦有因虚致实者，如肾阴不足，相火偏亢，煎熬津液，致痰凝瘀阻而成噎膈者，亦不可知。

一般来说，凡脉紧、涩。短、小，属气血已亏；脉沉、细、涩、数，属精血已涸，难治。大便秘结如羊屎，属大肠血枯；口吐白沫，为脾肺虚极；吐痰如蟹沫，为脾气已败，皆难治。腹中嘈杂，胸痛如刀割，属阴虚至极，多死。年岁太高，气血已亏，多难治。不淡食，不断房事，多不治。愈后饮食，房劳不节，复发必死。

十一、噎膈患者的心理护理要点有哪些？

1. 加强心理疏导，对癌症病变引起噎膈者，应做好保护性医疗制度。对知情者，应介绍典型康复病例，使患者和家属对疾病有正确的认识，增强治疗的信心。

2. 向患者宣教心理和躯体疼痛的关系，使之明确不良情绪导致内环境紊乱会加重病情。讲解保持良好心情的重要性和简单的方法。

3. 多与患者沟通，了解患者各阶段心理变化，及时进行心理安慰，消除其思想顾虑。掌握患者情绪变化，多关心、疏导、爱护患者，使其能安心接受治疗。

4. 做好餐前心理减压，鼓励病人放松紧张心情，稳定患者情绪，尽量减少恶性刺激，以缓解吞咽困难症状。

5. 经常与患者交谈，向患者解释病情、治疗、检查方面的情况，使其放心休息，并建立与疾病做斗争的信心。

十二、如何才能预防噎膈？

1. 向患者宣教摄取足够营养以满足身体需要的重要性。加强饮食调护，要求患者加强饮食营养，促进机体康复。

2. 情志护理，保持心情舒畅，肝气条达，气血和顺。

3. 保证大便通畅，必要时给缓泻剂。

4. 根据体力及病情适当安排活动量。通过气功锻炼调节脏腑功能以养生。

第五节　呃　　逆

一、什么是呃逆？

呃逆是指胃失和降，气逆动膈，上冲喉间，呃呃连声，声短而频，不能自止的疾病。

二、呃逆的病因有哪些？

1. 饮食因素　过食生冷，或过服寒凉药物，寒气蕴结中焦；或进食过快或过饱，使食滞于胃，中焦气机壅滞；或过食辛热煎炒之物，或醇酒厚味，或滥用温补之剂，燥热内生，胃火炽盛，腑气不行，以上诸因素均可致胃失和降，气逆于上，隔间之气不利，动膈冲喉而成呃逆。

2. 情志因素　忧愁思虑过度，以致精神抑郁，久则脾胃气机郁结不畅；或恼怒太过，则肝气过盛，疏泄太过，横逆乘脾犯胃，致脾胃气机动乱，郁结不畅，均可致气机升降失常，膈间之气不利，上逆动膈冲喉而成呃逆。

3. 六淫因素　风寒之邪犯胃，或寒邪直中胃肠，可致寒遏胃阳，壅滞气机，胃气失和，寒气上逆，膈间之气不利，动膈冲喉而成呃逆。

4. 正气亏虚　素体虚弱，或年高体弱或大病、久病之后耗损中气；或热病，或吐下太过，耗损胃阴；或久病伤肾，肾气亏虚，失于摄纳，虚气上冲，均可致胃气和降，膈间之气不利，动膈冲喉而成呃逆。

5. 痰饮血瘀　由饮食、情志、六淫外袭、正虚等因素，影响水液的正常代谢，形成痰饮，停留于胸膈胃脘，致中交脾胃升降功能失常，痰饮随逆气扰膈，膈间之气不利，动膈冲喉而成。或因气虚血运无力；或气郁而血行迟缓，形成血瘀；或久病入络；或胸腹部手术后伤及络脉，形成脉络瘀阻，瘀血扰膈，膈间之气不利，动膈冲喉而成。

三、呃逆有哪些临床表现？

呃逆的主要表现是喉间呃呃连声，声音短促，频频发出，病人不能自制。临床所见以偶发者居多，为时短暂，多在不知不觉中自愈；有的则屡屡发生，持续时间较长。呃声有高有低，间隔有疏有密，声出有缓有急。发病因素与饮食不当、情志不遂、受凉等有关。本病常伴胸膈痞闷，胃脘嘈杂灼热，嗳气等症。

1. 胃中寒冷

（1）临床表现：呃声沉缓有力，遇寒愈甚，得热则减，喜饮热汤，厌食冷物，饮食减少，常兼有胸膈及胃脘不舒。舌苔白，脉迟缓。

（2）证候辨析：多由过食生冷，或胃本积寒，以致寒邪阻遏，胃气失于和降，故呃声沉缓有力；得热则减，遇寒更甚者，是因为寒气得热则易于流通而使呃逆减轻；因胃气不和，食不运化，故脘膈痞闷不舒；若内外之寒气相并，便益增其势。舌苔白，脉象弛缓者，均属胃中有寒之象。

2. 胃火上逆

（1）临床表现：呃声洪亮有力，冲逆而出，口臭烦渴，多喜冷饮，大便秘结，小便短赤。舌苔黄或黄糙，脉滑数。

（2）证候辨析：主要有阴阳热盛，胃火上冲而成。患者每多嗜食辛辣炙煿及醇酒厚味之品，或过用温补药物，是胃肠蕴积实热，郁而化火，胃火上冲，故呃声洪亮；阳明热壅，灼伤胃津，故口臭烦渴，喜冷饮；热邪内郁，肠间燥结，故小便短赤，大便难。舌苔黄，脉滑数，是胃热内盛之象。

3. 气滞痰阻

（1）临床表现：呃逆常因情志不畅而诱发或加重，伴有脘闷，胁胀满，食少，嗳气，甚或呼吸不利，头目晕眩。舌苔薄腻，脉弦滑。

（2）证候辨析：多源于七情所伤，肝气郁结，失其条达，肝气逆乘脾胃，胃气上冲而生呃逆。胁为肝经之分野，肝郁气滞，故胸胁闷胀不舒；而气郁化火，又灼津成痰，或因饮食不当，损伤脾胃，聚湿生痰，痰浊中阻，清气不升，浊气不降，气痰互阻，故食少嗳气脘闷。舌苔薄腻，脉象弦滑，均是气滞痰阻之征。

4. 脾肾阳虚

（1）临床表现：呃声低弱，气不接续，泛吐清水，脘腹喜热喜按，面白少华，气怯神疲困倦，或便溏久泻，腰膝无力，手足不温。舌质淡，苔薄白，脉细弱。

（2）证候辨析：阳气素虚，或劳倦伤中，或饮食失宜，使脾胃阳气受损，气虚而逆，故呃声低微，气不接续，口泛清水，便溏；若病深及肾，肾阳衰微，则腰膝无力，手足不温。舌质淡，苔白润，脉细弱，是阳虚之象。

5. 胃阴不足

（1）临床表现：呃声短促而不连续，唇燥舌干，烦躁不安，不思饮食，或大便干结。舌质红，苔少而干，脉细数。

（2）证候辨析：由于热病耗伤胃阴，或肝郁化火，或胃热不清，或过用辛温燥热药物耗劫胃中津液，气机不得顺降，故呃声短促而不连续；口干舌燥，烦渴不安，为津伤及虚热内扰所致。舌质红，苔少而干，脉细数，是阴虚之象。

四、呃逆有哪些相关检查？

单纯性膈肌痉挛无须做理化检查。胃肠钡餐 X 线透视及内镜检查可诊断胃肠神经官能症、胃炎、胃扩张、胃癌等；肝功能、肾功能及 B 超、CT 等检查可诊断肝硬化、尿毒症、脑血管病及胸腹腔肿瘤等。

五、呃逆的治疗原则是什么？

呃逆的治疗原则为理气和胃、降逆止呃，并在分清寒热虚实的基础上，分别施以祛寒、清热、补虚、泻实之法。对于重危病证中出现的呃逆，急当救护胃气。

六、呃逆治疗有哪些需要注意的事项？

1. 审因从本　呃逆轻者快不治而愈。唯呃逆屡犯，或病久不愈者，务要究其所因，正确施治。

大抵寒呃可温可散，寒去气自舒也；热呃可清可降，火静气自平也；气滞瘀阻之呃应化痰顺气；阳明腑实肠道不通者可下之；若声小息微。脉见微弱者，多宜补益，其中阳气虚弱宜温补脾胃，胃阴不足宜养胃生津。在重病中出现的呃逆，为元气衰败之证，应急扶持元气，以顾其本。

2. 止呃治标 由于呃逆的病机必由胃气上逆动膈而成，故无论何种证型，在审因求本的同时，均应不忘加入和胃止呃、平降气逆之品以治标。治疗标本兼顾，方为万全。

七、呃逆的护理要点有哪些？

1. 一般护理

（1）病情不甚严重时，一般不须卧床休息；轻症呃逆无须特别治疗和护理。

（2）除了三大常规检查外，还应检查胃肠镜、腹部 B 超、电解质、生化、肝肾功能等项目，排除其他疾患，以便做好治疗与护理。

（3）进餐时取舒适的体位，放松紧张情绪，缓慢进食，液体和固体食物交替。饮食宜有规律，有节制，不偏食偏嗜，宜进易消化的高碳水化合物、高蛋白、低脂肪半流质或流质饮食，宜少量多餐，如进食米粥、面片之类，并加姜汁适量，忌辛辣、肥甘厚味等食品。不能进食时，应及时补充液体，增加能量。

2. 病情观察

（1）观察并记录心率、脉率、脉象等变化，如出现不适应及时报告医生及时处理。

（2）观察呃逆的轻重程度及全身状况，观察有无伤及其他脏器。

（3）通过听觉观察患者呃逆的声响，判断是正气盛衰还是邪气盛弱。观察呃逆，呃逆偶有发作的属正常现象。若闻呃逆声强有力，爆发顿作，多是肝胃气火上逆，属实热之证；若闻呃逆声低怯无力，断续不接，多属胃气虚弱且胃气不和；若久病重病阶段出现呃逆现象，属胃气将败之恶候。

（4）观察患者的饮食情况，防止不恰当的饮食加重呃逆的发生。

3. 日常护理

（1）环境护理：保持病房或环境安静、整洁、舒适，保持空气流通，清新。病室温度、湿度要适宜，一般温度以 18～20℃为宜，湿度以 50%～60%为宜。室内光线要充足而柔和，使患者感到舒适而不刺眼，避免日光直射到患者的面部；患者休息时光线宜暗，应拉上窗帘。

（2）睡眠及锻炼：保证患者有充足的休息和睡眠时间，督促患者养成按时就寝、按时起床的作息规律。睡前要神志安定，平心静气；难入睡者可用热水泡脚、饮温热牛奶及足底按摩以助于睡眠。在病情允许的情况下，凡能下床活动的患者每天都应保持适度的活动与锻炼，使气血流畅，筋骨坚实，提神爽志，增强抵御外邪的能力，以利于机体功能的恢复。

八、呃逆的辨证施护？

1. 胃中寒冷型 由于饮食不节，过食生冷寒凉致使中阳被遏，寒蕴于中，或呃声沉缓有力，膈间及胃脘不舒，得热则减，遇寒加重，食欲减少，口淡而不渴，舌苔白润，脉象迟缓。

施护原则：温中驱寒止呃。

施护要点：

（1）室温不宜过低，忌直接吹风。

（2）注意保暖，胃脘部及脐部可裹以毛巾被或加以中药湿热敷。

（3）饮食宜温热、清淡易消化之品，如生姜、丁香、红糖水或鲫鱼汤、羊肉汤等，多饮温开水，如有消化道出血应禁食或在呃逆间歇进上述流质饮食。

（4）中药宜温热服用。

（5）隔姜灸中脘、神阙穴。

（6）闪火罐取膻中穴，每次 15 分钟，每天 2 次。

2. 胃火上逆型 辛热温燥导致燥热内盛，胃火盛或进食过快过饱致食滞于胃，皆可致胃气上逆，胃失和降而致呃逆。临床表现为呃声有力，冲逆而出，口臭烦渴，喜冷饮，小便短赤，大便秘结，舌苔黄，脉滑数。

施护原则：清降泄热止呃。

施护要点：

（1）病室空气新鲜，寒暖适宜，光线柔和，环境安静，舒适。

（2）饮食稍凉，稀软清淡，如鲜菜藕汁、竹茹汤、丝瓜饮、柿蒂芦根瘦肉粥等，忌食生硬、辛辣香燥、肥甘厚味之品，忌烟酒。

（3）针刺天突、内关、足三里、太冲等穴，每天1～2次，每次5～15分钟。

3. 气机郁制型 患者多因忧愁思虑过度或抑郁恼怒，导致情志不和，气机郁结，而使胃气上逆扰膈，膈间之气不利而致呃逆。临床表现为胸胁满闷，脘腹胀满，嗳气纳减，肠鸣矢气，苔薄白，脉弦。

施护原则：疏肝解郁，和胃降逆。

施护要点：

（1）对此类患者应多与之交谈，掌握患者的情况，讲明疾病与情志的关系，让患者进行自我心理调节，消除易怒、烦躁、忧虑的心理，改善心理状态。

（2）饮食宜温食，以软烂、细和少食多餐为原则。

（3）忌生冷瓜果。

（4）艾条隔姜灸太冲、中脘、神阙、足三里等穴。

（5）按摩翳风、中脘、膈俞、肝俞穴。

4. 胃阴不足型 由于脾胃受损或脾胃亏虚致胃阴不足，胃虚失降，上逆于喉而呃逆，或久病及肾，肾失摄纳，冲气上逆，引动胃气而上逆。临床表现为呃声短促无力而不得续，烦躁不安，脘腹不舒，不思饮食，面色㿠白，舌质淡，苔薄白，脉细弱。

施护原则：缓中补虚，益气安胃。

施护要点：

（1）严密观察生命体征，神志及肢体感觉情况，观察呃逆发作时间、诱因，观察有无消化道出血，并做好记录。

（2）足三里穴位注射甲氧氯普安注射液10mg，每天1次。

（3）柿蒂5～6个煎水代茶饮，每天3次；或用石斛、麦冬煎汤代茶饮。

（4）对此类患者更应注意饮食调节，以求正固本，给予营养丰富、易消化食物，多食青菜、水果，如梨汁、橘汁。用橘皮、生姜煮水代茶饮，以温脾胃、降逆。

（5）中药汤剂宜稍凉服。

5. 脾肾阳虚型 由于阳气素虚，或劳倦伤中，饮食失宜，使脾胃阳气受损，久则伤及肾阳致虚气上逆。临床表现为呃逆声低长，气不接续，泛吐清水，脘腹不适，喜热喜按，面色少华，手足不温，舌质淡，苔薄白，脉细弱。

调护原则：温补脾肾，和中降逆。

施护要点：

（1）室温应暖和适宜，保持空气清新，阳光充足。

（2）注意保暖，可常用热水袋温敷胃脘及脐部，或用中药吴茱萸15g，补骨脂30g，干姜20g，艾叶30g，红花10g，煎汤足浴30分钟，每天1次。

（3）饮食宜服用富营养易消化之品。可适当服用温中补虚之中药黄芪、大枣、肉桂、龙眼、茴香等。或用姜、蒜、胡椒炖鲫鱼汤、鳝鱼肉、羊肉等服用，以增强温中和胃之效。

九、呃逆后的生活起居注意什么？

1. 室内保持空气新鲜，阳光充足，根据气候变化适时增减衣被，以预防感冒。

2. 多注意休息，适当活动。

3. 过冷、过热均可导致各种疾病。教会患者做深呼吸，同时配合引体向上运动每天 2 次，每次 10～15 分钟，以使痉挛的膈肌得到放松，从而缓解呃逆。

十、呃逆的饮食方有哪些?

1. 饮食原则

（1）呃逆患者饮食应定时定量，不暴饮暴食，进食时应细嚼慢咽，既帮助消化，又减少痉挛。

（2）属寒呃逆者可用温开水缓慢饮用，属热呃逆者可用冷开水或冷饮缓慢服用。

（3）饮食应进易消化的高碳水化合物、高蛋白、低脂肪半流质或者流质，宜少食多餐，忌辛辣、厚味、煎炸等食品，饮食不宜冷热不均。

（4）若呃逆频频发作，则饮食要进食易消化食物，粥面中可加姜汁少许，以温宣胃阳，降气止呃。

2. 饮食适宜

（1）主食：粳米、籼米、大麦、小麦。

（2）肉食：猪瘦肉、牛肉、草鱼。

（3）蔬菜：各种青菜均宜。

（4）水果：各类新鲜水果均宜。

3. 饮食禁忌 禁食滑腻、生冷、破气之物，如萝卜、茄子、香瓜、兔肉、田螺、海鱼、海带之类。

十一、呃逆的服药护理?

1. 患病用药，寒温凉燥中病即止，不可过投。

2. 虚弱患者因服食补气药过多而频频呃逆者，可用橘皮、竹茹煎水温服。

十二、呃逆的情志护理?

1. 以理遣情 通过解释、鼓励、安慰等方式正面说理，使患者了解疾病的发生发展及护理的情况，解除其不良情绪，从而使患者心境坦然，精神愉悦，心情舒畅、气机条达，气血调和，脏腑气血功能旺盛，促使疾病早愈。

2. 情志相胜 以一种情志活动调节或控制另一种情志活动，从而达到消除患者过激情志或不良情志。

3. 顺情从欲 在合理范围内顺从患者的意志、情绪，满足其心身的需求。

4. 自我放松 教会患者有意识地自我松弛机体，自我调整心态，如喜欢的音乐，深呼吸等。

十三、呃逆的转归与预后?

如呃逆系偶然发作，症状轻微，病情大多清浅，正气亦强，其呃逆常可自行消失，不必治疗。如呃逆持续不断，正气尚足者，预后良好；正气不足者，可因就呃伤肾，虚者更虚而迁延难愈。若出现复合交叉证候，如气滞痰阻、肝郁脾虚、痰热上蒸、痰瘀互结等，应详审证候的轻重缓急，综合论治，一般取效较慢。在危重病证后期，呃逆断续不继，呃声低微，饮食难进，脉沉细伏者，为呃逆变证、病情恶化的表现，宜急进温补脾肾或滋养阴液之剂，以固根本。

十四、如何进行呃逆的预防和调摄?

1. 加强锻炼，养成良好的生活习惯，注意冷暖，提高身体素质，以减少或避免风寒暑湿之邪或秽浊之邪的侵袭。起居有常，适当进行体育锻炼，增强体质以防御疾病，亦十分重要。

2. 保持心情舒畅，豁达乐观，避免精神刺激，可防止因情志因素引起的呃逆。

3. 注意寒温适宜，脾胃虚寒者应忌食生冷之品，胃中积热及胃阴不足者应忌食辛辣、煎炸之物，避免饥饱失常。避免烟酒过度，避免进食腥秽之物，不暴饮暴食，注意饮食卫生。注意饮食调适，饮食有节，细嚼慢咽，可杜绝呃逆的发生。发作时应进食易消化饮食，半流饮食，如米粥、面片之类，可加入适量姜汁，忌肥甘厚味。

4. 要积极治疗危笃重病，以防出现元气衰败之呃逆；如因患有可引起呃逆的其他病证，则应积极治疗原发病证，以防呃逆的发生。

5. 康复指导 对于易生呃逆的患者在呃逆治愈后，可以常在所食的粥、面、菜中加少许姜汁，并常食竹笋、绿豆芽、苦瓜、橘子、萝卜等蔬菜水果。

6. 民间治疗法 惊吓法，指导患者数数或者乘患者不觉时，突然惊吓之即愈。本法在藏族民间常用，且止呃效果很明显。但对心脏病患者慎用，对小儿不宜。

第六节 腹　痛

一、什么是腹痛？

腹痛是指胃脘以下，耻骨毛际以上部分发生的疼痛。凡外邪入侵、劳倦内伤、饮食积滞、痰瘀内停等均可导致气血运行不畅而发生腹痛。病位在腹，病变脏腑涉及肝、胆、脾、肾、膀胱、大小肠等。

二、腹痛的病因有哪些？

1. 六淫侵袭 感受寒邪内侵腹中，伤及中阳，凝滞气机，经脉气血运行受阻，络脉绌急，不通而痛；夏月酷暑，外感暑热之邪，暑热夹湿，内结于腹中肠间，湿热内蕴及阻滞不通而痛。

2. 情志因素 七情过极，脏腑气机逆转，气化失常，使腹部经络气血运行不利，或气病及血，血行不畅，血瘀络脉闭阻不通而痛。

3. 饮食不节 暴饮暴食使食物内停于肠道滞而不化，腑气阻滞不通，或食物停积不化，酿成湿热结于肠，腑气不通；或过食生冷瓜果、饮料，中阳受戕，运化失司，寒积于中，使气机不和运行受阻，腹部脏器之经脉气血运行失畅；恣食辛辣之品，助阳生火，或过食膏粱厚味，助湿生热，致火热、湿热之邪壅遏肠道，气机阻滞不通。以上因素均可引起腹痛。

4. 劳逸失度 劳力、劳神、房劳过度，日久则阴血不足，精气衰少，腹部经络血脉失养，不荣而发生疼痛。

5. 正虚 由于禀赋不足，素体阳虚，中阳衰惫，阴寒内盛，气血生化不足，脏腑经络失其温煦、濡养，引起疼痛。

6. 其他 多由腹部手术以经络受损，脏器之间粘连，使局部气血流行不畅或瘀滞不通，不通而痛。

三、腹痛有哪些临床表现？

1. 寒凝腹痛

（1）临床表现：腹痛，痛势急暴，遇冷则重，得温则痛减，口淡不渴，怕冷蜷卧，小便清利，大便溏，苔白或白腻，脉沉紧或沉弦。

（2）证候辨析：外受寒邪或过食生冷，或寒邪直中于腹，使寒凝于腹中，腹中阳气不通，气血不畅络脉被阻，故腹痛，痛势急暴；遇冷助寒收引则痛势加重，得温暖则阳气通，寒气散，故痛势缓而减；阳气不能外达则怕冷蜷卧；寒为水之性，寒盛故口不渴；小便清，大便溏皆为寒凝内阻之象；苔白为寒，白腻为寒湿，脉象为寒凝内阻之象。

2. 热结腹痛

（1）临床表现：腹痛腹胀，硬满拒按，身热，口干渴，小便黄赤，大便秘结，舌苔黄干或黄腻、或焦黄起刺，脉洪数或弦数、或沉实有力。

（2）证候辨析：本证常有平素嗜食厚味醇酒辛辣烤炙；外受暑季湿热熏蒸，致肠道积热，热郁结于肠中，腑气不通，故腹痛腹胀，硬满拒按，大便秘结不通；热积滞壅于肠胃，灼伤津液，故口干渴，身热，尿黄赤；舌苔、脉象均为肠胃实热之象。

3. 虚寒腹痛

（1）临床表现：腹痛绵绵，时作时止，得温则舒，按之痛减，气短怯寒，神疲乏力，大便溏薄，舌淡苔白，脉沉细。

（2）证候辨析：中阳虚寒，脾阳不振，气血不能温养脏腑，腹部经脉失于温养，络脉不和，不荣而痛，故腹痛绵绵；正邪交争，正胜则痛止，邪胜则痛作，故时作时止；寒得温则散，故按之温之痛减；气短怯寒，神疲乏力乃阳气虚之征；中州阳气不足，不能温化寒湿，则大便溏薄；舌苔、脉象均为虚寒之象。

4. 气滞腹痛

（1）临床表现：腹胀闷痛，痛无定处，痛引两胁或少腹，嗳气、矢气则舒，情绪变动而发作，舌苔薄白或白，脉弦。

（2）证候辨析：气机郁滞，升降失司，故腹胀闷痛；病在分气，气聚则痛而见形，气散则无痕迹，故痛无定处；肝主疏泄，气机郁滞则疏泄之职失司，肝郁气滞则有痛引两胁或小腹，嗳气、矢气后则气滞有所通畅，故痛势稍减。情志变动则加重气滞，故疼痛发作。

5. 血瘀腹痛

（1）临床表现：腹痛拒按，呈刺痛，痛处固定，经久不愈，舌质紫黯或有瘀斑，脉沉细或涩，

（2）证候辨析：瘀血阻滞腹部血脉故腹痛，呈刺痛，痛处固定；血瘀为有形之实证故痛而拒按，经久不愈；舌、脉均为瘀血之象。

四、腹痛有哪些相关检查？

急性腹痛应做血常规，血淀粉酶、尿淀粉酶检查，消化道钡餐，B 超，腹部 X 线检查，胃肠内镜检查等，以助明确病变部位和性质；必要时可行腹部 CT 检查以排除外科、妇科疾病及腹部占位性病变。

五、腹痛的治疗原则是什么？

腹痛以“通”立法，但决非单指攻下通利，而是根据寒热虚实不同，分别施以“实者攻之”，“虚者补之”，“寒者热之”，“热者寒之”，“滞者通之”，“积者散之”。同时注意通补关系。“不通而痛”，为实证疼痛的病机，治当通利祛邪；“不荣而痛”为虚证疼痛的病机，治当温补扶正。

另外，对于急性腹痛诊断尚未明确者，当禁食、胃肠加压，严禁滥用止痛剂、泻剂、灌肠和注射刺激肠道蠕动的药物。应静脉补充水、电解质、营养，有厥脱征象或有厥脱者，应积极抗厥脱治疗，若有感染者应给予抗生素治疗。

六、治疗腹痛有哪些要注意的事项？

1. 寒凝腹痛　温中散寒。药用炮附子、干姜、人参、白术、砂仁、木香、甘草。

2. 热结腹痛　清热通腹。药用大黄、芒硝、炙甘草。

3. 虚寒腹痛　温中补虚，缓急止痛。药用饴糖、芍药、肉桂、炙甘草、大枣、生姜。

4. 气滞腹痛　疏肝理气。药用木香、香附、乌药、枳壳、青皮、陈皮、厚朴、川芎、苍术、砂仁、桂枝、甘草。

5. 血瘀腹痛　活血化瘀。药用五灵脂、当归、红花、桃仁、川芎、丹皮、赤芍、乌药、延胡索、香附、枳壳、甘草。

七、腹痛的护理要点有哪些？

1. 按痛证一般护理常规

（1）病室整洁、安静、空气流通、温度适中。

（2）伴有发热、急腹症、出血时，应绝对卧床休息。

（3）治疗、护理操作时动作轻柔、准确，以免加重疼痛。

（4）疼痛未明确诊断时，尤其是腹痛者，禁用或慎用麻醉止痛剂。

（5）观察疼痛的部位、性质、程度、发作时间、诱因与气候、饮食、情志、劳倦的关系。观察呕吐物、二便及伴随的症状、药物疗效、毒副作用并应详细记录。

（6）饮食宜清淡素食及瘦肉类、蛋类等营养丰富食物。饮食有节，禁烟酒，勿恣食辛辣、油腻、肥腥等，以免湿从内生，以有营养、易消化、无刺激食物为宜。应减少动物脂肪及含胆固醇丰富的饮食，多食新鲜蔬菜、水果、豆制品、食用植物油。热证忌辛辣烟酒；头痛、心痛、胸胁痛忌肥厚油腻饮食；不吃生冷食物，避免暴饮暴食。腹痛未明确诊断时应禁食。

（7）稳定患者情绪，解除思想顾虑。尽快地为患者实施恰当的处理，减轻患者的疼痛，取得患者的信任，使患者产生安全感，自觉的积极配合治疗与护理。保持乐观情绪，心情舒畅，注意平素尽量减少情绪波动，防止七情内伤。

（8）汤药一般宜温服，中西成药宜坐起服，使药物尽快溶解、发挥药效。

（9）注意气候寒暖变化，避免六淫外袭。平时生活起居有规律。

（10）早期发现，早期治疗，切勿延误病情。

（11）注意个人卫生，饭前便后洗手。

2. 观察腹部三大症候群（腹膜刺激征、肠梗阻症、腹腔内出血），如有发生应立即报告医师。

3. 辨证施护

（1）按外科痛证应急处理。

（2）虚寒型腹痛，腹痛遇寒则发，宜保暖避寒，腹部可用腹带或置热水袋，忌生冷饮食。

（3）腹内有痈脓者，取半坐位，以防毒邪上壅。

（4）腹痛剧烈者，可遵医嘱针刺中脘、内关、天枢、三阴交、足三里等穴；寒症可艾灸神阙、关元、中极，内服生姜糖水或用莱菔子、生姜葱炒热熨腹部。

（5）腹胀痛者可耳穴埋籽大肠、小肠、交感穴，或针刺气海、足三里穴，也可行肛管排气。

（6）腹痛伴大便秘结者，遵医嘱给大黄 30g 煎水保留灌肠，或用番泻叶泡水代茶饮。

4. 安慰体贴患者，避免精神刺激，消除患者紧张、恐惧、烦躁、恼怒不安等不良情绪，积极配合查体和治疗。

八、腹痛的生活起居应注意什么？

1. 腹痛急性发作时宜卧床休息。

2. 减少增加腹压得姿势，如下蹲、屏气，不宜久坐、久立、久行和劳累过度。

3. 养成良好的饮食习惯，三餐定时定量。

4. 避免生冷、辛辣等刺激性食物，不要暴饮暴食或睡前进食。

九、腹痛的饮食方有哪些？

1. 湿瘀阻滞证 宜食行气化湿的食品，如陈皮、薏苡仁、姜黄，少食马铃薯、汽水等。忌食生冷油腻的食物。

2. 肠道湿热证 宜食清利湿热的食品，如白萝卜、蒲公英、百合、马齿苋等，多吃蔬菜水果，保持大便的通畅。忌食辣椒、酒等。

3. 气滞血瘀证 宜食补脾理气的食品，如柑橘、姜、海带、白萝卜、桃仁。少食甘薯、芋艿、蚕豆、栗子等容易胀气的食品。忌食冷饮、雪糕。

4. 脾虚夹瘀证 宜食健脾理气的食品，如山药、瘦猪肉、羊肉、白扁豆等。忌食生冷油腻的食品。

5. 指导便秘患者多饮水，多吃蔬菜水果，平时可饮蜂蜜水，保持大便通畅。

十、腹痛的服药护理有哪些？

1. 中药汤剂宜温服，联合用药时注意配伍禁忌。

2. 腹痛发作时，切勿滥用止痛剂，必要时可配合少量镇静剂，以免延误病情。

3. 未明确诊断时，勿盲目使用镇痛药，以免掩盖病情。

十一、腹痛的转归预后如何？

一般来说体质好，病程短，正气尚足者预后良好；体质较差，病程较长，正气不足者预后较差；身体日渐消瘦，正气日衰者难治。若腹痛急暴，伴大汗淋漓，四肢厥冷，脉微欲绝者为虚脱之象，需及时抢救。

十二、腹痛的预防与调摄？

1. 平素饮食有节，进食易消化、富有营养的饮食。忌暴饮暴食及食生冷、不洁食物。虚寒者宜进热食；热证忌辛辣煎炸、肥甘厚腻之品；食积腹痛者宜暂禁食或少食。用餐前，先消除疲劳，用餐时会大大缓解胃胀气。

2. 尽量不要边吃东西边聊天或嬉戏，避免空气进入腹中。

3. 学会缓解压力，如听音乐、运动、找朋友倾诉等。

4. 睡前可以做简单的伸展运动。

5. 应密切注意患者的面色，腹痛的部位、性质、程度、时间，腹诊情况，二便及伴随症状，并观察腹痛与情绪、饮食寒温等因素的关系。如见患者腹痛剧烈、拒按、冷汗淋漓、四肢不温、呕吐不止等症状，需警惕出现脱证，须立即处理，以免延误病情。

第七节　泄　　泻

一、什么是泄泻？

泄泻是以大便次数增多，粪质稀薄，甚至泻出如水样为临床特征的一种脾胃肠病证。泄与泻在病情上有一定区别，粪出少而势缓，若漏泄之状者为泄；粪大出而势直无阻，若倾泻之状者为泻，然近代多泄、泻并称，统称为泄泻。本病可见于西医学中的多种疾病，如急慢性肠炎、肠结核、肠易激综合征、吸收不良综合征等，当这些疾病出现泄泻的表现时，均可参考本病辨证论治。

二、泄泻的病因有哪些？

泄泻的病因是多方面的，主要有感受外邪，饮食所伤，情志失调，脾胃虚弱，命门火衰等，这些病因导致脾虚湿盛，脾失健运，大小肠传化失常，升降失调，清浊不分，而成泄泻。

1. 感受外邪　引起泄泻的外邪以暑、湿、寒、热较为常见，其中又以感受湿邪致泄者最多。脾喜燥而恶湿，外来湿邪，最易困阻脾土，以致升降失调，清浊不分，水谷杂下而发生泄泻，故有“湿多成五泄”之说。寒邪和暑热之邪，虽然除了侵袭皮毛肺卫之外，亦能直接损伤脾胃肠，使其功能障碍，但若引起泄泻，必夹湿邪才能为患，即所谓“无湿不成泄”，故《杂病源流犀烛·泄泻源流》曰：“湿盛则飧泄，乃独由于湿耳。不知风寒热虚，虽皆能为病，苟脾强无湿，四者均不得而干之，何自成泄？是泄虽有风寒热虚之不同，要未有不源于湿者也。”

2. 饮食所伤　或饮食过量，停滞肠胃；或恣食肥甘，湿热内生；或过食生冷，寒邪伤中；或误食腐馊不洁，食伤脾胃肠，化生食滞、寒湿、湿热之邪，致运化失职，升降失调，清浊不分，而发生泄泻。如《景岳全书·泄泻》曰：“若饮食失节，起居不时，以致脾胃受伤，则水反为湿，谷反为滞，精华之气不能输化，乃致含污下降而泻痢作矣。”

3. 情志失调　烦恼郁怒，肝气不舒，横逆克脾，脾失健运，升降失调，或忧郁思虑，脾气不运，土虚木乘，升降失职；或素体脾虚，恚怒进食，更伤脾土，引起脾失健运，升降失调，清浊不分，而成泄泻。故《景岳全书·泄泻》曰：“凡遇怒气便作泻者，必先以怒时夹食，致伤脾胃，故但有所犯，即随触而发，此肝脾二脏之病也。盖以肝木克土，脾气受伤而然。”

4. 脾胃虚弱　长期饮食不节，饥饱失调，或劳倦内伤，或久病体虚，或素体脾胃肠虚弱，使胃肠功能减退，不能受纳水谷，也不能运化精微，反聚水成湿，积谷为滞，致脾胃升降失司，清浊不分，混杂而下，遂成泄泻。如《景岳全书·泄泻》曰：“泄泻之本，无不由于脾胃。”

5. 命门火衰 命门之火，助脾胃之运化以腐熟水谷。若年老体弱，肾气不足；或久病之后，肾阳受损；或房室无度，命门火衰，致脾失温煦，运化失职，水谷不化，升降失调，清浊不分，而成泄泻。且肾为胃之关，主司二便，若肾气不足，关门不利，则可发生大便滑泄、洞泄。如《景岳全书·泄泻》曰："肾为胃关，开窍于二阴，所以二便之开闭，皆肾脏之所主，今肾中阳气不足，则命门火衰，而阴寒独盛，故于子丑五更之后，当阳气未复，阴气盛极之时，即令人洞泄不止也。"

泄泻的病因有外感、内伤之分，外感之中湿邪最为重要，脾恶湿，外来湿邪，最易困阻脾土，致脾失健运，升降失调，水谷不分，混杂而下，形成泄泻，其他诸多外邪只有与湿邪相兼，方能致泻。内伤当中脾虚最为关键，泄泻的病位在脾胃肠，大小肠的分清别浊和传导变化功能可以用脾胃的运化和升清降浊功能来概括，脾胃为泄泻之本，脾主运化水湿，脾胃当中又以脾为主，脾病脾虚，健运失职，清气不升，清浊不分，自可成泻，其他诸如寒、热、湿、食等内、外之邪，以及肝肾等脏腑所致的泄泻，都只有在伤脾的基础上，导致脾失健运时才能引起泄泻。本病的基本病机是脾虚湿盛致脾失健运，大小肠传化失常，升降失调，清浊不分。

三、泄泻有哪些临床表现?

1. 寒湿困脾

（1）临床表现：大便清稀或如水样，腹痛肠鸣，食少畏寒，或可兼见头痛、恶寒、肢体疼痛等表证，舌苔白滑，脉濡缓。

（2）证候辨析：寒湿困脾，脾失健运，中阳不振，气机升降失调，肠道功能失职，使饮食物清浊不分，混杂而下，故大便清稀或如水样；寒湿内盛，肠道气机受阻，且寒主收引，故腹痛肠鸣；脾阳被遏则畏寒，健运失职则食少；若风寒湿束于肌表，营卫被遏，则头痛恶寒，肢体疼痛；舌苔、脉象均为寒湿之证。

2. 肠道湿热

（1）临床表现：腹痛即泻，泻下急迫，粪色黄褐而臭秽，肛门灼热，发热，小便短赤，舌红，苔黄腻，脉濡数。

（2）证候辨析：湿热侵淫，伤及胃肠，阻滞气机，传化失常，湿热下注，故腹痛即泻，泻下急迫；热在肠中，故粪色黄褐而臭秽，肛门灼热；邪热下迫，则小便短赤；湿热蕴蒸，可见发热；舌苔脉象均是湿热内蕴之证。

3. 食滞胃肠

（1）临床表现：腹满胀痛，泻下粪便臭如败卵，伴有不消化之物，泻后痛减，纳呆，嗳腐吞酸，舌苔厚腻或垢浊，脉滑。

（2）证候辨析：食滞胃肠，导致脾胃运化失常，传化失司，气机阻滞，水谷停为湿滞，形成泄泻。食滞于胃肠，故腹满胀痛；食物不化而腐败，故泻下粪便臭如败卵，伴不消化食物；内有积滞，则泻后痛减；脾胃不和，纳少化迟故纳呆，嗳腐吞酸；舌苔、脉象均为宿食停滞之证。

4. 肝气郁滞

（1）临床表现：腹痛，肠鸣，泄泻，每因情志不畅而发，泻后痛减，胸胁胀闷，嗳气食少，舌质红，苔薄白，脉弦。

（2）证候辨析：忧思恼怒，气机郁结，肝气横逆，乘脾犯胃，脾胃受制，气机失调，运化失常，清气不升，反而下降，而发生腹痛、肠鸣、泄泻；情志不畅则伤肝，肝郁加重故每于情志不畅后而发，泻后气机稍畅，故泻后痛减；肝气郁结，气机郁闭则胸闷胁胀；脾胃受制，则嗳气食少；舌苔、脉象皆为肝旺脾虚之象。

5. 脾气亏虚

（1）临床表现：大便溏薄，夹有不消化食物，饮食减少，稍进油腻则便次增多，迁延反复，伴神疲乏力，纳差食少，食后不舒，舌质淡，苔薄白，脉细。

（2）证候辨析：脾气亏虚则不能升发，水谷不化，清阳下陷，升降失调，清浊混杂而下故大便溏薄，夹有不消化食物；脾气虚弱，而油腻食品更不易消化，故稍进油腻则便次增多，脾气虚则神疲乏力；气虚运化失司，则纳差食少，食后不舒；舌苔、脉象均为脾气亏虚之证。

6. 肾阳亏虚

（1）临床表现：晨起腹痛，肠鸣泄泻，大便夹有不消化食物，脐腹冷痛喜暖，形寒肢冷，舌质淡，体胖，苔白，脉沉细。

（2）证候辨析：肾阳不足，命门火衰，不能温煦脾土，致脾运失司，清晨阳气未振，阴寒较盛，故见晨起腹痛肠鸣泄泻；命门火衰，不能助脾腐熟水谷，故大便夹有不消化食物；肾阳亏虚，致脾阳不足，故脐腹冷痛，喜暖；阳虚则外寒，故形寒肢冷；舌、脉均为肾阳亏虚之证。

四、泄泻有哪些相关检查？

粪便检查比较重要，应认真观察病者新鲜粪便的量、质及颜色；显微镜下粪检，进行便培养等。慢性泄泻可行 X 线钡剂灌肠、全消化道钡餐或肠道内经检查；必要时可做腹部 B 超或 CT 检查。

五、泄泻的治疗原则是什么？

以健脾祛湿为基本治疗原则。急性泄泻治宜健脾、燥湿、化湿、消导、分利诸法；慢性泄泻治宜温补、升提；虚实夹杂者，宜补脾与祛邪兼顾；寒热错杂者，温清同用；久泻不止者，宜固涩。

治疗时须注意，急性泄泻不可骤用补涩，以免闭邪留寇；慢性泄泻不可妄投分利，以免耗劫阴液；清热不可过用苦寒，以免损伤脾阳；补虚不可纯用甘温，甘能生湿满中；久泻伤阴，切忌妄投腻补之品，恐阻遏脾阳。

1. 寒湿困脾治疗散寒化湿。药方：藿香、白芷、苏叶、桔梗、茯苓、白术、陈皮、半夏、大腹皮、厚朴、炙甘草、生姜、大枣。

2. 肠道湿热治疗清热化湿。药方：葛根、黄芩、黄连、炙甘草。

3. 食滞胃肠治疗消食导滞，和胃理气。药方：枳实、大黄、黄芩、黄连、神曲、茯苓、白术、泽泻。

4. 肝气郁滞治疗抑肝扶脾。药方：白术、白芍、陈皮、防风 。

5. 脾气亏虚治疗健脾益气。药方：党参、茯苓、白术、甘草、山药、扁豆、莲子肉、薏苡仁、砂仁、桔梗。

6. 肾阳亏虚治疗温补脾肾，固肠止泻。药方：补骨脂、五味子、肉豆蔻、吴茱萸、生姜、红枣。

六、泄泻治疗有哪些要注意的事项？

1. 辨暴泻与久泻 暴泻者起病较急，病程较短，泄泻次数频多；久泻者起病较缓，病程较长，泄泻呈间歇性发作。

2. 辨寒热 大便色黄褐而臭，泻下急迫，肛门灼热者，多属热证；大便清稀，或完谷不化者，多属寒证。

3. 辨虚实 急性暴泻，泻下腹痛，痛势急迫拒按，泻后痛减，多属实证；慢性久泻，病程较长，反复发作，腹痛不甚，喜温喜按，神疲肢冷，多属虚证。

4. 辨证候特征 外感泄泻，多兼表证；食滞泄泻，以腹痛肠鸣，粪便臭如败卵，泻后痛减为特点；肝气乘脾之泄泻，每因情志郁怒而诱发，伴胸胁胀闷，嗳气食少；脾虚泄泻，大便时溏时烂，伴神疲肢倦；肾阳虚衰之泄泻，多发于五更，大便稀溏，完谷不化，伴形寒肢冷。

七、泄泻的护理要点有哪些？

1. 保持室内清洁，通风良好，及时倾倒排泄物。寒湿和脾肾虚弱泄泻，宜住向阳的病室，湿热泄泻室内宜凉爽干燥。

2. 急性泄泻应卧床休息，恢复期和慢性期患者则应提倡适当的活动，具有传染性的应执行消化道隔离。

3. 观察大便的量、色、质、气味及次数，有无里急后重。并及时准确留取大便标本送检。观察体温、脉搏、舌象、口渴、饮水、尿量和皮肤弹性等变化。

4. 体弱或老年患者，床单位要清洁、平整，保持臀部皮肤干燥。长期卧床者要定时翻身。肛周皮肤每天用清水冲洗并擦干，避免臀红、皮肤感染及发生褥疮。

5. 饮食以清淡、易消化，无渣及富含营养的半流质或流质为宜。泄泻严重，伴有脱水时，应及时补充液体。

6. 如观察以下情况，应及时报告医师：

（1）泄泻严重，眼窝凹陷，口干舌燥，皮肤干枯无弹性，腹胀无力等。

（2）呼吸深长，烦躁不安，精神恍惚，四肢厥冷，尿少或无，脉促微弱等。

八、泄泻后的生活起居应注意些什么?

加强饮食卫生和水源管理，讲究个人卫生，饭前便后要洗手，防止"病从口入"。夏季冰箱内食物不宜存放过久，再食时应煮透。勿食馊腐、霉烂变质的食物。消灭苍蝇、蟑螂，搞好环境卫生。

1. 加强饮食调养，饮食有节制，定时定量，少量多餐，就餐不仓促，饭后勿受凉，"忍饥三分，饱食七分"，不可食生冷食品。进食瓜果蔬菜要充分清洗、消毒彻底，禁食一切不洁及腐败变质食物。

2. 适当加强体育锻炼，如散步、做健身操、练气功、打太极拳等，动静结合，以陶冶情志，提高抗病能力，避免受凉，调理脾胃健运功能。

3. 生活起居有节谨慎，有规律，顺应四时气候变化，及时增减衣被，防止外感风寒暑湿之邪。特别是盛夏炎暑时，不要露卧湿地，以免暑湿外侵。脾胃虚寒者，注意腹部保暖。夏季可用荷叶、藿香、香薷、滑石等煎水服，以清暑化湿。

4. 调摄精神，保持情绪安定，心情舒畅，力戒恼怒。

九、泄泻后的饮食方有哪些?

1. 饮食有节制，定时定量，少量多餐，就餐不仓促，饭后勿受凉，"忍饥三分，饱食七分"，切忌暴饮暴食，经常调配更换饮食品种。

2. 饮食以新鲜、少渣、清淡、富有营养、易消化食物为主，可食用一些对消化吸收有帮助的食物，如山楂、山药、莲子、扁豆、芡实等。

3. 避免进食生冷、辛辣刺激、变质不洁、油腻食物及忌食难消化或清肠润滑食物。

十、泄泻的服药护理有哪些?

1. 中药汤剂一般温服，服药后观察效果和反应。

2. 向患者介绍药物的功用和服用方法，督促患者按时服药。

3. 注意中西药联用时可能遇到的配伍禁忌，并把知识告知患者。

4. 泄泻患者常有口服药物的配伍，应注意以下各点：

（1）黄连、黄连素、黄柏不宜与活性炭同时服用。

（2）乳酶性不宜与清热解毒药物（包括西药抗生素、磺胺类），以及中药炒炭药物、活性炭等同时服用。

（3）胃蛋白酶合剂不宜与磺胺类或碱性药物同时服用。

5. 给药前要正确估计药源性不良反应的可能性，用药过程中应注意观察患者用药反应，一旦出现不良反应应立即停药，进行妥善处理。

十一、泄泻的转归预后如何?

泄泻的转归取决于邪气的强弱及患者体质的盛衰。急性泄泻，经正确治疗，绝大多数在几日内痊愈，有少数患者，暴泄不止，损气伤津耗阴液，造成痉、厥、闭、脱等危症，特别是伴有高热、呕吐，热毒甚者尤然。邪气盛、正气衰的急性泄泻多重，且易发生变证。急性泄泻因失治或误治，可迁延日久，由实转虚，转为慢性泄泻，日久脾病及肾，肾病可使脾愈虚，以致脾肾同病，错综复杂。

泄泻一般预后良好。急性泄泻，只要给予及时治疗，很快康复。慢性泄泻，不宜求速效，应缓图，持之以恒，长期服药，则预后满意。不论急性泄泻或慢性泄泻，凡有脏腑衰竭津液耗亡，脉证不符而泄利不止者，为亡阴、亡阳之逆证、危重证，预后不佳。

十二、如何才能预防泄泻？

1. 加强食品和水源管理，注意个人卫生，饭前、饭后要洗手，不要喝生水，不吃腐败变质食物，集体食堂要加强卫生管理，消灭蚊蝇，防止食物污染。

2. 起居有常，饮食有节，不过饱过饥，定时定量，不偏食，进食时细嚼慢咽。

3. 夏季暑湿盛行，勿贪凉露宿，或冒雨涉水，以防止寒、湿、暑、热之邪的侵袭。

4. 调畅情志，保持乐观的情绪，避免精神刺激。

5. 平时适当参加体育锻炼，以增强体质。

第八节 痢 疾

一、什么是痢疾？

痢疾是因外感时行疫毒，内伤饮食而致蕴肠腑，气血壅滞，传导失司，以腹痛腹泻，里急后重，排赤白脓血便为主要临床表现的具有传染性的外感疾病。其包含了西医学中的细菌性痢疾、阿米巴痢疾，以及似痢非痢的疾病，如非特异性溃疡性结肠炎、局限性肠炎、结肠直肠恶性肿瘤等，均可参照本节辨证处理。

二、痢疾的病因有哪些？

1. 时邪疫毒 主要指感受暑热之邪，痢疾多发于夏秋之交，气候正值郁湿蒸之际，湿热之邪内侵人体，蕴于肠腑，乃是本病发生的重要因素。《景岳全书·痢疾》曰："痢疾之病，多病于夏秋之交，古法相传，皆谓炎暑大行，相火司令，酷热之毒蓄积为痢。"疫毒，非风、非寒、非暑、非湿，"乃天地间别有一种异气"（《温疫论·序》）。"此气之来，无论老少强弱，触之者即病"（《温疫论·原病》）。即疫毒为一种具有强烈传染性的致病邪气，故称之疠气。疫毒的传播，与岁运、地区、季节有关。时邪疫毒，混杂伤人，造成痢疾流行。

2. 饮食不节（洁） 一是指平素饮食过于肥甘厚味或夏月恣食生冷瓜果，损伤脾胃；二是指食用馊腐不洁的食物，疫邪病毒从口而入，积滞腐败于肠间，发为痢疾。痢疾为病，发于夏秋之交，这个季节暑、湿、热三气交蒸，互结而侵袭人体，加之饮食不节和不洁，邪从口入，滞于脾胃，积于肠腑。故痢疾的病理因素有湿、热（或寒）、毒、食等，湿热疫毒之邪为多，寒湿之邪较少。病位在肠腑，与脾胃有关，这是因邪从口而入，经胃脾而滞于肠之故。《景岳全书·痢疾》曰："凡里急后重者，病在广肠最下之处，而其病本则不在广肠而在脾肾。"

痢疾的病机，主要是时邪疫毒积滞于肠间，壅滞气血，妨碍传导，肠道脂膜血络受伤，腐败化为脓血而成痢。肠司传导之职，传送糟粕，又主津液的进一步吸收，湿、热、疫毒等病邪积滞于大肠，以致肠腑气机阻滞，津液再吸收障碍，肠道不能正常传导糟粕，因而产生腹痛、大便失常之症。邪滞于肠间，湿蒸热郁，气血凝滞腐败，肠间脂膜血络受损，化为脓血下痢，所谓"盖伤其脏腑之脂膏，动其肠胃之脉络，故或寒或热，皆有脓血"。肠腑传导失司，由于气机阻滞而不利，肠中有滞而不通，不通则痛，腹痛而欲大便则里急，大便次数增加，便又不爽则后重，这些都是由于大肠通降不利，传导功能失调之故。

三、痢疾有哪些临床表现？

1. 湿热痢

（1）临床表现：腹痛，里急后重，下痢赤白脓血，赤多白少，或纯下赤冻，肛门灼热，小便短赤，或发热恶寒，头痛身楚，口渴发热；舌红，苔黄腻，脉滑数。

（2）证候辨析：疫毒之邪夹湿热或暑湿之邪侵犯肠道，滞于肠中，与肠中气血相搏结，大肠传导功能失司，通降不利，气血凝滞，肠腑脂膜和血络受损，故大便赤白脓血；气机阻滞不通则腹痛，里急后重；湿热蕴结下注，则肛门灼热，排便次数多，并发热；舌、脉均为湿热蕴结之证。

2. 疫毒痢

（1）临床表现：发病急骤，壮热，痢下鲜紫脓血，腹痛剧烈，里急后重明显，口渴、头痛、烦躁，或神昏谵语，或痉厥抽搐，或面色苍白，冷汗肢厥。

（2）证候辨析：染上极为毒烈的疫毒之邪，毒邪蕴聚肠中，不得外泄，化热化火，热毒炽盛与肠中气血相搏结，气血凝滞，脂膜和血络受损故发病急骤，腹痛剧烈，下痢鲜紫脓血，气味腐臭；疫毒之邪蕴结肠中，上攻于胃，胃气上逆见恶心呕吐，噤口不能食；热毒炽盛化火，陷入营血则下痢前即可见高热，腹满胀痛，发躁不安；病情进一步发展，热毒之邪迅速传变，热盛风动，疫毒内闭，正不胜邪而出现厥脱，故见面色苍白，四肢发冷，甚则昏迷；舌、脉均为热毒炽盛之证。

3. 寒湿痢

（1）临床表现：腹痛，里急后重，痢下赤白黏冻，白多赤少，或纯为白冻，脘闷，头身困重，口淡，饮食乏味。舌淡，苔白腻，脉濡缓。

（2）证候辨析：疫毒之邪夹寒湿之邪滞于肠中，伤于气分，阻遏脾阳而成本证，症见腹痛，下痢赤白黏冻；寒湿困脾，脾阳不振，清阳不升则头身困重；健运失司则脘痞纳少；寒湿中阻则口黏不渴；舌苔、脉象均为寒湿内盛之象。

4. 阴虚痢

（1）临床表现：赤白黏冻，或下鲜血黏稠，脐腹灼痛，虚坐努责，心烦，口干口渴，舌红少津，苔少或无苔，脉细数。

（2）证候辨析：下痢日久，耗伤阳气，脾阳受损，疫毒之余邪滞于肠中，迁延不已，故大便呈白黏冻状，排便不畅。

5. 虚寒痢

（1）临床表现：下痢稀薄，甚则滑脱不禁，腹部隐痛，排便不爽，食少神疲，四肢不温，腰酸怕冷，或脱肛。舌淡，苔白滑，脉沉细而弱。

（2）证候辨析：脾阳亏虚，脉络失于温养，故腹冷痛时作；脾阳虚，不能温四末，故畏寒肢冷；舌、脉象均为虚寒之征。

6. 休息痢

（1）临床表现：下痢时发时止，日久难愈，发则下痢脓血，腹痛，里急后重，饮食减少，倦怠怯冷。舌淡，苔腻，脉濡软或虚数。

（2）证候辨析：痢疾误治失治，病根不除，则症虚邪恋，饮食不当，起居不慎，或外邪、思虑郁怒等诱因而发病，故下痢时发时止；疫毒之余邪未尽，滞于肠中，故大便时赤白黏冻或果酱样，腹痛后重；脾气不足故不发时疲劳乏力，食少；舌、脉均为正气虚之征。

四、痢疾有哪些相关检查？

便常规、血常规检查。大便培养出致病菌是确诊的关键。必要时可行 X 线钡剂、结肠镜检查，有助于鉴别诊断。

五、痢疾的治疗原则是什么？

1. 根据病证的寒热虚实，确定治疗原则。一般热痢清之，寒痢温之，初痢实则通之，久痢虚则补之，寒热错杂者温清并用，虚实夹杂者通涩并施。

2. 痢疾无论虚实，肠中总有滞，气血失于通畅，故导滞、调气、和血为常用之法。

3.“人以胃气为本，而治痢尤要”，说明顾护胃气，应贯穿于治痢过程之始终。因为治疗实证初痢、湿热痢、疫毒痢方药中，苦寒药较多，长时间大剂量使用，有损伤胃气之弊。虚症久痢，中焦气虚，脾胃亏损，阳气不振，滑脱不禁，应温补中焦，健运脾胃，固摄肠腑。

4. 禁忌过早补涩，峻下攻伐，分利小便等。

六、痢疾有哪些要注意的事项？

1. 调气和调血 气和血即是顺畅肠腑凝滞之气血，祛除腐败之脓肿，恢复肠道传送功能，促进损伤之脂膜血络今早修复，以改善腹痛、里急后重、下痢脓血等临床症状。

2. “人以胃气为本，而治痢尤要” 这是由于治疗实证初期，湿热痢、疫毒痢的方药中，苦寒之品较多，长时间大剂量使用，有损伤胃气之弊。因此，治疗须注意顾护胃气，并贯穿于治痢的始终。中药汤剂，热证宜偏温凉服，寒证宜温热服。

3. 祛邪导滞痢疾的基本病机是邪气壅滞肠中，只有祛除邪气之壅滞，才能恢复肠腑传导之职，避免气血之凝滞，脂膜血络之损伤，故为治本之法。因此，清除肠中之湿热、疫毒、冷炽、饮食等颇为重要。常用祛湿、清热、解毒、消食、导滞、通下等法，以达祛邪导滞之目的。

4. 虚症之痢疾应扶正祛邪。因虚症久痢，虚实错杂，若单纯补益，则滞积不去，贸然予以通导，又恐伤正气，故应虚实兼顾，扶正祛邪。中焦气虚，阳气不振者，应温养阳气；阴液亏损者，因养阴清肠；久痢滑脱者，可佐固脱治疗。

七、痢疾的护理要点有哪些？

1. 保持病室安静，避免喧哗吵闹，卧床休息，避免受寒伤风。

2. 严格执行胃肠道隔离制度，对黏排泄物、便具、餐具要严格消毒处理，专人使用以防交叉感染，大便连续三次送检阴性，方可解除隔离。

3. 注意观察病情变化，及时做好记录，如发热、神志、面色、呃逆不食等，防止发生厥脱、神昏、抽搐等症状。若病身大热而四末凉时改测口温，勿测腋温，以免体温失真而延误病情的治疗。

4. 注意腹痛的性质、程度及腹痛与大便的关系，痢疾腹痛的部位以脐周及小腹部为甚，呈间断的隐痛和痉挛样疼痛，痛即欲泻，泻下脓血便后稍舒不久后又痛，即里急后重；多与湿热阻滞，肠腑气滞不畅有关。大便性状初始可为水样或黏冻，继则出现白多赤少、赤白夹杂或赤多白少便，次数从一日几次到数十次不等，每次泻下的量不多，大便时有肛门灼热感。留取大便检查时应及时送检，防止干燥变质。

5. 有下列病情变化时，预示病情危重，应及时报告医生协助处理：

（1）急骤高热，身大热而四末凉，神识谵妄。

（2）头痛呕吐，神识昏迷，角弓反张，瞳仁双侧不等大。

（3）腹痛剧烈，泻痢无度，目眶凹陷，身肤干燥灼热。

（4）下痢呕恶不能进食，食入则吐出，呃逆频作。

6. 做好心理护理，安慰患者坚持治疗，使其树立战胜疾病的信心。

八、痢疾预后的生活起居应注意些什么？

1. 保持病室或环境清新通风凉爽，保持安静，避免喧哗，光线不要太强，柔和即好，排便后及时清除，开窗通风。

2. 应做好消毒隔离工作，预防感染，病房每日紫外线照射空气消毒。

3. 注意个人卫生，不吃剩余饭菜，不喝不清洁的水喝饮料，尤其在夏秋多发季。

4. 病情好转后应避免受凉、劳累及暴饮暴食，生活要有一定规律，加强体育锻炼，增强体抗力，防止复发。

5. 发现大便异常，或恶心、呕吐、腹痛时，及时就医诊治。

6. 按摩保健 早、晚按摩1次，取穴中脘、天枢、内关、阳陵泉等，有助于健运脾胃。

九、痢疾后饮食方有哪些？

1. 饮食一般以流质或半流质为宜，忌食多渣、多油或有刺激性的食物，瓜果桃梨、雪糕等生冷之物也暂勿食用，以免增加胃肠负担。

2. 急性热痢便下脓血者，可食用白蜜马齿苋：鲜马齿苋1000g，白蜜30g拌匀，佐餐1次服下，每日2次。

3. 急性热痢腹痛便下赤白者，可食用地锦草茶：地锦草25g煎取汁水加糖适量频饮。

4. 寒痢伴腹冷痛者，可食用红糖胡椒茶：红糖15g，胡椒1.5g，茶3g共用沸水冲泡代茶饮之。

十、痢疾的转归预后如何？

痢疾的转归和预后取决于患者体质、正气的强弱与感邪的轻重。

1. 体质强，正气尚足者一般预后良好。经过正确、及时治疗，一般在两周左右痊愈；发热、腹痛、里急后重、脓血便等症状一般在3～7天消失。感受疫疠毒邪盛者可出现热入心营、热动肝风或内闭外脱的危证，须积极抢救。

2. 体质较差，正气不足，或素体脾胃虚弱者，可迁延日久，转为慢性痢疾。

十一、如何才能预防痢疾？

1. 首先，要管理好传染源，早期发现患者和带菌者，早期隔离，积极彻底的进行治疗。

2. 切断传播途径，喝开水不喝生水，用消毒过的水洗瓜果蔬菜和碗筷及漱口。注意个人卫生，养成饭前便后洗手的良好习惯。认真贯彻执行“三管一灭”（即管好水源、食物和粪便，消灭苍蝇）。

3. 保护易感人群，顺应气候变化，纳凉取暖皆适宜，保持心情舒畅。

4. 在痢疾流行季节，可适当食用生蒜瓣，每次1～3瓣，每日2～3次；或将大蒜瓣放入菜食之中食用；亦可用马齿苋、绿豆适量，煎汤饮用，对防止感染有一定作用。

5. 痢疾患者须适当禁食，待病情稳定后，予清淡饮食为宜，忌食油腻荤腥之品。

十二、哪些是痢疾易感人群？

2～7岁儿童发病最多，其次是20～39岁青壮年，1岁以内的年龄组最少发病。在青壮年及儿童中，无性别差异，老年人中，女性比男性多。以上现象，原因不十分清楚，但痢疾的发病，肯定与免疫力降低有关，尤其是肠道的局部免疫力起主要作用。营养不良者、慢性病患者及肠功能紊乱者，其肠道免疫球蛋白A水平均低下，不仅容易发病，且比较容易形成慢性菌痢。

第九节 便 秘

一、什么是便秘？

便秘是指由于大肠传导功能失常导致的以大便排出困难，排便时间或排便间隔时间延长为临床特征的一种大肠辨证。西医学中的功能性便秘，即属本病范畴，如肠易激综合征，肠炎恢复期，直肠及肛门疾病所致之便秘，药物性便秘，内分泌及代谢性疾病所致的便秘，以及肌力减退所致的便秘等。

二、便秘的病因有哪些？

便秘的病因是多方面的，其中主要的有外感寒热之邪，内伤饮食情志，病后体虚，阴阳气血不足等。本病病位在大肠，并与脾胃肺肝肾密切相关。脾虚传送无力，糟粕内停，致大肠传达功能失常，而成便秘；胃与肠相连，胃热炽盛，下传大肠，燔灼津液，大肠热盛，燥屎内结，可成便秘；肺与大肠相表里，肺之燥热下移大肠，则大肠功能失常，而成便秘；肝主疏泄气机，若肝气郁滞，则气滞不行，腑气不能畅通；肾主五液而司二便，若肾阴不足，则肠道失润，若肾阳不足则大肠失于温煦而传送无力，大便不通，均可导致便秘。

1. 肠胃积热 素体阳盛，或热病之后，余热留恋，或肺热肺燥，下移大肠，或过食醇酒厚味，或过食辛辣，或过服热药，均可致肠胃积热，耗伤津液，肠道干涩失润，粪质干燥，难于排出，形成所谓“热秘”。如《景岳全书·秘结》曰：“阳结证，必因邪火有余，以致津液干燥。”

2. 气机郁滞 忧愁思虑，脾伤气结；或抑郁恼怒，肝郁气滞；或久坐少动，气机不利，均可导致腑气郁滞，通降失常，传导失职，糟粕内停，不得下行，或预便不出，或出而不畅，或大便干结而形成“气秘”。如《金匮翼·便秘》曰：“气秘者，气内滞而物不行也。”

3. 阴寒积滞 恣食生冷，凝滞胃肠；或外感寒邪，直中肠胃；或过服寒凉，阴寒内结，均可导致阴寒内盛，凝滞胃肠，传导失常，糟粕不行，而成“冷秘”。如《金匮翼·便秘》曰：“冷秘者，寒冷之气，横于肠胃，凝阴不行，津液不通。”

4. 气虚阳衰 饮食劳倦，脾胃受损；或素体虚弱，阳气不足；或年老体弱，气虚阳衰；或久病产后，正气未复；或过食生冷，损伤阳气；或苦寒攻伐，伤阳耗气，均可导致气虚阳衰，气虚则大肠传导无力，阳虚则肠道失于温煦，阴寒内结，便下无力，使排便时间延长，形成便秘。如《景岳全书·秘结》曰：“凡下焦阳虚，则阳气不行，阳气不行则不能传送，而阴凝于下，此阳虚而阴结也。”

5. 阴亏血少 素体阴虚；津亏血少；或病后产后，阴虚血少；或失血夺汗，伤津亡血；或年高体弱，阴血亏虚；或过食辛香燥热，损耗阴血，均可导致阴亏血少，血虚则大肠不荣，阴亏则大肠干涩，肠道失润，大便干结，便下困难，而成便秘。如《医宗必读·大便不通》曰：“更有老年津液干枯，妇人产后亡血，及发汗利小便，病后血气未复，皆能秘结。”

形成便秘的基本病机是邪滞大肠，腑气闭塞不通或肠失温润，推动无力，导致大肠传导功能失常。

三、便秘有哪些临床表现？

1. 肠道实热

（1）临床表现：大便干结，腹胀满，按之痛，口干或口臭，舌苔黄燥，脉滑实。

（2）证候辨析：热结于肠道，灼伤津液，大肠失濡润，则大便干结；热结于肠道则腹胀满；肠中有干结的大便则按之痛；热熏蒸于上则口干或口臭；舌苔、脉象均为肠道湿热之征。

2. 肠道气滞

（1）临床表现：大便不畅，欲解不得，甚则少腹作胀，嗳气频作，舌苔白，脉弦细。

（2）证候辨析：气机郁滞，升降失调，腑气不通，大肠传导失职，故大便不畅，欲解不得；肠道气滞则少腹作胀；气机郁滞上逆则嗳气频作；舌苔、脉象均为气机郁滞之征。

3. 脾虚气弱

（1）临床表现：大便干结如栗，临厕无力努挣，挣则汗出气短，面色萎黄无华，神疲气怯，舌淡，苔薄白，脉弱。

（2）证候辨析：脾虚气弱，则大肠气亦不足，传导功能减弱，或无力传导，使糟粕停于肠道，久则成结，更难传出；气虚则临厕无力努挣，努挣后便出，气随便泻，故汗出气短；神疲气怯；脾虚气弱则面色萎黄无华；舌、脉均为脾虚气弱之征。

4. 脾肾阳虚

（1）临床表现：大便秘结，面色㿠白，时眩晕心悸，甚则少腹冷痛，小便清长，畏寒肢冷，舌质淡，体胖大，舌白润，脉沉迟。

（2）证候辨析：脾肾阳虚，命门火不足，寒冷之气滞结于大肠，浊阴凝聚，阳气不行，津液不通，故大便秘结；阳虚阴寒内盛则面色㿠白，甚则少腹冷痛；脾肾阳虚，元阳不足，则时眩晕心悸，畏寒肢冷；肾阳不足，膀胱气化不利则小便清长；舌、脉均为脾肾阳虚之征。

5. 阴虚肠燥

（1）临床表现：大便干结，状如羊屎，口干少津，纳呆，舌红少苔，脉细数。

（2）证候辨析：阴虚则肠道失濡润，粪便在肠道中涩滞难行，故便干结，状如羊屎；阴虚津液亏耗，无以上奉于口，故口干少津；胃失濡养而纳呆；舌、脉均为阴虚有热之征。

四、便秘有哪些相关检查？

临床上对于便秘者，便常规、潜血试验和直肠指检应是常规检查的内容。直肠指检有助于发现直肠癌、痔、肛裂、炎症、狭窄及外来压迫、肛门括约肌痉挛等。腹部平片可有助于确定肠梗阻的部位，对假性肠梗阻的诊断尤有价值。钡剂灌肠适用于了解钡剂通过胃肠道、小肠与结肠的功能状态。此外还可选择直肠镜或纤维结肠镜进行检查。

五、便秘的治疗原则是什么?

1. 活用通法 便秘宜通便，但通便之法不能都用硝黄之类攻下，应针对不同证候，分别选用不同的治法。《证治汇补 · 秘结》云："如少阴不得大便以辛润之，太阴不得大便以苦泄之，阳结者清之，阴结者温之，气滞者疏导之，津少者滋润之，大抵以养血清热为先，急攻通下为次。"其所述治疗原则，可称简要，录之以供参考。

2. 调畅气机 便秘的共同病机是肠道气机不畅、传化失职，故而在治疗时，各型都应重视对气机的调肠，在通便之时参用理气沉降之品以助行滞。对于合并中气下陷而滞、便秘肛门坠胀者，则在调气时应以提升为主，不可降之又降，重伤中气。因肺气失于宣降者，可佐以开肺宣通之剂。有时虽需降下，也可少用升提之品，以达欲降先升之妙。

六、便秘的护理要点有哪些?

1. 便秘患者多伴有腹部不适之症，故居住环境或病室不宜潮湿或低矮，以免其有压抑之感。

2. 病情不甚严重时，可以家庭治疗调护。

3. 严重便秘，一般不需卧床休息，提倡运动。

4. 观察排便间隔时间，大便性状，排便后有无出血，腹部有无硬块，有无腹痛等。

5. 平素多进食粗纤维饮食，如大米、玉米、小麦、土豆、红薯、南瓜、牛肉、青菜、香蕉、苹果、梨、葡萄等。

6. 实秘者，可用生大黄或番泻叶代茶饮，但不宜依赖久服，可坚持每日晨起后，饮凉开水或温淡盐水 1 杯；虚秘者，可服中成药便乃通，或玉竹疏通，或火麻仁。

7. 保持良好的心境，做好精神调护，减轻患者痛苦。

8. 适度运动，可促进肠蠕动，有利于排便。

七、便秘后的生活起居应注意些什么?

1. 饮食合理，增加含纤维较多的蔬菜和水果，适当摄取粗糙而多渣的杂粮，避免食物过于精细，多饮凉开水。

2. 养成良好的排便习惯，按时如厕。

3. 适度的运动对于改善便秘有好处，中医认为"久卧伤气，久坐伤肉"。应根据自身条件选择合适运动，并经常自我腹部按摩，以改善气血流通，促进肠蠕动和便秘的康复。

4. 按时作息，养成早睡早起、定时上床的习惯，改善焦虑状况，保持好心情，做到劳逸结合。

八、便秘后的饮食方有哪些?

1. 食量要做到因人而宜，因病而宜，勿使其太过或不及。不暴饮暴食，不食辛辣炙烤，注意扶养胃气，则肠道通畅，大便自能正常。

2. 因肾气不足而大肠功能减弱，以致大便干燥者，可食用麻仁栗子糕。

3. 痰热壅阻之便秘者，可食用瓜蒌含丸：瓜蒌仁 30g，文蛤 2g，姜汁适量调成小丸即可。

4. 阴虚便秘者，可食用桑椹酿：桑椹 100g，大米适量发酵成酒酿。

5. 老年性便秘者，可食用番薯粥、黑芝麻粥、桃仁粥等。

九、便秘的转归预后如何?

便秘的转归与预后取决于患者的体质、患病时间的长短、正气的强弱等。一般预后良好，均可经药物治疗而痊愈。老年人便秘日久，正气亏虚，脏腑气机升降失调，可伴见头晕、头胀、腹胀、脘闷、纳呆、烦躁、失眠、易怒、嗳气等，以虚证和虚实夹杂证为主，治疗难以速愈。便秘日久还可引起痔疮、肛裂、便血，用力过度又可诱发疝气。中老年人便秘用力，可诱发其他疾病，如中风、胸痹、心痛等，不可不防。

十、如何才能预防便秘?

1. 避免进食过少或食品过于精细、缺乏残渣，对结肠的刺激减少。
2. 避免滥用泻药，以免形成对泻药的依赖性，造成便秘。
3. 合理安排工作和生活，劳逸结合，适当运动，勿久坐。长期卧床者可按摩腹部。
4. 养成良好的排便习惯，每日定时排便，形成条件反射，建立良好的排便规律。
5. 及时治疗有关的疾病。
6. 可用中药同米煮粥吃来预防便秘，如红薯粥、紫苏麻仁粥、柏子仁粥等。

第四章　肝 胆 疾 病

第一节　胁　　痛

一、什么是胁痛?

胁指侧胸部，即由腋以下至第十二肋软骨部分的统称，故胁痛系指一侧或两侧胁肋疼痛为主要表现的病证。常因气滞、血瘀、湿热及实火，或肝之阴阳不足致肝络不畅，气血失养所致。

现代医学中的急性肝炎、慢性肝炎、肝硬化、肝癌、肝脓肿、肝囊肿、肝血管瘤、肝寄生虫病、胆囊炎、胆石症、胆道蛔虫症、肋间神经痛、胸膜炎及胸膜肥厚粘连、妇女更年期综合征、神经官能症等疾病中出现以胁痛为主的症状时，可参考本节内容进行辨证论治。

二、胁痛的病因有哪些?

胁痛一证，其病因包括外邪侵袭，情志内伤，劳欲、劳倦过度，瘀血内积，痰浊郁火多种因素。这些因素导致肝气郁结，肝失条达；瘀血停者，痹阻胁络；湿热蕴结，肝失疏泄；肝阴不足，经络失养等诸多病理变化，导致胁痛发生。

1. 外邪侵袭　湿热、疫疠或寒湿之邪侵犯肝胆经脉，肝胆失于疏泄条达，少阳、厥阴经脉不畅而致胁痛。

2. 情志内伤　情志抑郁或暴怒伤肝，均可致肝失条达，疏泄不利，气阻络痹而致胁痛。

3. 劳欲、劳倦过度　劳欲过度耗伤肝肾精血；劳倦伤脾，中焦运化水谷乏力，气血化生乏源；或久病体虚，精血俱亏，肝肾不足，脉络失养而致胁痛。

4. 瘀血内积　外伤或强力负重，致胁肋受伤，瘀血停留，阻塞胁络而致胁痛；或黄疸、积聚等经久不愈，肝脾受伤，气机郁滞，瘀血内积，胁络塞滞而为胁痛。

5. 痰浊郁火　饮食不节，过食肥甘厚味醇酒，或过食生冷，遏伤脾阳，脾失健运，痰浊中阻，气机郁滞，肝胆疏泄失司而致胁痛。痰浊阻于中焦，胆腑通降不能，胆汁排泄不畅。

三、胁痛有哪些临床表现?

1. 邪郁少阳

（1）临床表现：胸胁苦满疼痛，兼寒热往来，口苦咽干，头痛目眩，心烦喜呕，耳鸣耳聋。舌苔薄白或微黄，脉弦。

（2）证候辨析：外邪侵袭，风寒之邪不解，化热入里，邪郁少阳，少阳经气运行不畅，故胸胁苦满疼痛；邪在少阳，正邪交争，故寒热往来；邪蕴化热伤津，则口苦咽干；少阳邪热上攻，阻遏清阳，故头痛目眩；邪热入里扰心，胆热犯胃，胃失和降，则心烦喜呕；少阳经脉络耳，邪在少阳，阻遏经脉，则耳鸣耳聋；舌苔薄白或微黄，脉弦，乃邪郁少阳之征。

2. 肝胆湿热

（1）临床表现：发热恶寒，胁痛口苦，胸闷纳呆，恶心呕吐，目赤或目黄身黄，小便黄赤。舌质红，舌苔黄腻，脉浮数或弦数。

（2）证候辨析：外邪入侵，故发热恶寒；湿热蕴结于肝胆，肝络失和，胆不疏泄故胁痛而口苦；湿热中阻，以致胸闷纳呆，恶心呕吐；肝开窍于目，肝火上炎故目赤；湿热交蒸，胆液不循常道而外溢，故见目黄身黄；湿热下注膀胱则尿黄。舌苔黄腻，脉浮数或弦数，均是肝胆湿热之征。

3. 肝气郁结

（1）临床表现：胁肋胀痛，走窜不定，因情志变化增减，饮食减少，胸闷嗳气，乳房胀痛，苔薄，脉弦。

（2）证候辨析：肝气失于条达，阻于胁络，故见胁肋胀痛；气属无形，时聚时散，故疼痛走窜不定；情志变化与气之郁结关系最为密切，故疼痛每随神志之变化而有所增减；肝气横逆，常易侵犯脾胃，故见食少嗳气。脉弦为肝郁之象。《杂病源流犀烛 · 肝病源流》云："气郁，由大怒气逆，或谋虑不决，皆令肝火动甚，以致胠胁肋痛。"

4. 瘀血阻络

（1）临床表现：胁痛如刺，痛处不移，入夜更甚，或胁肋下有痞块。舌质紫暗，脉沉涩。

（2）证候辨析：气郁日久，气滞血瘀，或跌仆损伤，强力负重，致瘀血停着，痹阻脉络，故胁痛如刺，痛处固定不移，入夜疼痛更甚。瘀血停滞，积久不散，则渐成痞块。舌质紫暗，脉沉涩，均属瘀血内停之征。

5. 肝胆不足

（1）临床表现：肋胁隐痛，其痛绵绵不休，口干咽燥，心中烦热，头晕目眩。舌红少苔，脉细弦而数。

（2）证候辨析：精血亏损，血少不能濡养肝络，故见肋胁隐痛，其痛绵绵不休；阴虚易生内热，故口干咽燥，时觉烦热；精血亏虚，不能上荣，故头晕目眩；舌红少苔，脉细弦而数，均为阴虚内热之征。

四、胁痛有哪些相关检查?

胁痛以右侧为主者，多与肝胆疾患相关。检测肝功能指标及甲、乙、丙、丁、戊等各型肝炎病毒指标，有助于病毒性肝炎的诊断。B 超检查及 CT、MRI 可以作为肝硬化、肝胆结石、急慢性胆囊炎、脂肪肝等疾病的诊断依据。血生化中的血脂、血浆蛋白等指标亦可作为诊断脂肪肝、肝硬化的辅助诊断指标。检测血中胎甲球蛋白、碱性磷酸酶等指标，可作为初步筛查肝内肿瘤的参考依据。

五、胁痛的治疗原则是什么?

1. 实证理气活血　胁痛内伤实证多因气滞血瘀，应以理气疏肝、祛瘀通络为主。对于外感湿热导致胁痛的，应以祛邪为主，利湿清热解毒，并应辨明湿重热重，分别用药。

2. 虚证滋阴柔肝　胁痛虚证多因肝血不足所致，则应滋养肝肾，养血柔肝。在临床中，各个证型常常互相错杂，虚中有实，实中有虚，应详加辨证，审慎用药。

六、治疗胁痛有哪些要注意的事项?

1. 治疗胁痛宜疏肝柔肝并举，以防辛燥劫阴之弊。胁痛之病机以肝经气郁，肝失条达为先，故疏肝解郁、理气止痛是治疗胁痛的常用之法。然肝为刚脏，体阴而用阳，治疗之时宜柔肝而不宜伐肝。疏肝理气药大多辛温香燥，若久用或配伍不当，易于耗伤肝阴，甚至助热化火。故临证使用疏肝理气药时，一要尽量选用轻灵平和之品，如香附、苏梗、佛手片、绿萼梅之类；二要注意配伍柔肝养阴药物，以固护肝阴，以利肝体。如仲景之四逆散中柴胡与白芍并用，薛己之滋水清肝饮中柴胡与生地配伍，均是疏肝柔肝并用的范例。

2. 邪郁少阳者，以小柴胡为主方；肝胆湿热者，以龙胆泻肝汤为主方；肝气郁结者，以柴胡疏肝散为主方；瘀血阻络者，以旋覆花汤加味为主方；肝阴不足者，以一贯煎为主方。

3. 临证应辨证结合辨病，配合针对性药物。经检查，如属病毒性肝炎，可用疏肝运脾、化湿行瘀、清热解毒等治法，结合临床经验和药理研究，选择具有抗病毒、改善肝功能、调节免疫及抗纤维化作用的药物。如胁痛兼有砂石结聚者，治疗当注意通腑、化石、排石药的应用。若兼有湿热阻滞，肝胆气机失于通降，出现右胁肋部绞痛难忍，恶心呕吐，口苦纳呆，治疗当清热利胆、通降排石，方剂常用大柴胡汤加减。通腑泻下常用大黄、芒硝；化石排石药物可选用鸡内金、海金沙、金钱草、郁金、茵陈、枳壳、莪术、炮山甲、皂角刺、煅瓦楞子等。

七、胁痛的护理要点有哪些?

1. 卧床休息，病室宜安静，病情缓解后可逐渐恢复正常活动。

2. 皮肤若有黄染，确诊为黄疸型肝炎，要做好消毒隔离工作。

3. 观察疼痛的部位、性质，与咳嗽、饮食的关系，如伴有上腹部及肩背痛、呕吐、黄疸、寒战、发热等症状，应立即报告医师。

4. 服用疏肝利胆汤剂后观察腹痛、黄疸、发热是否减轻或加重，服下药时，注意排便情况，是否泻下过多，并鼓励其多喝水。

5. 胁痛伴恶寒发热或厥脱者应注意防寒保暖，防止复感风寒之邪。

6. 胁痛并发昏迷、厥脱者，保持床单清洁，做好口腔和皮肤护理。

7. 对症处理

（1）恶寒发热者及时增减衣被，给予物理降温，或十宣放血；湿热重者遵医嘱针刺胆俞、阳陵泉、三阴交。

（2）胁肋疼痛：选择舒适的体位，以偏向患侧卧位为宜。尽量减少不必要的搬动，变动体位要缓慢，避免体位的突然变动而加重疼痛。疼痛时可行耳穴埋籽，主穴：胸、肝、胆、神门。配穴：内分泌、肋缘下、交感。也可每天早晚在两侧胁肋部自上而下按摩 1 次，每次 10 分钟；疼痛重者可屈膝卧位，遵医嘱叩捶胆俞；或吴茱萸、食盐各适量，热熨胁痛区，用于气郁胁痛。

（3）黄疸重者遵医嘱针刺至阳、腕骨、阴陵泉；或耳穴压籽肝、胆、十二指肠、神门等穴，或给予茵陈、虎杖煎汤代茶饮。

（4）便秘时，指导或协助患者顺时针方向按摩腹部，促进肠蠕动；可遵医嘱给予耳穴埋籽，主穴：大肠、小肠、交感；配穴：肺、便秘点等，或可用大黄汤灌肠。

（5）呕吐重者遵医嘱针刺内关、中脘、足三里；或给予耳穴埋籽，主穴：胃、神门、交感；配穴：皮质下、肝、胆、反应点等。

八、胁痛的生活起居应注意什么？

1. 慎起居，防感冒，养成良好的生活习惯，多吃蔬菜、水果、瘦肉、豆制品等清淡有营养的食物。

2. 怡养精神，保持乐观情绪，减少不良的精神刺激和过度的情志活动。

3. 劳动中不可用力过猛，避免碰撞伤及胁肋。

4. 饮食有节，忌烟、酒、肥甘之品，保持大便通畅。

5. 强健体魄，适当地体育锻炼，劳动中慎避外邪。

九、胁痛后的饮食方有哪些？

饮食宜清淡、温软、易消化之物；忌寒凉、辛辣、油腻、刺激之品，定时定量。恶心呕吐严重时应暂时禁食，待病情好转后，逐渐进食易消化的流食或软食。根据不同证型给予饮食指导。

1. 邪郁少阳、肝气郁结型的饮食适宜清淡，常食瓜蒌、丝瓜、菠菜、茄子等；避免食用土豆、南瓜、红薯等食品。可以食柴橘粥（柴胡 15g，陈皮 10g，粳米适量，煮粥服食）。

2. 肝胆湿热型的饮食适宜选素食，多食水果或多汁蔬菜，忌辛辣、肥甘、油腻之品。可以食绿豆汤、冬瓜汤、西瓜汁等。食疗方：鸡骨草瘦肉汤。

3. 瘀血阻络型的饮食调护需清淡，营养丰富，宜食藕汁、梨汁、山楂、红糖、红心萝卜、木耳等活血化瘀之品，忌食寒凉及油腻黏滞之品。食疗方：三七郁金汤（三七花、郁金、猪瘦肉）、桃仁莲藕汤。

4. 肝阴不足型的饮食调护需清淡，营养丰富。宜食鱼、瘦肉、银耳、藕、梨等滋阴食物，忌食辛辣、香燥、烟酒等品。食疗方：沙参玉竹老鸭汤（北沙参、玉竹，老鸭）、鲜生地粥（鲜生地 50g，粳米适量，煮粥服食）。口燥咽干者，用鲜石斛泡茶饮。

十、胁痛的服药护理有哪些？

口服中药时，应与西药间隔 30 分钟左右。

1. 疏肝理气、清利肝胆湿热、养阴柔肝中药汤剂宜饭前稍凉服；祛瘀通络止痛中药宜饭前稍温服。

2. 平肝舒络丸 属虚证者慎用，长期使用易导致蓄积性汞中毒。

3. 木香顺气丸 服药期间忌食生冷、油腻食物；孕妇慎服。

4. 元胡止痛胶囊（片、软胶囊、滴丸） 药性温燥，阴虚火旺者慎服；服药期间忌食生冷食物。

5. 扶正化瘀胶囊 孕妇忌服，湿热盛者慎用。

十一、胁痛的转归预后如何？

内伤胁痛各个证候之间可以互相转化。外感胁痛多属湿热蕴于肝胆致病，病久不去，则可见肝胆疏泄失职，气滞血瘀；又可因邪毒久羁而耗劫肝血肝阴，而为虚实错杂之证。肝郁胁痛如久延未治，或治疗不当，日久气滞血瘀，可以转化为瘀血胁痛。久病致虚，或久郁成劳，又可出现肝血不足，虚实互见。

1. 无论外感或内伤的胁痛，只要治疗将养得法，一般预后良好。

2. 但也有部分患者迁延不愈，成为慢性，若治疗不得当，演变为肝痞块，则预后不佳。

十二、如何才能预防胁痛？

1. 内伤胁痛多与情志有关，因此注意保持情绪稳定，避免过怒、过悲、过劳及过度紧张；以及适当进行体育锻炼，增强体质，有一定的预防意义。

2. 胁痛患者，要饮食有节，忌肥甘辛辣滋腻之品，注意调畅情志，劳逸结合，以利气血流畅，恢复健康。

第二节 黄　疸

一、什么是黄疸？

黄疸是因时气疫毒、湿热、寒温等外邪侵袭，或饮食失节，嗜酒无度，误服毒物，或劳倦内伤，以致疫毒滞留，寒湿阻滞，湿热交蒸，气滞血瘀及肝胆脾胃功能失调，肝胆疏泄失常而胆汁外溢所致的以面、目、皮肤、小便黄为主要表现的疾病，尤以目睛黄染为主要特征。黄疸存在于多种外感疾病和内伤疾病中，与西医所论之黄疸含义相同。现代医学中的肝细胞性黄疸、阻塞性黄疸、溶血性黄疸，以及病毒性肝炎、肝硬化、胆石症、胆囊炎等出现黄疸者，均可参考本节内容进行辨证论治。

二、黄疸的病因有哪些？

黄疸一证的病因，其外感源于疫毒侵袭，或饮食不节；内伤则以脾胃虚弱，或宿疾引发。主要病机是肝失疏泄，胆汁溢于血脉，外渗与肌肤，或血败不能华色，因而引发黄疸。病位在肝胆脾胃。黄疸病理因素有湿邪、热邪、寒邪、疫毒、气滞、瘀血，主要以湿邪为主。

1. 疫毒侵袭 疫毒从外入里，侵袭人体，熏蒸肝胆，肝胆失于疏泄，胆汁外溢，上注肝目，下注膀胱，故身目小便发黄。疫毒其性酷烈，易入营血，损及肝肾，陷入心包，蒙蔽神明，则发为急黄重症。

2. 湿热蕴结 湿热之邪，从外侵袭，蕴阻中焦，或酒食所伤、饥饱无常，损伤脾胃，以致运化功能失常，湿浊内生，郁而化热，均可导致湿热交蒸于肝胆，肝失疏泄，胆汁外溢，浸渍于肌肤，下流于膀胱，使面目小便俱黄。

3. 肝胆郁热 由于情志不舒，气机怫郁，或经受大惊大恐，均能伤及肝胆，致使肝失条达，胆失疏泄，郁而化热；胆气不疏，胆汁受热煎熬，日积月累形成结石，阻塞胆液，胆汁排泄不循常道，泛溢于肌肤而发为黄疸。

4. 脾胃虚寒 素体虚寒，湿从寒化，或过服寒凉药，或劳伤太过，脾胃虚弱，不能运化水湿，湿从寒化，以致寒湿阻滞中焦，胆液排泄受阻，渍于肌肤而发黄疸。

5. 气血不足 脾胃素虚，气血乏源，或病后气血亏虚，血败而不华色。脾虚血败，肝血、胆汁失其生化之源，胆腑失养，胆汁疏泄失常，胆汁失约，溢于肌肤而发生黄疸。

6. 瘀血内结　湿热疫毒伏于血分，日积月累正气亏虚，气血失调，形成积聚，日久不消，瘀血阻滞胆道，胆汁外溢亦可产生黄疸。

总之，黄疸的发生，有外感和内伤两端，外感重在湿、毒，内伤以虚、瘀为主。基本病机是肝胆脾胃失常，胆汁不循常道，溢于血脉，溢于肌肤。湿从热化为阳黄，湿从寒化为阴黄。感受热毒、瘟毒则引起急黄重证。阳黄、阴黄、急黄在一定条件下可相互转化。病性有虚实不同。虚实之间可相互转化，实证日久可转化为虚证或虚实夹杂证。

三、黄疸有哪些临床表现？

1. 阳黄　黄色鲜明，发病急，病程短，常伴身热，口干苦，舌苔黄腻，脉象弦数。

（1）湿热兼表

1）临床表现：黄疸初起，轻度目黄或不明显，畏寒发热，头重身疼，倦怠乏力，脘闷不饥，小便黄。苔薄腻，脉浮弦或浮数。

2）证候辨析：湿热外袭，侵入肌表，气机不宣，阳气被郁，故畏寒发热；湿性重着，阻遏清阳则头重；阻滞经络则身痛，倦怠乏力；湿热内犯中焦，阻于脾胃则脘闷不饥；湿热下注膀胱，则小便色黄；因湿热初袭，肝胆受邪不重，胆液外溢不甚，则见眼目轻度黄染，或不很明显。苔薄腻，脉浮弦或浮数，均为湿热袭表之征。

（2）热重于湿

1）临床表现：身目黄色鲜明，发热口渴，心烦欲呕，脘腹满胀，饮食减退，小便短赤，大便秘结。苔黄腻或黄糙，舌质红，脉弦数或滑数。

2）证候辨析：热重于湿之证主要是湿热蕴蒸，肝胆失于疏泄，胆汁不循常道而泛溢于肌肤，发为黄疸。因热为阳邪，热重于湿，故身目黄色鲜明；热邪内盛，灼伤津液，故身热口渴；湿热蕴结中焦，运化失常，故饮食减退；胃失和降，浊气上犯，则心烦欲呕；胃腑热盛，腑气不通，故脘腹满胀，大便秘结；湿热下注，邪扰膀胱，气化失利，故小便短赤。舌质红，苔黄腻或黄糙，脉弦数或滑数均为热重于湿之征。

（3）湿重于热

1）临床表现：身目色黄而不光亮，身热不扬，头重身困，胸脘痞满，食欲减退，口不渴不多饮，便稀不爽，小便短黄。苔厚腻或黄白相兼，脉濡缓或弦滑。

2）证候辨析：湿重于热之证主要由于湿遏热伏，肝失疏泄，胆液不循常道，溢于肌肤而发黄疸。因湿为阴邪，湿重于热，故身目色黄而不鲜；湿甚于内，热被湿遏，不能外透，故身热不扬；湿为阴邪故不欲饮；湿困中宫，浊邪不化，脾胃运化功能减退，故胸脘痞满，食欲减退；湿热夹滞，阻于肠道并见大便稀而不爽等症。苔厚腻或黄白相兼，脉濡缓或弦滑均为湿重于热之征。

（4）胆腑瘀结

1）临床表现：黄疸胁痛，高热烦躁，口苦口干，胃纳呆滞，恶心呕吐，腹部满胀，大便秘结，小便短赤。苔黄糙，脉弦滑数。

2）证候辨析：热邪瘀结胆腑，胆失通降，不通则痛，故胁痛；胆汁因其瘀滞而不循常道，或日积月累形成结石，阻塞胆液，泛溢于肌肤，发为黄疸。胆热炽盛，故高热、烦躁、口苦、口干；胆胃不和，故恶心、呕吐、纳呆；腑气不通，故腹满、便秘。苔黄糙，脉弦滑数均为热邪瘀结胆腑之征。

2. 阴黄　黄色晦暗，病程长，病势缓，常伴纳少、乏力、舌淡、脉沉迟或细缓。

（1）寒湿阻遏

1）临床表现：黄色晦暗，脘闷腹胀，食欲减退，大便溏薄，神疲畏寒。舌质淡胖苔白腻，脉沉细而迟。

2）证候辨析：湿从寒化或寒湿内阻，阳气不宣，土壅木郁，阻滞胆汁排泄，溢于肌肤而发为黄疸。寒湿均为阴邪，故身目色黄而晦暗；寒湿困脾，运化失调，故脘闷腹胀，食欲减退，大便溏薄；寒湿久留，阳气已虚，气血不足，故见神疲畏冷，四肢无力。苔白腻，舌淡体胖，为阳虚湿浊不化之象；脉沉细而迟，为寒湿留于阳分之征。《类证治裁·黄疸》云："阴黄系脾脏寒不运，与胆液浸淫，外浸肌肉，则发而为黄"。

（2）瘀血内结

1）临床表现：身目色黄而晦暗，面色黧黑，胁下有痞块胀痛，皮肤可见赤纹丝缕。舌质紫或有瘀斑，脉弦涩或细涩。

2）证候辨析：黄疸日久，瘀血留着，胆汁受阻，故身目色黄而晦暗。瘀血结于胁下，渐成痞块。瘀血滞塞络道，则见赤纹丝缕等症；舌脉均为瘀血之征。《张氏医通·杂门》所谓"有瘀血发黄，大便必黑，腹胁有快或胀……"说明癥瘕积聚，亦是产生黄疸的病因之一。本证多为其他黄疸病日久失治演变而来，且多虚实夹杂，有偏热者，亦有偏寒者，当根据脉症加以辨别。

（3）脾虚血亏

1）临床表现：面目及肌肤发黄，黄色较淡，小便黄，肢软乏力，心悸气短，纳呆便溏。舌淡苔薄，脉濡细。

2）证候辨析：脾胃虚弱，气血不足，血败而不华色，不能营养于内外，故面目肌肤发黄，肌肤不泽，肢软乏力；血虚心失所养则心悸，气不足则气短；脾胃虚弱，运化无权则纳呆便溏。舌淡苔薄，脉濡细，为脾虚血亏之明征。如《景岳全书·黄疸》云："阴黄证：则全非湿热，而总由血气之败，盖气不生血，所以血败；血不华色，所以色败，凡病黄疸而绝无阳证阳脉者，便是阴黄。"

3. 急黄 为阳黄之重症，病情急骤，疸色如金，兼见神昏、发斑、出血等危象。

（1）热毒炽盛

1）临床表现：黄疸急起，迅速加深，高热烦渴，呕吐频作，脘闷满胀，疼痛拒按，大便秘结，小便短少，烦躁不安。苔黄糙，舌边尖红，扪之干，脉弦数或洪大。

2）证候辨析：热毒入侵，毒性猛烈，熏灼肝胆，则胆汁泛溢，而发为黄疸，且迅速加深；热毒内灼，灼津耗液，则高热烦渴，小便短少；热毒结于阳明，腑气不通，则大便秘结；胃失和降，则呕吐频作；热毒炎上，扰乱神明，故烦躁不安。舌边尖红，脉弦数或洪大为热毒炽盛之征。

（2）热毒内陷

1）临床表现：起病急骤，变化迅速，身黄如金，高热尿闭，衄血便血，皮下斑疹，或烦躁不安，甚则狂乱、抽搐，或精神恍惚，甚则神昏谵语。舌苔秽浊、质红绛，脉弦细而数。

2）证候辨析：疫邪毒热，其势凶猛，传变迅速，故起病急骤；热毒鸱张，乘势内扰，逼胆汁外溢，故身黄如金；热毒耗灼阴津，热闭膀胱，气化无权，故高热尿闭；毒热侵入营血，迫血妄行，溢于肌肤则成斑疹，上逆则为吐衄，下行则为便血；热毒扰动肝风，轻则肢体颤动，重则狂乱或四肢抽搐；热毒内陷心包，扰乱神明，蒙蔽心窍，轻则神志恍惚、躁动不安，重则神昏谵语。舌秽浊为邪毒侵袭之象；舌红绛为热毒内陷营血之征；脉弦细而数，为热毒内炽，阴精亏损的表现。

四、黄疸有哪些相关检查？

血清总胆红素能准确反映黄疸的程度，结合胆红素、非结合胆红素定量对鉴别黄疸有重要意义。实验室检查见相关黄疸指数、血清胆红素升高。亦可查肝功能、血浆蛋白定量、凝血酶原时间，以了解肝功能损害程度。还可查血常规及血小板计数、尿胆红素和尿胆原检查也有助鉴别。亦可做B超、CT、MRI、胃肠钡餐、消化道纤维内镜、逆行胰胆管造影、肝穿刺活检检查有利于确定黄疸的原因。

五、黄疸的治疗原则是什么？

1. 祛湿为主 治疗黄疸重在祛湿，通利二便是祛湿的重要途径。若二便通利，则湿能下行，热邪与寒邪也易得泄。阳黄应配以清热解毒，热重于湿者佐以通腑，使湿热之邪从二便而去；湿重于热者佐以化浊，使湿从小便去；阴黄应配以健脾温化，益气养血，或疏肝活血；急黄则以清热解毒、凉血养阴为主，必要时根据证候适当配用清心开窍、透邪醒神等治法。

2. 活血退黄 黄疸病机过程均可伤及血分，故黄疸不同阶段，均应适当佐以活血化瘀。

六、治疗黄疸有哪些要注意的事项？

1. 黄疸的治疗，首先应根据发病情况，分辨外感、内伤，正邪之轻重缓急，而采取或急则治标、或缓则治本、或标本兼顾的原则。

2. 阳黄证者，热重于湿，可予茵陈蒿汤加减；湿重于热，可予茵陈五苓散合甘露消毒丹加减。急黄可予千金犀角散加减。阴黄：寒湿阻遏，可予茵陈术附汤加味；脾虚血亏，可予黄芪建中汤加减。

3. 祛邪退黄与调整脏腑功能可结合应用，具体用法应根据病邪盛衰、正气强弱、疾病新久及证候转化等情况决定，或单独使用，或分先后主次，或相互组合。

七、黄疸的护理要点有哪些？

1. 急性期禁止探视，执行消化道隔离，如确诊为传染性肝炎，应严格隔离，一切用具及排泄物要严格消毒，隔离时间至少 40 天；急性期应卧床休息，直至黄疸消退，体温降低，症状明显好转后方可逐渐恢复适当活动，但应注意避免过度劳累。急黄患者，病情凶险，应专人护理，并做特护记录。

2. 观察皮肤、巩膜黄染程度、变化情况、二便的色泽与数量及全身症状，以辨黄疸之阴阳、虚实、顺逆。

3. 密切观察病情变化：观察并记录黄疸部位、色泽、程度、体温、血压、舌象、脉象、二便，以及有无呕吐、腹胀、腹水、神昏等情况。如患者 24 小时尿量＜500ml 或黄疸急剧加深，精神委靡不振、神昏、抽搐、腹胀痛、呕血、便血、恶心呕吐、高热烦躁、肌肤出现斑疹等为病情加重症状，及时报告医生，及时配合处理。

4. 保持口腔清洁，兼有口臭、齿衄、呕吐者，可用淡盐水、银花甘草液或 2%的冰硼散溶液等漱口，每日 3～4 次，以减少口腔异味及感染。

5. 黄疸患者，思想负担比较重，尤其是急黄，病情急而凶猛，应加强情志护理，鼓励患者战胜疾病，烦躁易怒者要进行精神安慰。

6. 对症处理

（1）黄染：外用生姜周身擦或用茵陈 1 把，生姜 1 块捣烂，敷于脐前、四肢擦之，或用薏苡仁、白扁豆各 30g 煎水饮，用以退黄。阴黄者可遵医嘱取肝俞、胃俞、胆俞、脾俞、足三里、三阴交等穴，以灸法退黄。

（2）皮肤瘙痒者：保持皮肤清洁，嘱患者不要搔抓，以免皮肤破溃，应用温水擦浴或用薄荷炉甘石洗剂涂擦止痒，或局部涂冰硼水止痒。

（3）湿困脾胃脘腹胀满：遵医嘱隔姜灸神阙，或予腹部热敷或葱熨法，或饮用生姜红糖水。必要时可指压中脘、气海、天枢、足三里等穴。

（4）患者呕吐时取半卧位，头转向一侧，轻轻拍背或在胃部上下按摩，以降胃气。恶心时，可嚼服生姜以止呕；恶心呕吐较重时，可遵医嘱针刺内关、合谷、中脘、足三里等穴，以降逆止呕。

（5）大便秘结者，遵医嘱可给生大黄粉 5g 吞服，以清热祛黄。

八、黄疸后的生活起居应注意什么？

1. 发病初期，应卧床休息，急黄者须绝对卧床休息，恢复期及转为慢性久病患者，慎起居，适劳逸，避免过劳，适当进行体育运动，如练气功、打太极拳、散步等。

2. 进食营养丰富、易消化的食物，以补脾益肝。禁食辛辣、油腻及不洁的食物，禁烟、酒，防止助湿生热，碍脾运化。饮食有节，勿暴饮暴食，保持大便通畅。

3. 保持病房或环境安静、整洁、舒适。保持空气流通，病房至少通风 2～3 次，每次约 30 分钟。阳黄热重于湿者，室温适宜偏凉；阳黄湿重于热者，室温适宜偏热；阴黄者，要注意防寒保暖，病室适宜向阳；急黄者，室温宜凉爽。

4. 对传染性疾病引起的黄疸，做好消毒隔离工作，预防传染。病房每日紫外线照射空气消毒。在未完全治愈前，仍需与家人隔离，以免传染他人。

5. 保持心情舒畅，忌恼怒忧思，避免消极刺激言语，消除不良情绪。

九、黄疸后的饮食方有哪些？

饮食以低脂、低蛋白，清淡素食、半流质为主，忌肥腻、辛辣、烟酒，宜少量多餐，鼓励患者多饮水，并逐渐增加粗纤维食物的摄入。根据不同证型给予饮食指导。

1. 阳黄者饮食宜清淡、偏凉、易消化，可多食新鲜蔬菜、水果，多饮水，忌辛辣、海腥及烟酒。食疗方：栀子仁粥（栀子 5g，粳米 60g），黄花菜汤（黄花菜根 30g，水煎服，每日一次）。

2. 急黄者高热、烦渴时给予梨汁、藕汁以清热生津。难以进食者，应给予静脉营养支持。食疗方：茵陈大枣羹。

3. 阴黄者饮食宜清淡，富有营养，忌油腻、醇酒。食疗方：茵陈附子粥（茵陈 15g，制附子 6g，生姜 15g，红枣 10 枚煎服取药汁，入粳米 100g），枸杞猪肉汤。

十、黄疸的服药护理有哪些？

口服中药时，应与西药间隔 30 分钟左右。

1. 注意煎药及服药方法 阳黄中药偏温服，阴黄中药偏热服，复方益肝丸勿空腹服用。

2. 清热利湿或清热解毒剂应偏凉服，健脾和胃剂宜温热服。

3. 急黄神昏不能口服时，可鼻饲给药或保留灌肠。

4. 服药后密切观察疗效及反应，黄疸消退后，不可骤然停药，定期门诊复查以免复发。

十一、黄疸的转归预后如何？

阳黄、阴黄虽属不同性质的证候，但在一定条件下可以互相转化。如阳黄治疗不当，迁延日久，脾阳不振，可转为阴黄；阴黄不愈，重感时邪，复加热毒，可加重病情，虚中夹实，病变更为复杂。急黄抢救及时，治疗得当，虽然热毒渐解，但正气渐衰，可形成正虚邪恋之候。

1. 一般阳黄治疗得当预后良好，一般说来，阳黄病程较短，治疗得当，消退较易，预后良好；但阳黄湿重于热者，消退较缓，应密切观察病情变化，防其迁延转为阴黄。

2. 阴黄若阳气渐复，黄疸消退，预后良好；久治不愈，化热伤阴动血，黄疸加深，日久转为鼓胀，预后多不良。

3. 急黄为阳黄的重症，急黄者邪入心营耗血动血者预后多不良。

十二、如何才能预防黄疸？

1. 注意卫生管理，包括环境、牲畜、饮食、个人等，避免与黄疸患者接触。

2. 顺应时令，节饮食，勿暴饮暴食，勿贪杯，忌辛辣肥腻及酒热的食物，防止助湿生热，碍脾运化。进食营养丰富易消化食物，以补脾宜肝。

3. 保持心情愉悦，心胸豁达，避免烦躁发怒，“怒则伤肝”，劳逸结合，坚持体育锻炼。

4. 出现皮肤黄染伴发热口渴、心烦欲呕、脘腹胀满、小便短赤、大便秘结时及时就诊。

5. 积极治疗原发病，如肝炎、胆石症、肿瘤等。

6. 临床治愈出院后，要经过 3 个月左右的休息，以巩固疗效，减少病情反复。一般病后 1 年内不宜参加体力劳动，不接受主动免疫接种，同时定期门诊复查。

7. 有传染性的黄疸病流行期间，可注射预防疫苗或预防服药，可用茵陈蒿 30g，生甘草 6g，或决明子 15g，贯众 15g，生甘草 10g，或茵陈蒿 30g，凤尾草 15g，水煎，连服 3～7 日。

8. 适当参加体育运动，如散步、太极拳、静养功之类。

第三节 积 聚

一、什么是积聚?

积聚是指腹内结块，或胀或痛的病证。本病多由情志抑郁、风寒外袭、饮食不节，或病后体虚、黄疸、疟疾等病经久不愈，使脏腑功能失调，气机不畅，痰湿凝聚或瘀血内停，日久而成积聚。现代医学中的腹部肿瘤、肝脾大、内脏下垂、肠梗阻、胆囊疾病等均可参考本节内容进行辨证论治。

二、积聚的病因有哪些?

积聚一证，其病因包括情志失调，饮食所伤，寒邪内犯，及它病之后，肝脾受损，脏腑失和，气机阻滞，瘀血内结而成。

1. 情志失调 情志抑郁，肝气不舒，脏腑失和，脉络受阻，血行不畅，气滞血瘀，日积月累，可形成积聚。如《金匮翼·积聚统论》说："凡忧思郁怒，久不得解者，多成此疾"。

2. 饮食所伤 酒食不节，饥饱失宜，或恣食肥厚生冷，脾胃受损，运化失健，水谷精微不布，食滞湿浊凝聚成痰，或食滞、虫积与痰气交阻，气机壅结，则成聚证。如痰浊气血搏结，气滞血阻，脉络瘀塞，日久则可形成积证。《景岳全书·痢疾论》说："饮食之滞，留蓄于中，或结聚成块，或胀满硬痛，不化不行，有所阻隔者，乃为之积。"

3. 感受寒邪 寒邪侵袭，脾阳不运，湿痰内聚，阻滞气机，血气瘀滞，积聚乃成。如《灵枢·百病始生》说："积之始生，得寒乃生。"亦有外感寒邪，复因情志内伤，气因寒遏，脉络不畅，阴血凝聚而成积。如《灵枢·百病始生》说："卒然外中于寒，若内伤于忧愁，则气上逆，气上逆则六俞不通，温气不行，凝血蕴裹而不散，津液涩渗，著而不去，而积皆成矣。"以上说明内外合邪可形成积聚。

4. 病后所致 黄疸、胁痛病后，湿浊留恋，气血蕴结；或久疟不愈，湿痰凝滞，脉络痹阻；或感染虫毒（血吸虫等），肝脾不和，气血凝滞；或久泻、久痢之后，脾气虚弱，营血运行涩滞，均可导致积聚的形成。

三、积聚有哪些临床表现?

1. 聚证 触之无形，聚散无常，痛无定处，多属气分，病情多较轻。

（1）肝气郁结

1）临床表现：腹中结块柔软，时聚时散，攻窜胀痛，脘胁胀闷不适，苔薄，脉弦。

2）证候辨析：肝失疏泄，腹中气结成块。

（2）食滞痰阻

1）临床表现：腹胀或痛，腹部时有条索状物聚起，按之胀痛更甚，便秘，纳呆，舌苔腻，脉弦滑。

2）证候辨析：虫积、食滞、痰浊交阻，气聚不散，结而成块。

2. 积证 触之有形，固定不移，痛有定处，多属血分，病情多较重。

（1）气滞血阻

1）临床表现：腹部积块质软不坚，固定不移，胀痛不适。舌苔薄，脉弦。

2）证候辨析：气滞血瘀，脉络不和，积而成块。

（2）瘀血内结

1）临床表现：腹部积块明显，质地较硬，固定不移，隐痛或刺痛，形体消瘦，纳谷减少，面色晦暗黧黑，面颈胸臂或有血痣赤缕，女子可见月事不下，舌紫或有瘀斑瘀点，脉细涩。

2）证候辨析：瘀结不消，正气渐损，脾运不健。

（3）正虚瘀结

1）临床表现：久病体弱，积块坚硬，隐痛或剧痛，饮食大减，肌肉瘦削，神倦乏力，面色萎黄或黧黑，甚则面肢浮肿。舌淡紫，或光剥无苔，脉细数或弦细。

2）证候辨析：癥积日久，中虚失运，气血衰少。

四、积聚有哪些相关检查？

1. 瘕聚多属空腔脏器胃肠的炎症、痉挛、梗阻等病变。依据病史、症状、体征大致可做出诊断，必要时可配合腹部 X 片、B 超等检查。

2. 癥积多为肝脾肿大、腹腔肿瘤、增生型肠结核，必须结合 B 超、CT、MRI、X 片、病理组织活检及有关血液检查，以明确诊断。如积块日趋肿大，坚硬不平，应排除恶性病变。

五、积聚的治疗原则是什么？

1. 聚证病在气分，以疏肝理气、行气消聚为基本治则，重在调气。

2. 积证病在血分，以活血化瘀、软坚散结为基本治则，重在活血。

3. 积证治疗宜分初、中、末三个阶段：积证初期属邪实，积块不大，软而不坚，正气尚可，治疗以攻邪为主，予消散，行气活血医、软坚消积；中期积块渐大，质渐坚硬，而正气渐伤，邪盛正虚，属邪实正虚，予消补兼施；后期积块坚硬，形瘦神疲，正气伤残，以正虚为主，应予养正除积，扶正培本为主，酌加理气、化瘀、消积之品，切忌攻伐太过。

六、治疗积聚有哪些要注意的事项？

1. 积聚除按气血虚实辨证外，尚须根据结块部位、脏腑所属综合考虑，结合现代医学检查手段明确积聚的性质。如癥积系病毒性肝炎所致肝脾肿大者，在辨证论治的基础上可选加具有抗病毒、护肝降酶、调节免疫、抗纤维化等作用的药物；如恶性肿瘤加入扶正固本、调节免疫功能等药物。

2. 积聚治疗上始终要注意固护正气，功伐药物不可过用。聚证以实证居多，但如反复发作，脾气易损，此时需用香砂六君子汤加减，以培脾运中。积证系日积月累而成，其消亦缓，切不可急功近利。如过用、久用功伐之品，易于损正伤胃；过用破血、逐瘀之品，易于损络出血；过用香燥理气之品，则易耗气伤阴积热，加重病情。要把握好攻与补的关系及主次轻重。

3. 聚证肝气郁结，可用逍遥散、木香顺气丸加减；食滞痰阻者以六磨汤为主方。积证气滞血阻，以柴胡疏肝散合失笑散加减；瘀血内结，以膈下逐瘀汤配合六君子汤、鳖甲煎丸；正虚瘀结，以八珍汤合化积丸治疗。

七、积聚的护理要点有哪些？

1. 密切观察病情，做好护理记录

（1）观察癥积发生的部位、大小、硬度、活动度和压痛等情况。

（2）有无黄疸、鼓胀、血证、神昏、水肿、发热、呕吐等预兆。

（3）腹部突然剧痛，伴恶性呕吐，腹部及结块有明显压痛时，报告医师，并配合处理。

（4）出现吐血或便血、面色苍白、汗出肢冷、头晕心悸、血压下降、脉细弱时，报告医师，并配合处理。

2. 中药汤剂应饭后温服，观察服药后效果及反应。

3. 包块较大，腹痛较甚者，宜卧床休息，一般者可适当活动。

4. 长期卧床患者，保持床单清洁，做好口腔和皮肤护理。

5. 对症处理

（1）腹痛伴呕吐时，应卧床休息，减少活动，及时留取标本，做好记录，做好口腔护理。必要时遵医嘱禁食。

（2）疼痛：深呼吸或缓慢而有节奏的呼吸、听轻音；指导患者进行自我按摩，取穴：足三里、阳陵泉，中脘、内关、天枢等；局部艾灸或热敷等。取穴：足三里、阳陵泉，中脘、内关、天枢等；必要时遵医嘱使用镇痛药。

（3）腹胀明显者可遵医嘱肛管排气。

（4）腹痛腹胀者可耳穴埋籽，主穴：胆、肝、脾；配穴：交感、神门、三焦等。

（5）便秘时，指导或协助患者顺时针方向按摩腹部，促进排气排便；遵医嘱给予耳穴埋籽，主穴：大肠、小肠、便秘点；配穴：直肠 下段肺、交感等。

（6）腹泻后做好肛周皮肤护理。

八、积聚后的生活起居应注意什么？

1. 保持病房或环境安静、清洁、舒适、温暖。保持空气流通，病房至少通风2～3次，每次约30分钟。

2. 饮食　以清淡有营养易消化为原则，避免饮食过量，忌肥腻、煎炸、硬固、辛辣、生冷、醇酒等品。食欲正常者宜给补益气血、化瘀之品，如清蒸甲鱼、黄芪粥、桂圆粥、海带、紫菜及水产类食品。

3. 情志　避免忧虑、紧张等不良情绪，防止情志内伤加重病情。

4. 运动　注意锻炼身体，增强体质，但避免过度劳累，如内养功、放松功、八段锦、小周天气功等均适合积聚患者长期练习。

5. 生活起居　起居应有规律，根据四季时令变化，按时作息。注意寒温适宜，防止病情反复。戒烟限洒：养成良好的排便习惯，排便不可努责，便后及时清洗。保持皮肤的清洁舒适，避免使用刺激性洗浴用品，衣服宜宽松、柔软，勤更换。

6. 定期复诊　遵医嘱按时复诊，若出现黄疸、结节、腹痛腹胀、呕吐等症状时，应及时就医。

九、积聚后的饮食方有哪些？

积聚者饮食宜清淡富营养，易消化，忌食肥甘厚味、辛辣刺激、生冷硬固、煎炸、醇酒之品，要多食新鲜蔬菜。少食柿子、南瓜、马铃薯等产气食物。根据不同证型给予饮食指导。

1. 聚证

（1）肝气郁结：宜食疏肝解郁之品，如柑橘、萝卜、荔枝，丝瓜、菠菜、茄子等。食疗方：羊肉萝卜汤（羊肉、萝卜）。

（2）食滞痰阻：宜食理气化痰、导滞散结之品，如山楂、海带、蘑菇、木耳等。食疗方：山楂汤（山楂片、水）。

2. 积证

（1）气滞血阻：宜食理气消积、活血散瘀之品，如龙眼肉、花生、胡萝卜、墨鱼、荔枝、大枣、山药、海带等。食疗方：大蒜炖墨鱼（大蒜、墨鱼）。

（2）瘀血内结：宜食补血化瘀之品，如花生、胡萝卜、龙眼肉、墨鱼、荔枝、大枣、海带等。食疗方：桃仁粥（粳米、桃仁）。

（3）正虚瘀结：宜食补益气血、活血化瘀之品，如鸡蛋、鱼类、胡萝卜、菠菜、芹菜等。食疗方：大枣粥粳米，大枣。

十、积聚的用药护理有哪些？

1. 口服中药　口服中药时，应与西药间隔30分钟左右。

（1）中药汤剂宜浓煎，在饭后温服，观察服药后效果及反应。

（2）大黄䗪虫丸：忌烟酒、生冷、油腻及辛辣食物；体弱年迈者慎用，孕妇禁用；若发生过敏反应则应停服；需注意患者出凝血时间

（3）血府逐瘀丸：宜空腹红糖水送服，忌食生冷食物。

2. 中药注射剂

（1）中药注射剂应单独使用，与西药注射剂合用时须前后用生理盐水做间隔液。

（2）茵栀黄注射液：注意观察有无结晶或固体析出；不宜与氯化钠注射液、复方氯化钠注射液、葡萄糖氯化钠注射液、辅酶A、甘露醇、肌苷、精氨酸、维生素C、维生素B_6、氯化钙、

葡萄糖酸钙、盐酸林可霉素、复方甘草酸单铵、甘草酸二铵等配伍；用10%葡萄糖注射液250～500ml稀释后静脉滴注，速度不宜过快：注意药物不良反应如皮疹、荨麻疹及过敏反应。用药期间，忌食生冷，辛辣、油腻、鱼虾海鲜类食物。

3. 外用中药 外用消积散结药膏贴敷，有助于消积散瘀，应注意观察贴敷处皮肤，避免发生过敏反应。

十一、积聚的转归预后如何？

1. 聚证病程较短，只要能及时、恰当的治疗，一般预后良好。

2. 少数聚证日久不愈，可以由气入血转化成积证。癥积日久，瘀阻气滞，脾运失健，生化乏源，可导致气虚、血虚，甚或气阴两亏。若正气愈亏，气虚血涩，若癥积不易消散，甚至逐渐增大，应密切观察病情变化，如病势进一步发展，还可出现一些严重的变证。如积久肝脾两伤，统藏失职，瘀热伤络，导致出血；湿热瘀结，胆汁泛溢，出现黄疸；气血瘀阻，水湿泛滥，亦可出现腹满肢肿等症。

十二、如何才能预防积聚？

1. 积聚的发生大多与情志郁结有关，故要善于调摄情绪，正确对待各种事物，解除忧虑、紧张，避免情志内伤，这对于预防本证具有重要的意义。

2. 饮食有节，饮食上宜多食蔬菜水果，少食辛辣刺激及肥甘厚味之品。积聚兼有气血损伤者，宜进食营养丰富、易于消化的食物，以补养气血。

3. 平时积极参加各种文娱、体育活动，锻炼身体，增强体质。

4. 如见黄疸、胁痛、胃痛、泄泻、便血等病证，应早期检查，明确诊断，及时治疗。

5. 在血吸虫流行的区域，要杀灭钉螺，整治疫水，做好防护工作，避免感受虫毒。

6. 黄疸、疟疾、久泻、久痢等患者病情缓解后，要继续清理湿热余邪，舒畅气机，条肝运脾，防止邪气残留，气血郁结成积。

7. 起居有常，注意冷暖，保持正气充沛，气血流畅，是预防积聚的重要措施。

第四节 鼓 胀

一、什么是鼓胀？

鼓胀以腹大胀满，绷急如鼓，皮色苍黄，脉络显露为特征，故名鼓胀。根据本病的临床表现，类似西医学所指的肝硬化腹水，包括病毒性肝炎、血吸虫病、胆汁性、营养不良性等多种原因导致的肝硬化腹水。

二、鼓胀的病因有哪些？

鼓胀多是由饮食不节，七情劳欲所伤，及感染其他疾病后，肝脾失调，继而累及肾脏而成。主要由于酒食不节，情志所伤，劳欲过度，感染血吸虫，以及黄疸、积聚失治，致肝脾肾俱损或功能失调，血瘀癥积，湿热内蕴，气血水搏结，三焦失司，水泛络伤。

1. 情志所伤 情志不舒，肝失疏泄，气机不利，日久由气及血，络脉瘀阻。肝气郁结不舒，肝气横逆，脾胃受克，运化失职，以致水湿内停，气、血、水蕴结，痞塞中焦，变成鼓胀。

2. 酒食不节 饮食不节，嗜酒过度，恣食肥甘，滋生湿热，损伤脾胃。酒湿食积之浊气蕴滞不行，清阳不升，浊阴不降，以致清浊相混，壅塞中焦，水谷精微失于输布，湿浊内聚，遂成臌胀。

3. 劳欲过度 劳倦过度，伤及脾肾，脾伤则不能运化水谷，无以资生化源，气血不足，水湿内生肾伤则气化不行，湿聚水生。水湿内阻，气血运行不畅，气血水湿交阻而成鼓胀。

4. 血吸虫感染 血吸虫感染后未能及时接受治疗，内伤肝脾，肝脾气血失和，气滞湿聚，脉络瘀阻，脾胃气机升降失常，清浊相混，日久而成鼓胀。

5. 黄疸、积聚失治 黄疸多由饮食不节，湿热蕴结所致，治疗不当，日久则肝脾功能失调加重，中气亏耗，水湿停滞，气血凝滞，脉络瘀阻而成鼓胀。积聚多因气郁与痰血之凝聚而成，影响肝脾气血运行，以及肾与膀胱的气化，气血瘀阻，水湿停聚渐成鼓胀。

三、鼓胀有哪些临床表现?

1. 气滞湿阻

（1）临床表现：腹大胀满，按之不坚，胁下痞胀或疼痛，进食减少，食后胀甚，嗳气不适，小便短小，大便不爽，矢气夹杂，舌苔白腻，脉弦。

（2）证候辨析：肝郁气滞，脾失健运，湿阻中焦，浊气充塞，故腹胀如鼓，按之不坚，叩之如鼓；肝失条达，络气痹阻，故胁下胀满疼痛；气滞中满，故食少而胀，嗳气不适；气壅湿阻，水道不利，故小便短小；脉弦，苔白腻，为肝郁湿阻之象。

2. 湿热蕴结

（1）临床表现：腹大坚满，或腹痛拒按，烦热口苦，渴不欲饮，或有面目皮肤发黄，小便赤涩，大便秘结或溏垢，舌边尖红，苔黄腻，脉数。

（2）证候辨析：湿热互结，水浊停聚，故腹大坚满，脘腹绷急；湿热破胆气上逆，故烦热口苦；湿热内结阳明或阻于肠胃，则大便秘结或溏垢；湿热下注，气化不利，故小便赤涩；湿热壅滞，熏蒸肝胆，胆液外溢于皮肤，故面目皮肤发黄；舌边尖红，苔黄腻，脉弦散，乃湿热壅盛之象。

3. 肝脾血瘀

（1）临床表现：腹大坚满，腹壁青筋怒张，胁腹刺痛，面色黯黑，面颈胸壁有血痣，呈丝纹状，手掌赤痕，唇色紫褐，口渴不欲饮，大便色黑，舌紫红或有紫斑，脉细涩或脉虚大无力。

（2）证候辨析：瘀血阻于肝脾脉络，隧道不通，以致水气内聚，腹大坚满，脉络怒张，胁腹攻痛；瘀热互结脉络，故面颈胸壁等处出现血痣，手掌赤痕；水浊聚而不行，津不上承，故口渴不欲饮；大便色黑，为络伤血溢之象；面色黯黑，舌紫黯或有瘀斑或瘀点，脉象细涩，为血瘀之征，失血时可见脉虚大无力，甚则微细欲绝。

4. 肝肾阴虚

（1）临床表现：腹大胀满隆起，皮肤绷紧，或见脉络显露，形体消瘦，面色黧黑，唇紫，口燥，心烦，失眠，齿鼻衄血，小便短赤，舌红绛少津，脉弦细数。

（2）证候辨析：水湿停聚中焦，血瘀不行，故腹部胀大，甚则青筋显露，面色黧黑；阴血耗伤，不能荣养肌肤故形体消瘦；心烦、失眠、衄血均为阴血内热，热伤阳络之象；阴虚津液无义上乘，故口燥；舌红绛少津，脉弦细数，为肝肾阴血亏损之象。

5. 寒湿困脾

（1）临床表现：腹大胀满，按之如囊裹水，脘腹痞胀，得热稍舒，精神困倦，怯寒懒动，小便少，大便溏，舌苔白腻，脉缓。

（2）证候辨析：脾阳不振，寒湿停聚，水蓄不行，故腹大胀满，按之如囊裹水；寒水相搏，中阳不运，故脘腹痞胀，得热稍舒；脾为湿困，阳气失于舒展，故精神困倦，怯寒懒动；寒湿困脾，脾阳不振，伤及肾阳，水湿不化，故小便短少，大便溏；舌苔白腻、脉缓。

6. 脾肾阳虚

（1）临床表现：腹部胀满，入暮较甚，脘闷纳呆，神疲怯寒，肢冷浮肿，小便短少，面色萎黄或㿠白。舌质淡、体胖，舌淡紫，脉沉弦无力。

（2）证候辨析：脾肾阳气亏虚，寒水停聚，故腹胀满，入夜尤甚；阳虚则阳气不能敷布于内外，故怯寒肢冷神倦；脾肾阳虚，水津温运气化失职，水湿下注则下肢浮肿；膀胱气化不利，开合失司，故小便短少；脾阳虚不能运化水谷，则脘闷纳呆，腹胀；阳虚运化不利，水湿泛溢则面色苍黄或㿠白；舌体胖舌质淡紫及脉沉弦无力为脾肾阳虚兼瘀血之象。

四、鼓胀有哪些相关检查？

鼓胀为腹内积水，叩诊腹部膨大，叩诊成鼓音，有移动性浊音。可用超声波探测腹水，了解腹水量。腹腔穿刺液检查有助于区分漏出液和渗出液。腹水的恶性肿瘤细胞学检查、细胞培养、结合杆菌豚鼠接种酶、化学物质测定，均为辅助诊断手段。鼓胀与西医学肝硬化失代偿期关系最为密切，常由病毒肝炎所致，血清乙、丙丁型肝炎病毒相关指标可显示感染依据。血吸虫性肝硬化患者粪检可见虫卵或卵化有毛蚴，皮内试验、环卵沉淀反应、血清学检查等可作为血吸虫感染依据。肝功能、B 超、CT、MRI、腹腔镜、肝脏穿刺等检查有助于腹水原因的鉴别。消化道钡餐造影可显示门静脉高压所致食管、胃底静脉曲张情况。

五、鼓胀的治疗原则是什么？

1. 初期 以实证居多，治疗以祛邪为主，根据气滞、血瘀、水聚之偏重，而分别侧重于理气、活血、利水之法，水邪壅盛者，亦可暂予攻逐水液之剂，同时配以疏肝健脾。

2. 后期 以正虚为主，治疗以扶正祛邪为主，根据脾肾阳虚或肝肾阴虚不同，分别采用温补脾肾与滋养肝肾之法，兼以祛邪，配合气活血利水。治当攻补兼施，补虚不忘实，泻实不忘虚。

六、鼓胀的护理要点有哪些？

1. 观察腹痛、腹胀的性质、部位、诱因和发作时间；腹水的颜色、性状、量；患者的体重、腹围的变化；腹泻的次数，大便性状、量的变化等。

2. 密切观察腹胀尿少的情况，协助患者准确记录 24 小时出入量。

3. 观察贫血及出血情况，观察有无齿衄、鼻衄、皮肤紫斑及消化道出血。

4. 观察皮肤症状，有无面色萎黄、巩膜或皮肤黄疸、手掌殷红、面颈胸部红丝赤缕、血痣及蟹爪纹、腹壁静脉曲张等变化。

5. 腹水量少时，可适当活动，但不易疲劳。病情较重者，以卧床休息为主，腹水量多而致呼吸困难者，取半卧位，有条件者给予卧气垫床，经常按摩受压部，防治褥疮。

6. 对腹胀痞满、胸闷气促者，可取半卧位，必要时给予氧气吸入，轻者可适当活动。腹水严重者应严格控制水钠摄入，每天饮水量不得超过 1000ml，食盐控制在 2g 以下。

7. 鼻衄时应平卧位，头向后仰，鼻根部、额部冷敷，也可用棉球蘸云南白药、明胶海绵塞鼻，或遵医嘱针刺少商、合谷等穴。齿衄时可用银花甘草水漱口。禁止挖鼻孔、刷牙。

8. 保持大便通畅，便秘时遵医嘱给大黄粉 5g 吞服，忌用肥皂水灌肠。

七、鼓胀后的生活起居应注意什么？

1. 居室洁雅，行住坐卧，生活规律，起居有节，调适寒温。床单保持整洁干净，清洁无渣，以防潮湿、摩擦、排泄物刺激皮肤；床上用品及内衣、裤、鞋袜应选择宽松的纯棉制品，以免刺激皮肤使其瘙痒。

2. 保持皮肤和口腔清洁，协助患者用温水清洁皮肤，不用刺激性肥皂、浴液，勤换内衣；瘙痒者忌搔抓，应设法止痒，防治抓破皮肤引起感染，水肿部位禁针刺；进食后给予温水漱口，用软毛刷刷牙，防止牙龈受损引起出血。

3. 避免情志所伤和劳欲过度，怡性释怀，安心静养。

4. 在血吸虫地区，避免与疫水接触，做好防护措施。

八、鼓胀后的饮食方有哪些？

饮食以低盐低脂、清淡、易消化、高维生素、少渣食物为原则，禁食辛辣、生冷煎炸、粗糙硬固之品，进食时需细嚼慢咽；高血氨时禁用高蛋白食品；出现腹水时给低盐或无盐饮食，并限制水的摄入；吐血者，暂禁饮食。

1. 气滞湿阻 宜食疏肝理气，运脾利湿之品，如萝卜、山药、柑橘、薏仁粥、玫瑰花茶等。

2. 寒湿困脾 常食鲤鱼、鲫鱼、乌鱼、赤小豆、山药、薏仁等健脾益肾之品。

3. 湿热蕴结 多食菠菜、芹菜、黄瓜、冬瓜、赤小豆、雪梨等。

4. 肝脾血瘀 常食木耳、洋葱、桃仁、山楂、茯苓、陈皮、当归等。

5. 肝肾阴虚 常食番茄、梨、藕、草莓、牛奶等。

6. 脾肾阳虚 选食牛羊肉、黄鱼、鸡、南瓜、扁豆、山药、胡桃、龙眼、大枣等。

九、鼓胀的服药护理有哪些?

1. 口服中药时应与西药间隔 30 分钟左右。

（1）中药汤剂宜浓煎，肝肾阴虚、湿热蕴结者中药宜温服；气滞湿阻者中药宜热服。

（2）攻下逐水药宜清晨空腹服。

（3）食管胃底静脉曲张者，服片、丸药物时应研碎后服用。

2. 中药注射剂中药注射剂应单独使用，与西药注射剂合用时须前后用生理盐水做间隔液。

十、鼓胀的转归预后如何?

气滞湿阻证多见于疾病初期，主要为气机阻滞，兼有少量水湿，如及时予疏肝理气、除湿消满之剂，可使病情得到控制。若失治、误治，病情将会加重。

1. 寒湿困脾证 用温阳散寒化湿利水之剂，使寒去阳复，水湿得泄，可取得疗效。迁延日久，伤及脾肾之阳，可转化为脾肾阳虚之证。湿郁日久或过用温热之品，亦可化热，转变成湿热蕴结之证。

2. 湿热蕴结证 为水湿内蓄，用清热化湿利水之剂，可望得到好转，若久治不愈，邪深入络可成肝脾血瘀之证。若湿热久羁，耗伤阴液，伤及肝肾之阴，则转化为肝肾阴虚之证。

3. 肝脾血瘀证 予活血通络行气利水之剂，可使一部分患者病情得到缓解，若过于攻伐，耗气伤阴，则转成肝肾阴虚之证；若活血破瘀过猛，导致吐血、便血，使病情恶化，后果严重。

4. 脾肾阳虚证 予温补脾胃、化气行水之剂，可使部分患者病情得到缓解，带病延年，若过用温热药物，耗伤阴液，损伤肝肾之阴，可转化为肝肾阴血证。

5. 肝肾阴虚证 多属鼓胀晚期，患者预后一般较差，但若坚持治疗，部分患者亦可病情好转，带病延年。

十一、鼓胀如何预防?

1. 免饮酒过度，已患过黄疸的患者更应忌酒。

2. 宜调节情志，怡情养性，安心休养，避免过劳。

3. 避免与含有血吸虫的疫水接触。

4. 已患黄疸和积聚的患者，应及时治疗，休养生息。

5. 宜进清淡、富有营养且易于消化之食物。禁食生冷寒凉、不洁、辛辣、油腻、粗硬食物。一般患者宜进低盐饮食。下肢肿甚，小便量少时，则应忌盐。

6. 加强护理，注意冷暖，防止正虚邪袭。如感受外邪，应及时治疗。

第五节 瘿 病

一、什么是瘿病?

瘿病是以颈前喉结两旁结块肿大为主要临床特征的一类疾病。古籍中有称瘿、瘿气、瘿瘤、瘿囊、影袋等名者。本病主要由情志内伤，饮食及水土失宜引起，并与体质有密切关系。气滞、痰凝、血瘀壅结颈前是瘿病的基本病理。临床常见证型有气滞痰阻、痰结血瘀、肝火旺盛、心肝阴虚四种，以上四种证型之间常发生转化。现代医学的以甲状腺肿大为主要临床表现的疾病可参照本篇辨证论治，如单纯性甲状腺肿、甲状腺功能亢进症、甲状腺炎、甲状腺腺瘤、甲状腺癌等。

二、瘿病的病因有哪些？

瘿病的病因主要是情志内伤、饮食及水土失宜，但也与体质因素有密切关系。

1. 情志内伤 忿郁恼怒或忧愁思虑日久，使肝气失于条达，气机郁滞，则津液不得正常输布，易于凝聚成痰，气滞痰凝，壅结颈前，则形成瘿病。痰气凝滞日久，使血液的运行亦受到障碍而产生血行瘀滞，则可致瘿肿较硬或有结节。

2. 饮食及水土失宜 饮食失调，或居住在高山地区，水土失宜，一是影响脾胃的运化功能，使脾失健运，不能运化水湿，聚而生痰；二是影响气血的正常运行，致气滞、痰凝、血瘀壅结颈前则发为瘿病。

3. 体质因素 妇女的经、孕、产、乳等生理特点与肝经气血有密切关系，遇有情志、饮食等致病因素，常引起气郁痰结、气滞血瘀及肝郁化火等病理变化，故女性易患瘿病。另外，素体阴虚之人，痰气郁滞之后易于化火，更加伤阴，常使病机复杂，病程缠绵。

三、瘿病有哪些临床表现？

1. 气郁痰阻证

（1）临床表现：颈前喉结两旁结块肿大，质软不痛，颈部觉胀；胸闷，喜太息，或兼胸胁窜痛，病情常随情志波动；苔薄白，脉弦。

（2）证候辨析：肝气郁结，痰气郁结于颈部，以致颈前下方喉结两旁肿大；病因气滞故质软不痛，颈部觉胀；肝气不舒，肝络失和，故见胸闷、太息、胸胁窜痛等。情志失调每易影响肝的疏泄，故病情随情志而波动，脉弦为肝郁气滞之象。

2. 痰结血瘀证

（1）临床表现：颈前喉结两旁结块肿大，按之较硬或有结节，肿块经久未消；胸闷，纳差，舌质暗或紫；苔薄白或白腻，脉弦或涩。

（2）证候辨析：气滞痰凝，血脉瘀阻，故瘿肿较硬或有结节，青筋易露，气郁不宣故胸闷，咽部如窒，苔薄白或白腻，脉弦或涩，为内有痰湿及气滞血瘀之象。

3. 肝火旺盛证

（1）临床表现：颈前喉结两旁轻度或中度肿大，一般柔软、光滑；烦热，容易出汗；性情急躁易怒，眼球突出，手指颤抖，面部烘热；口苦，舌质红，苔薄黄，脉弦数。

（2）证候辨析：肝郁气滞，或痰气壅结于颈前，故出现瘿肿，气郁化火，肝气旺盛，故见急躁易怒，心烦怕热，面部烘热，口苦等症，火热内迫，津液外泄，则易出汗；肝火上炎，阳气亢盛，以致眼球突出；风阳内动则手指颤抖，舌红，苔黄，脉弦数均为肝火旺盛之象。

4. 心肝阴虚证

（1）临床表现：颈前喉结两旁结块或大或小、质软，病起较缓；心悸不宁，心烦少寐，易出汗；手指颤动，眼干，目眩，倦怠乏力；舌质红，苔少或无苔，舌体颤动，脉弦细数。

（2）证候辨析：痰气郁结脉络而致颈部瘿肿渐大，火郁伤阴，阴血不足，心失所养，故心悸不宁，心烦少寐；肝阴不足，目失所养，而为两目干涩，视物昏花，倦怠乏力，虚风内动则手指、舌体颤动；肝阴不足，胁络失养，故胁痛隐隐，绵绵不已。舌质红，脉弦细数为阴虚有热之征。

四、瘿病有哪些相关检查？

1. 实验室检查 散发性瘿病患者血常规有轻度贫血或正常。甲状腺功能多为正常水平。如为缺碘引发可有尿碘降低。血清蛋白结合碘（PBI）降低。血浆中的 TSH 水平可出现正常或有不同程度的增高。结节性甲状腺肿或混合性甲状腺肿患者的血清 TSH 水平可低于正常，部分 TRH 兴奋试验其 TSH 反应较低，T_3 抑制试验不受抑制，多有自主性调节趋势的功能变化。TGA 及 TMA 阳性时，应考虑桥本病的可能，应作病理穿刺及细胞学检查，明确诊断。

2. 其他辅助检查 弥漫性甲状腺肿的吸 ^{131}I 率明显增高呈“碘饥饿”曲线。做甲状腺 ECT 扫描时，早期可发现均匀性变化，晚期可发现有功能结节或无功能结节。

五、瘿病的治疗原则是什么?

理气化痰、消瘿散结为基本原则。瘿肿质地较硬及有结节者，应适当配合活血化瘀。肝火亢盛及火热伤阴者，则当以清肝泻火及滋阴降火为主。气郁痰阻、痰结血瘀证治法理气舒郁，化痰消瘿；肝火旺盛证治法清肝泻火，消瘿散结；心肝阴虚证治法滋阴降火，宁心柔肝。

六、瘿病的护理要点有哪些?

1. 按中医一般内科护理常规进行。

2. 重者需卧床护理。

3. 病情观察，做好护理记录。

4. 观察患者神志、血压、舌脉、胸憋、心悸等情况。

5. 观察肿块的皮肤色泽、大小、硬度、活动度、有无压痛、血管怒张、声音嘶哑、吞咽困难、气短、手足抽搐等。

6. 给药护理 了解用药类别、时间、途径、药量、观察用药后反应。中药宜温服，观察疗效。遵医嘱按时按量服用甲状腺制剂。

7. 饮食护理 注意调整饮食结构，给予营养丰富清淡、易消化的饮食，忌辛辣、海带和酒类。重者必要时遵医嘱给予营养支持疗法。

8. 情志护理 保持心情舒畅，减轻对疾病的恐惧心理，树立战胜疾病的信心，解除不良情绪，适当活动。

9. 临证施护

（1）肝气郁结：疏肝解郁，胸闷憋气时要注意休息，保持心情舒畅，可耳穴压豆以调整情绪。

（2）肝火内盛：清热化痰，注意休息，畅情志，睡前可用中药足浴或温开水泡脚或耳穴压豆以促进睡眠。

（3）心肝阴虚：滋养补心，日常活动以不累为宜，心悸时遵医嘱给予针刺或穴位按摩。

（4）痰瘀互结：理气活血，化痰消瘿，畅情志，胸闷纳差时配合耳穴压豆。

七、瘿病后的生活起居应注意什么?

1. 保持病房或环境安静、清洁、舒适。光线宜暗，保持空气流通，病房至少通风2～3次，每次约30分钟。不可劳累或思虑太过，睡前不宜看情节激烈的电视节目。

2. 患者避免直接吹风。风寒、气虚感冒者，室温可稍高，注意防寒保暖；风热、阴虚感冒者，宜凉爽通气。

3. 对感受疫疠邪气者宜做好消毒隔离工作，预防传染。病房每日紫外线照射空气消毒。

4. 发热严重的情况下，要注意休息，减少活动，热退后可活动，风寒感冒者要少做接触冷水的活动。

八、瘿病后的饮食方有哪些?

饮食应清淡，富有营养，忌烟酒等。对于甲状腺功能亢进的患者，应进食高蛋白、高热量、高维生素食物，特别是偏于寒凉的食物，如苦瓜、油麦菜等。忌食含碘食物，如紫菜、海带、海鲜等；忌生姜、羊肉、咖啡、浓茶等温热或刺激辛辣食物。对于甲状腺功能正常的患者，可以摄取适当的含碘食物。尽量少吃容易引起甲状腺肿大的食品，如甘蓝菜、花椰菜、大白菜、玉米、豆浆、芒果等；尽量引用自来水或蒸馏水，少用井水。对于伴有甲状腺功能减退的患者，不必戒食海产类，但要注意缺碘或碘过多都有可能产生低能症，经量少吃冰冻的饮料或食品。

1. 气郁痰阻证 饮食宜选用理气疏肝、化痰清瘿之品，玫瑰花可解郁，可用陈皮煲粥食用，可用玫瑰花、柴胡、菊花泡茶饮，可食百合、芦荟等。

2. 痰结血瘀证 此型忌食辛辣、肥甘厚腻之品，宜选用化痰理气活血之品，如陈皮、甘草可理气化痰，可用于泡水喝；当归、红花能活血祛瘀，可和鸡蛋、瘦肉一起，炖汤服用，可食凉拌猪肝，以及杏仁饮、蒲公英陈皮饮。

3. 肝火旺盛证 饮食宜清肝泻火，可用枸杞子、天冬、麦冬等，可泡水代茶引用，亦可与鸭肉一起煲汤饮用，可滋阴清肝泻火；可食茵陈，凉拌苦瓜，菊花、石决明泡茶饮。

4. 心肝阴虚证 饮食宜选用滋阴降火之品，如冬瓜、枸杞子、天冬、麦冬等，可煲粥食用；清淡而富有营养，可用枸杞子、决明子泡茶饮；鳖甲、生地黄、酸枣仁能宁心安神。

九、瘿病的服药护理有哪些？

1. 注意观察使用抗甲状腺药物，如甲巯咪唑、丙硫氧嘧啶后有无过敏反应。

2. 服用抗甲状腺药后如有高热、喉咙疼痛，立即就诊，防止粒细胞减少和粒细胞缺乏症。

3. 中药汤剂宜饭后服用，肝火旺盛证中药宜凉服，其他证型患者中药宜温服，服药后密切观察药物反应。

十、瘿病后的心理护理有哪些？

1. 教育患者保持心情愉快，遇事勿恼怒，避免情志刺激扰动五志之火。

2. 向患者宣传本病的有关知识，消除患者的忧虑、恐惧情绪，减轻患者思想顾虑。

3. 告知患者家属患者病情，使之正确认识患者的病情，从各方面关心、体贴患者，帮助患者疾病的治疗。

4. 引导患者参加适宜的文体活动，多与康复病友交流。

十一、瘿病的转归预后如何？

瘿病的预后大多较好。瘿肿小、质软、治疗及时者，多可治愈。但瘿肿较大者，不容易完全消散。若肿块坚硬、移动性差而增长又迅速者，则预后严重。在本病的病变过程中，常发生病机转化，如痰气郁结日久可化火，形成肝火亢盛证；火热内盛，耗伤阴津，导致阴虚火旺之候，其中以心肝阴虚最为常见；肝火旺盛及心肝阴虚的轻、中症患者，疗效较好；气滞或痰气郁结日久，则深入血分，血液运行不畅，形成痰结血瘀之候。重症患者则阴虚火旺的各种症状常随病程的延长而加重和增多，在出现烦躁不安、高热、大汗、脉疾等症状时，为病情危重的表现。若肿块在短期内迅速增大，质地坚硬，结节高低不平者，可能恶变，预后不佳。

十二、如何才能预防瘿病？

1. 在易发病地区，应经常食用含碘食物，如海带等，要坚持食用加碘盐，饮食宜规律。

2. 保持精神愉快，防止情志内伤，以及针对水土因素，注意饮食调摄，是预防瘿病的两个重要方面。

3. 已病患者应注意肿块形态、大小、软硬及活动度等方面的情况，防止恶化。

4. 积极治疗原发病，避免诱发因素。

5. 起居有常，避免过劳，注意增进体质的保健锻炼，要适量适度。

6. 定期健康检查。

第六节 疟　疾

一、什么是疟疾？

疟疾由感受疟邪，邪正交争所致，是以寒战壮热，头痛，汗出，休作有时为特征的传染性疾病，多发于夏秋季。

疟邪具有的特点是：舍于营气，伏藏于半表半里。如《素问·疟论》说：疟气“藏于皮肤之内，肠胃之外，此营气之所舍也”。《医门法律·疟疾论》说：“外邪得以入而疟之，每伏藏于半表半里，入而与阴争则寒，出而与阳争则热。”随经络而内搏五脏，横连募原。盛虚更替。与卫气相集则引起发病，与卫气相离则病休。即西医学的疟疾属于本病范畴。

二、疟疾的病因有哪些?

1. 感受虐邪 虐邪是疟疾的主要病因，并通过蚊虫传播人体。夏秋暑湿当令之际，正是蚊毒、“虐邪”肆虐之时，若人体被虐蚊叮咬后，虐邪则入侵致病。

2. 正虚邪乘 体质强壮者，感受虐邪后不一定发病，若饮食劳倦，起居失宜，正气耗伤，营卫空虚，若复感风寒、暑湿或瘴毒之气，虐邪乘虚而动即可发病。

三、疟疾有哪些临床表现?

根据疟疾阴阳偏盛、寒热多少的不同，把通常情况下所形成的疟疾称为正疟；素体阳盛及疟邪引起的病理变化以阳热偏盛为主，临床表现寒少热多者，称为温疟；素体阳虚及疟邪引起的病理变化以阳虚寒盛为主，临床表现寒多热少者，称为寒疟。在南方地区，由瘴毒疟邪引起，以致阴阳极度偏盛，寒热偏颇，心神蒙蔽，神昏谵语者，则称为瘴疟。若因疟邪传染流行，病及一方，同期内发病甚多者，则称为疫疟。疟病日久，疟邪久留，使人体气血耗伤，正气不足，每遇劳累，疟邪复与卫气相集而引起发病者，则称为劳疟。疟病日久，气机郁滞，血脉瘀滞，津凝成痰，气滞血瘀痰凝，结于胁下，则形成疟母。

1. 正虐

（1）临床表现：寒战壮热，休作有时，先有哈欠乏力，继则寒栗鼓颌，寒摆则内外皆热，头痛面赤，口渴引饮，终则遍身汗出，热退身凉，舌红，苔薄白或黄腻，脉弦。

（2）证候辨析：虐邪侵入，伏于半表半里。若虐邪与营卫相搏，正邪相争，而引起疟疾症状的发作。病邪入与阴相争，阴盛阳虚，阳气被遏，故致哈欠乏力，寒战鼓颌，邪出与阳相争，阳盛阴虚，则壮热。汗出、口渴引饮；终则邪气伏藏，虐邪与营卫相离，发作停止。病初苔多薄白，化热则见苔黄腻，虐脉自弦，弦紧主寒盛。

2. 温虐

（1）临床表现：热多寒少，汗出不畅，头痛，骨节酸痛，口渴引饮，便秘尿赤，舌红，苔黄，脉弦数。

（2）证候分析：由于素体阳虚而复感虐邪，或夏伤暑邪，暑热内蕴，里热炽盛，故表现为热多寒少，口渴引饮，便秘尿赤。夏暑贪凉，兼感风寒，外束肌表，营卫失和，以致汗出不畅，头痛，骨节酸痛，舌红，苔黄，脉弦数，均属热盛于里之象。

3. 寒虐

（1）临床表现：热少寒多，口不渴，胸脘痞闷，神疲体倦，苔白腻，脉弦。

（2）证候辨析：素体阳虚而复感虐邪，或兼感寒湿，寒湿内盛，郁遏中阳，阳气不能外达，故致热少汗多，口不渴，神疲体倦，寒湿内困，脾胃失于健运，气机不畅，故见胸闷脘痞。苔白腻，脉弦，为寒湿内阻之象。

4. 瘴虐

（1）临床表现

1）热瘴：热甚寒微，或壮热不寒，头痛，肢体烦疼，面红目赤，胸闷呕吐，烦渴饮冷，大便秘结，小便热赤，甚至神昏谵语。舌质红绛，苔黄腻或垢黑，脉洪数或弦数。

2）冷瘴：寒甚热微，或但寒不热，或呕吐腹泻，甚则神昏不语，苔白腻，脉弦。

（2）证候辨析：瘴毒虐邪侵入人体，由于素体阳盛，或热重于湿，或湿从热化热毒内郁，蒙蔽心神而发为热瘴；若感受瘴毒虐邪而素体阳虚，或湿重于热，或湿从寒化，以致瘴毒，湿浊壅闭，寒湿内盛，蒙蔽心神而发为冷瘴。

5. 劳虐

（1）临床表现：倦怠乏力，短气懒言，食少，面色萎黄，形体消瘦，遇劳则复发疟疾，寒热时作，舌质淡，脉细无力。

（2）证候辨析：疟疾日久，气血耗伤，加之脾胃虚弱，气血生化之源不足，故致倦怠乏力，短气懒言，食少，面色萎黄，形体消瘦。疟疾日久，正气亏虚，而虐邪未除，若遇过度劳累，耗伤正气，则易复发疟疾，寒热时作而成劳虐。

四、疟疾有哪些相关检查？

疟原虫检查、PCR检测、免疫学检测、血常规、尿常规及中段尿、血液生化、腹部B超、X线。

1. 血常规 红细胞和血红蛋白在多次发作后下降，恶性疟尤重；白细胞总数初发时可稍增，后正常或稍低，白细胞细胞及中粒细胞均显著增多，并见吞噬有疟色素颗粒。

2. 疟原虫检查 血液涂片（薄片或厚片）染色查疟原虫。并可鉴别疟原虫种类。骨髓涂片染色查疟原虫，阳性率较血片高。

3. 血清学检查 抗疟抗体一般在感染后2～3周出现，4～8周达高峰，以后逐渐下降。现已应用的有间接免疫荧光、间接血凝与酶联免疫吸附试验等，阳性率可达90%。一般用于流行病学检查。

五、疟疾的治疗原则是什么？

1. 祛邪截疟是治疗疟疾的基本原则。在诊断为疟疾后，即可截疟。在此基础上，根据疟疾证候的不同，分别结合和解表里、清热保津、温阳达邪、清心开窍、化浊开窍、补益气血等治法进行治疗。

2. 对于疟疾的治疗，古代医家积累了许多宝贵经验，值得重视。如《明医杂著·疟病证治》说："邪疟及新发者，可散可截；虚疟及久者，宜补气血。"《万病回春·疟病》说："人壮盛者，宜单截也"；"人虚者，截补兼用也"；"疟久不愈者，先截而后补也"；"疟已久者，须调养气血也"。

六、疟疾的护理要点有哪些？

一般护理

（1）虫媒隔离；疟蚊叮咬人体而传染，要加强病室的灭蚊、防蚊措施，对患者必须加用蚊帐以隔离之。

（2）发作时卧床休息，间歇期热退身安后可下床活动。

（3）观察病情变化，测量体温、脉搏、呼吸、血压，并加记录。寒战时要添加衣被、热水袋，注意保暖。发热时去掉部分衣被、热水袋，给予物理降温，用毛巾冷敷前额，温水擦浴等。亦可针刺大椎、隐道穴。寒战时用烧山火手法；发热时用透天凉手法。半头痛时，可按摩太阳、印堂、风池、合谷等穴，汗出口渴时，嘱多饮开水、清凉饮料，吃多汁水果，如橘子、西瓜、梨等，防止大汗伤津，甚至大汗亡阳。寒战高热时不宜饮水、进食和服药，以免引起呛咳，甚至窒息。汗出时用干毛巾擦汗，及时更衣，勿当风，避免受寒。

（4）发热时抽耳垂血厚涂片，可查疟原虫存在，阳性率较高。

（5）截虐。掌握患者疟疾发作的时间规律，截虐时间均应在发作前2小时进行，遵医嘱给予口服抗疟药，如青蒿素、伯氨喹、氯喹等；或针灸大椎、陶道、间使，寒战用灸法，发热用透天凉针法，等等。

（6）备齐抢救物品，密切观察病情变化。瘴虐病情凶险，尤其注意若有下列情况发生及时报告医生，协助抢救治疗：①持续高热不退，头痛剧烈，版频繁呕吐；②神情谵妄，神昏、抽搐；③大汗淋漓，四肢发冷，呼吸喘促，不能平卧，肌肤干燥，目眶凹陷，唇干口燥；④面色苍白，软弱无力，脉细弱虚脱时。

（7）发现瘴疟患者应及时向当地防疫站报告，因其具有传染性，注意隔离，加强防传染措施。

（8）温疟鼓励患者多饮水，给予菜汁、果汁，如银花露、菊花露代茶或西瓜水、甘蔗水、荔枝汁等。高热头痛时，可用青蒿汁加入热粥中服用。或针刺合谷、曲池、大椎等穴，泻热降温。也可用物理降温法。注意观察患者有无热盛伤阴的表现，如口渴唇干，双目少神、表情淡漠，皮肤少弹性、尿少等。

（9）寒疟患者可饮用柴胡露、桂枝露。

（10）疟母患者平时注意休息，减轻体力劳动，保护正气充足。加强饮食调补，宜食用瘦肉、猪肝、牛奶、桂圆、红枣等食品。若病情迁延者，遵医嘱服用鳖甲煎丸、外贴消痞膏。可食用甲鱼以滋阴清热。

七、治疗疟疾有哪些要注意的事项？

1. 辨瘴疟与一般疟疾的不同 一般的疟疾症状比较典型，休止之时，可如常人；定时而作，周期明显；神识清楚；发病虽以南方多见，但全国各地均有。而瘴疟则症状多样，病情严重，未发之时也有症状存在；周期不如一般疟疾明显；多有神昏谵语；主要在南方地区发病。

2. 辨寒热之偏盛 《景岳全书·疟疾》说："治疟当辨寒热，寒胜者即为阴证，热胜者即为阳证。"对于一般疟疾，典型发作者属于正疟；和正疟相比较，阳热偏盛，寒少热多者，则为温疟；阳虚寒盛，寒多热少者，则为寒疟。在瘴疟之中，热甚寒微，甚至壮热不寒者，则为热瘴；寒甚热微，甚至但寒不热者，则为冷瘴。

3. 辨正气之盛衰 疟疾每发，必伤耗人体气血，病程愈久，则气血伤耗日甚。正气亏虚，易于形成劳疟而反复发作。

八、疟疾后的生活起居应注意什么？

1. 灭蚊，保证生活环境中无蚊虫。

2. 发热和冷战期间，卧床休息。

3. 遵医嘱使用抗虐药物。

4. 多饮水。

5. 逐渐恢复正常活动。

6. 经常洗手，预防继发感染。

7. 维持充分营养。

8. 恢复期间要补充维生素。

9. 在发病区旅游时，应服预防药物。

10. 不要因症状消失停服或漏服药物。

11. 饮食以半流质为主，保证机体对液体的摄入量，忌食生冷、油腻的食品。一般治疗疟疾的药物，应在发作前半小时至2小时服用为宜。

九、疟疾后的饮食方有哪些？

疟疾的饮食禁忌：疟疾患者要要注意水分的补给，对食欲不佳者给予流质或半流质饮食，至恢复期给高蛋白饮食；吐泻不能进食者，则适当补液；有贫血者可辅以铁剂。

1. 宜食食物 食物宜选清淡爽口，并易于消化吸收的高蛋白质饮食，各种营养素含量丰富且有足够水分，可用牛奶、肝汤、蛋汤、果汁、菜汤等食物。

高热期间，宜食清淡素净的半流质饮食，如米粥、面条、菜汤、果汁、牛奶、蛋汤等。

壮热口干舌燥者，宜多食新鲜的瓜果，如西瓜、梨、荸荠、甘蔗。

2. 忌食食物

（1）温疟高热口渴，尿赤便秘者，禁忌辛辣温燥等刺激性食物，如烟、酒、大蒜、辣椒、胡椒、韭菜。

（2）寒疟胸闷纳呆，泛恶，苔厚腻者，忌食油腻甘甜等食物，如油炸食品、肥肉、番薯、饴糖、糯米甜食。

（3）疟疾反复发作者，忌食海腥发物及醋、糟腌食物，如橡皮鱼、黄鱼、带鱼、海虾、糟鱼、酸辣菜、南瓜。

（4）禁食生冷，疟疾患者常因饮食生冷而成为发作诱因之一，故当禁食生菜冷食。禁食生冷同时还有保护胃气，以利康复的作用。

3. 药膳 红黑猪肉丸：瘦猪肉、红枣、白面各120g，黑矾6g；将黑矾研成细末待用。再将红枣煮熟去核后与猪肉同煮，至肉熟，同捣烂如泥，加入白面、黑矾，制成药丸，每个重约4.5g，即可。每次1丸，每日2次，开水煮汤同服食。功能扶正截虐，顾护胃气。

4. 药茶

（1）截疟茶：常山9g，草果6g，槟榔15g，厚朴9g；将上药放入盛有开水的保温瓶内，浸泡约30分钟后，取汁倒入茶杯，代茶饮用。每日一剂，频频饮服。连服3～7日痊愈。功能温中截虐，适于寒虐患者饮用。

（2）常山柴胡茶：常山9g，柴胡6g，半夏9g；将上药放入盛有开水的保温瓶内，浸泡30分钟后，取汁倒入茶杯，代茶饮用。每日一剂，频频饮服。连服3～7日痊愈。功能杀虫截虐，适于正虐患者饮用。

十、疟疾的服药护理有哪些？

1. 观察抗疟疾药的反应，口服氯喹可引起食欲不振、恶心、呕吐、腹泻、头晕、皮肤瘙痒等不良反应，少数患者可以出现心律失常。奎宁主要的不良反应为食欲减退、疲乏、耳鸣、头晕，孕妇使用可引起流产。

2. 指导患者饭后服用氯喹，减少对胃肠刺激；嘱多饮水或静脉补液促进药物排泄。

3. 静脉滴注氯喹或奎宁控制疟疾凶险发作时，应控制静脉输液速度，以 40～50 滴/分为宜，并密切监测血压、脉搏改变。氯喹或奎宁注射时可引起血压下降及心脏传导阻滞，严重者可出现心搏骤停。如果出现严重反应应停止滴注，禁忌静脉注射。

4. 使用伯氨喹3～4天可出现发绀、血管内溶血，应注意观察有无头晕、恶心、呕吐等不良反应。一旦出现严重毒性反应，应立即报告医生停药。

5. 应用脱水剂治疗脑水肿与呼吸衰竭时，应选择好静脉，保证药物在30分钟内输完，避免药物外渗，同时观察心功能情况。

十一、疟疾的转归预后如何？

除瘴疟外，疟疾的预后一般良好，经过及时治疗，大多较快痊愈。但疟病日久，正虚邪恋，形成劳疟者，则易反复发作，使病情缠绵。胁下结块形成疟母者，则需要一定的治疗时间，以期消退。瘴疟则预后较差，因阴阳极度偏盛，心神蒙蔽，易导致死亡，需及时进行急救治疗。

十二、如何才能预防疟疾？

1. 防止感受疟邪是预防疟疾的根本措施，尤其是在夏秋季，更应注意预防。正如《景岳全书·疟疾》说："但使内知调摄而外不受邪，则虽居瘴地，何病之有。"消灭蚊虫是防疟综合措施中的主要环节。避免蚊虫叮咬（如采用蚊帐或驱蚊药），采取预防用药，及时治愈疟疾患者，减少传染来源等，都是控制疟疾的重要技术措施。

2. 疟疾发作之后，遍身汗出，倦怠思睡，应注意拭干汗液，及时更换内衣，并让患者安然入睡。未发作之日，可在户外活动，但应避免过劳。饮食应爽口而富于营养，以增强患者的抗病能力。对瘴疟则应周密观察，精心护理，及时发现病情变化，并采取相应的急救措施。

3. 带疟虫者要积极进行彻底治疗，避免发展为疟母。

第五章　肾系疾病

第一节　水　　肿

一、什么是水肿?

水肿是指因感受外邪，饮食失调，或劳倦过度等，使肺失宣降通调，脾失健运，肾失开合，膀胱气化失常，导致体内水液潴留，泛滥肌肤，以头面、眼睑、四肢、腹背，甚至全身浮肿为临床特征的一类病证。

二、水肿的病因有哪些?

人体水液的运行，有赖于气的推动，即有赖于脾气的升化转输，肺气的宣降通调，心气的推动，肾气的蒸化开合。这些脏腑功能正常，则三焦发挥决渎作用，膀胱气化畅行，小便通利，可维持正常的水液代谢。反之，若因外感风寒湿热之邪，水湿浸渍，疮毒浸淫，饮食劳倦，久病体虚等导致上述脏腑功能失调，三焦决渎失司，膀胱气化不利，体内水液潴留，泛溢肌肤，即可发为水肿。

1. 风邪外袭，肺失通调　风邪外袭，内舍于肺，肺失宣降通调，上则津液不能宣发外达以营养肌肤，下则不能通调水道而将津液的代谢废物变化为尿，以致风遏水阻，风水相搏，水液潴留体内，泛滥肌肤，发为水肿。

2. 湿毒浸淫，内归肺脾　肺主皮毛，脾主肌肉。痈疡疮毒生于肌肤，未能清解而内归肺脾，脾伤不能升津，肺伤失于宣降，以致水液潴留体内，泛滥肌肤，发为水肿。《济生方·水肿》谓:“又有年少，血热生疮，变为肿满，烦渴，小便少，此为热肿。”

3. 水湿浸渍，脾气受困　脾喜燥而恶湿。久居湿地，或冒雨涉水，水湿之气内侵；或平素饮食不节，过食生冷，均可使脾为湿困，而失其运化之职，致水湿停聚不行，潴留体内，泛滥肌肤，发为水肿。

4. 湿热内盛，三焦壅滞　“三焦者，决渎之官，水道出焉”。湿热内侵，久羁不化；或湿郁化热，湿热内盛，使中焦脾胃失其升清降浊之能，三焦为之壅滞，水道不通，以致水液潴留体内，泛滥肌肤，发为水肿。

5. 饮食劳倦，伤及脾胃　饮食失调，或劳倦过度，或久病伤脾，脾气受损，运化失司，水液代谢失常，引起水液潴留体内，泛滥肌肤，而成水肿。

6. 肾气虚衰，气化失常　“肾者水脏，主津液”生育不节，房劳过度，或久病伤肾，以致肾气虚衰，不能化气行水，遂使膀胱气化失常，开合不利，引起水液潴留体内，泛滥肌肤，而成水肿。

上述各种病因，有单一致病者，亦有兼杂而致病者，从而使病情趋于复杂。本病的病位在肺、脾、肾三脏，与心有密切关系。基本病机是肺失宣降通调，脾失转输，肾失开合，膀胱气化失常，导致体内水液潴留，泛滥肌肤。在发病机理上，肺、脾、肾三脏相互联系，相互影响，如肺脾之病水肿，久必及肾，导致肾虚而使水肿加重；肾阳虚衰，火不暖土，则脾阳也虚，土不制水，则使水肿更甚；肾虚水泛，上逆犯肺，则肺气不降，失其宣降通调之功能，而加重水肿。因外邪、疮毒、湿热所致的水肿，病位多在肺脾；因内伤所致的水肿，病位多在脾肾。因此，肺脾肾三脏与水肿的发病，是以肾为本，以肺为标，而以脾为制水之脏，诚如《景岳全书·肿胀》所云:“凡水肿等证，乃肺脾肾三脏相干之病。盖水为至阴，故其本在肾；水化于气，故其标在肺；水唯畏土，故其制在脾。今肺虚则气不化精而化水，脾虚则土不制水而反克，: 肾虚则水无所主而妄行。”

此外，瘀血阻滞，三焦水道不利，往往使水肿顽固难愈。

三、水肿有哪些临床表现？

1. 阳水

（1）风水泛滥

1）临床表现：眼睑浮肿，继则四肢及全身皆肿，甚者眼睑浮肿，眼合不能开，来势迅速，多有恶寒发热，肢节酸楚，小便不利等症。偏于风热者，伴咽喉红肿疼痛，口渴，舌红，脉浮滑数；偏于风寒者，兼恶寒无汗，咳喘，舌苔薄白，脉浮滑或紧。如水肿较甚，亦可见沉脉。

2）证候分析：风邪袭表，肺失宣降，不能通调水道，下输膀胱，故见恶风发热，肢节酸楚，小便不利，全身浮肿等症；风为阳邪，其性轻扬，风水相搏，推波助澜，故水肿起于面目，迅及全身；若风邪兼热则咽喉红肿热痛，舌红，脉浮滑数；若风邪兼寒，邪在肌表，卫阳被遏，肺气不宣，故见恶寒发热，咳喘；若肿势较甚，阳气内遏，则见沉脉，或沉滑数，或沉紧。

（2）湿毒侵淫

1）临床表现：眼睑浮肿，延及全身，小便不利，身发疮痍，甚者溃烂，或咽喉红肿，或乳蛾肿大疼痛，继则眼睑浮肿，恶风发热。舌红，苔薄黄，脉浮数或滑数。

2）证候辨析：肌肤乃肺脾所主之域，湿毒侵淫，故肌肤疮痍；湿毒未能及时清解消散，内归脏腑，使中焦脾胃不能运化水湿，失其升清降浊之能，使肺不能通调水道而小便不利；风为百病之长，故病之初起，多兼风邪，是以肿起眼睑，迅及全身，有恶风发热之象；舌红苔薄黄，脉浮数或滑数，是风邪夹湿毒所致。

（3）水湿浸渍

1）临床表现：全身水肿，按之没指，小便短少，身体困重，胸闷，纳呆，泛恶。苔白腻，脉沉缓。起病缓慢，病程较长。

2）证候辨析：水湿之邪，浸渍肌肤，壅滞不行，以致肢体浮肿不退；水湿内聚，三焦决渎失司，膀胱气化失常，故小便短少，水湿日增而无出路，横溢肌肤，所以肿势日甚，按之没指；脾为湿困，阳气不得舒展，故见身重神疲，胸闷，纳呆，泛恶等症；苔白腻，脉沉缓，亦为湿胜脾弱之象；湿为黏腻之邪，不易骤化，故病程较长。

（4）湿热壅盛

1）临床表现：遍体浮肿，皮肤绷急光亮，胸脘痞闷，烦热口渴，小便短赤，或大便干结。苔黄腻，脉沉数或濡数。

2）证候辨析：水湿之邪，郁而化热，或湿热之邪壅于肌肤经隧之间，故遍身浮肿而皮肤绷急光亮；由于湿热壅滞三焦，气机升降失常，故见胸脘痞闷；若热邪偏重者，津液被耗，故见烦渴，小便短赤，大便干结；苔黄腻，脉沉数或濡数，均为湿热之征。

2. 阴水

（1）脾阳虚衰

1）临床表现：身肿，腰以下为甚，按之凹陷不易恢复，脘腹胀闷，纳减便溏，面色萎黄，神倦肢冷，小便短少。舌质淡，苔白腻或白滑，脉沉缓或沉弱。

2）证候辨析：中阳不振，健运失司，气不化水，以致下焦水邪泛滥，故身肿，腰以下尤甚，按之凹陷不起；脾虚运化无力，故脘闷纳减，腹胀便溏；脾虚生化无权，阳不温煦，故面色萎黄，神疲肢冷；阳不化气，则水湿不行，而见小便短少；舌淡，苔白腻或白滑，脉沉缓或沉弱是脾阳虚衰，水湿内聚之征。

（2）肾阳衰微

1）临床表现：面浮身肿，腰以下尤甚，按之凹陷不起，心悸，气促，腰部冷痛酸重，尿量减少或增多，四肢厥冷，怯寒神疲，面色灰滞。舌质淡胖，苔白，脉沉细或沉迟无力。

2）证候辨析：腰膝以下，肾气主之，肾气虚衰，阳不化气，水湿下聚，故见腰以下肿甚，按之凹陷不起；水气上凌心肺，故见心悸气促；腰为肾之府，肾虚而水湿内盛，故腰痛酸重；肾与膀胱相表里，肾阳不足，膀胱气化不利，故尿量减少，或因下之不固而多尿，故有浮肿与多尿并见。

四、水肿有哪些相关检查？

水肿可做尿常规、24 小时尿蛋白定量、血常规、血沉、血浆白蛋白、血尿素氮、肌酐、体液免疫、心电图、心功能测定、肾脏 B 超等实验室检查。一般检查表现为血浆总蛋白与白蛋白的降低，血红细胞计数和血红蛋白含量明显减少，尿内是否有蛋白、红细胞及管型等。与水肿有关的肾功能试验，常选用酚红试验、尿浓缩和稀释试验、尿素廓清试验等。计算每日水和钠盐的摄入量和排出量，必要时测定血浆氯化钠含量，有助于了解体内水、盐的潴留情况。

五、水肿的治疗原则是什么？

水肿的治疗，《素问·汤液醪醴论》提出“去菀陈莝”、“开鬼门”、“洁净府”三条基本原则。张仲景宗《内经》之意，在《金匮要略·水气病脉证并治》中提出：“诸有水者，腰以下肿，当利小便；腰以上肿，当发汗乃愈。”辨证地运用了发汗、利小便的两大治法，对后世产生了深远的影响，一直沿用至今。根据上述所论，水肿的治疗原则应分阴阳而治，阳水主要治以发汗、利小便，宣肺健脾，水势壅盛则可酌情暂行攻逐，总以祛邪为主；阴水则主要治以温阳益气、健脾、益肾、补心，兼利小便，酌情化瘀，总以扶正助气化为治。虚实并见者，则攻补兼施。

六、治疗水肿有哪些要注意的事项？

1. 风水泛溢 疏风清热，宣肺行水。方用麻黄、生石膏解肌清热；白术、甘草、生姜、大枣健脾化湿，有崇土制水之意。可酌加浮萍、茯苓、泽泻，以助宣肺利小便消肿之功。若属风热偏盛，可加连翘、桔梗、板蓝根、鲜白茅根以清热利咽，解毒散结，凉血止血；若风寒偏盛，去石膏加苏叶、桂枝、防风，以助麻黄辛温解表之力；若咳喘较甚，可加杏仁、前胡，以降气定喘；若见汗出恶风，为卫气已虚，则用防己黄芪汤加减，以助卫解表；若表证渐解，身重而水肿不退者，可按水湿浸渍型论治。鲜浮萍草，数量不拘，煎水洗浴。用于急性肾炎初期，全身浮肿，头面尤剧者。以汗出为佳，汗出后宜避风寒，切勿受凉。

2. 湿毒浸淫 宜肺解毒，利尿消肿。前方中麻黄、杏仁、梓白皮（以桑白皮代）等宣肺行水，连翘清热散结，赤小豆利水消肿；后方以金银花、野菊花、蒲公英、紫花地丁、紫背天葵加强清解湿毒之力。若脓毒甚者，当重用蒲公英、紫花地丁；若湿盛糜烂而分泌物多者，加苦参、土茯苓、黄柏；若风盛而瘙痒者，加白鲜皮、地肤子；若血热而红肿，加丹皮、赤芍；若大便不通，加大黄、芒硝。

3. 水湿浸渍 健脾化湿，通阳利水。前方以白术、茯苓健脾化湿，苍术、厚朴、陈皮健脾燥湿，猪苓、泽泻利尿消肿，肉桂温阳化气行水；后方以桑白皮、陈皮、大腹皮、茯苓皮、生姜皮健脾化湿，行气利水。若上半身肿甚而喘，可加麻黄、杏仁、葶苈子宣肺泻水而平喘。

4. 湿热壅盛 分利湿热。方中羌活、秦艽疏风解表，使在表之水从汗而疏解；大腹皮、茯苓皮、生姜协同羌活、秦艽以去肌肤之水；泽泻、木通、椒目、赤小豆，协同商陆、槟榔通利二便，使在里之水邪从下而夺。疏表有利于通里，通里有助于疏表，如此上下表里分消走泄，使湿热之邪得以清利，则肿热自消。若腹满不减，大便不通者，可合己椒苈黄丸，以助攻泻之力，使水从大便而泄；若症见尿痛、尿血，乃湿热之邪下注膀胱，伤及血络，可酌加凉血止血之品，如大小蓟、白茅根等；若肿势严重，兼见气粗喘满，倚息不得平卧，脉弦有力，系胸中有水，可用葶苈大枣泻肺汤合五苓散加杏仁、防己、木通，以泻肺行水，上下分消；若湿热久羁，化燥伤阴，症见口燥咽干、大便干结，可用猪苓汤以滋阴利水。

5. 脾阳虚衰 温阳健脾，化气利水。方中干姜、附子、草果仁温阳散寒化气，白术、茯苓、炙甘草、生姜、大枣健脾益气，大腹皮、茯苓、木瓜利水去湿，木香、厚朴、大腹皮理气行水。水湿过盛，腹胀大，小便短少，可加苍术、桂枝、猪苓、泽泻，以增化气利水之力。若症见身倦气短，气虚甚者，可加生黄芪、人参以健脾益气。

6. 肾阳衰微 温肾助阳，化气行水。肾为水火之脏，根据阴阳互根原理，善补阳者，必于阴中求阳，则阳得阴助而生化无穷，故用六味地黄丸以滋补肾阴；用附子、肉桂温补肾阳，两药配合，则补水中之火，温肾中之阳气；用白术、茯苓、泽泻、车前子通利小便；生姜温散水寒之气；白芍开阴结，利小便，牛膝引药下行，直趋下焦，强壮腰膝。

若心悸，唇绀，脉虚或结或代，乃水邪上犯，心阳被遏，瘀血内阻，宜重用附子再加桂枝、炙甘草、丹参、泽兰，以温阳化瘀；若先见心悸，气短神疲，形寒肢冷，自汗，舌紫暗，脉虚数或结或代等心阳虚衰证候，后见水肿诸症，则应以真武汤为主，加人参、桂枝、丹参、泽兰等，以温补心肾之阳，化瘀利水。若见喘促，呼多吸少，汗出，脉虚浮而数，是水邪凌肺，肾不纳气，宜重用人参、蛤蚧、五味子、山茱萸、牡蛎、龙骨，以防喘脱之变。

本证缠绵不愈，正气日衰，复感外邪，症见恶寒发热，肿势增剧，小便短少，此时可按风水治疗，以麻黄附子细辛汤合五皮饮为主加减，酌加党参、黄芪、菟丝子等补气温肾之药，扶正与祛邪并用。

若病至后期，因肾阳久衰，阳损及阴，可导致肾阴亏虚，症见水肿反复发作，精神疲惫，腰酸遗精，口燥咽干，五心烦热，舌红少苔，脉细数，治宜滋补肾阴为主，兼利水湿，但滋阴不宜过于凉腻，以防匡助水邪，伤害阳气，可用左归丸加泽泻、茯苓等治疗。

若肾阴久亏，水不涵木，肝肾阴虚，肝阳上亢，上盛下虚，症见面色潮红，头晕头痛，心悸失眠，腰酸遗精，步履飘浮无力，或肢体微颤等，治宜育阴潜阳，用左归丸加介类重镇潜阳之品珍珠母、牡蛎、龙骨、鳖甲等治疗。

脾阳虚衰证与肾阳虚衰证往往同时出现，而表现为脾肾阳虚，水湿泛滥，因此健脾与温肾两法常同时并进，但需区别脾肾虚的轻重主次，施治当有所侧重。

水肿日久，瘀血阻滞，其治疗常配合活血化瘀法，取血行水亦行之意，近代临床上常用益母草、泽兰、桃仁、红花等，实践证明可加强利尿效果。

七、水肿的护理要点有哪些?

1. 阳水证 病室宜干燥，清洁。热重者宜偏凉爽，湿重或兼表证者宜较温热。宜给滑利渗湿的食品，以助清热利湿，

2. 阴水证 患者需要保暖，病室宜向阳，多加衣被。

3. 浮肿尿少者，遵医嘱给予中药煎水代茶饮。

4. 呕吐、发热者，宜食清热利水之品。

5. 胸闷、气促、口唇紫绀者，遵医嘱吸氧。

6. 湿毒上泛、恶心呕吐不止者，可服姜糖水或遵医嘱用止吐药。

7. 重症患者做好口腔及皮肤护理。对长期卧床的患者，预防压疮的发生。

8. 重症患者绝对卧床休息；水肿严重者，经常变换体位；眼睑及面部水肿时，可垫高枕；下肢水肿重者，适当抬高患肢；阴囊水肿者，用提睾带托起。

9. 鼓励患者消除恐惧、忧虑、急躁、悲观等情绪，积极配合治疗。

八、水肿后的生活起居应注意什么?

1. 注意调摄，起居有常，随天气变化增减衣服，衣着宜柔软吸汗材质。

2. 适当参加体育锻炼，严防感冒。轻症限制活动量，重症卧床休息。

3. 劳逸适度，尤应节制房事，戒怒，以保护元气。

4. 保护水肿皮肤免受损伤，注意皮肤黏膜的清洁，防止感染。

5. 教育患者限制钠盐和水的重要性，估计其每日盐的摄入量，教育患者烹调中如何用调味品和食盐摄入的同时增进食欲。

九、水肿后的饮食方?

1. 饮食宜清淡、易消化，忌辛辣、肥腻之品。

2. 水肿初期遵医嘱给予无盐饮食，肿势消退后可改低盐饮食。

3. 阳水证者，可给予清热利水之品。

4. 阴水证者，饮食宜富有营养。

5. 脾虚湿困者，可给予健脾利湿之品。

6. 腹胀者，少食产气食物。

7. 应注意低盐，每日给予食盐量应根据水肿程度而定，肿甚者应吃无盐饮食，肿轻者应吃少盐饮食。少数患者由于不注意忌盐而浮肿不易消退。酸味性收敛，不利于水液排出，故而生冷、酸涩之品应少食，营养素的供给应根据病情而定，水肿而血浆蛋白低下而肾功能正常或减退不明显者，给高蛋白饮食，每日60～80g，如肉、鱼、蛋类；肾功能减退者，特别是血中尿素氮、肌酐升高时，则给低蛋白饮食，每日20～30g，以减轻肾脏负担。饮食总热量必须补足，以免发生负氮平衡。虚证水肿患者，可多给些血肉有情之品。

十、水肿后的服药护理有哪些？

1. 阳水兼风者，中药宜热服，盖被，饮热粥或姜糖水后安卧，以助汗出。

2. 阴水证者，中药宜温服；若伴恶心呕吐者，在服药前生姜擦舌或少量频服。

3. 服攻下逐水药者，中药应频服，并观察二便情况。

十一、水肿后如何进行皮肤护理？

1. 保持皮肤清洁 用温水（接近体温）擦浴，擦浴后保持皮肤干燥，避免潮湿及摩擦等刺激，动作轻柔，不可用力。对水肿伴高热患者给予物理降温时，忌用酒精。酒精对皮肤有刺激，可反射性引起血管扩张，水肿患者皮肤抵抗力，易引起出血点或瘀斑。

2. 卧位 患者取主动卧位，四肢水肿严重，可略提高，利于静脉回流。变换体位由他人协助，避免推、托、拉等，不可局部用力，以免形成压迫点及损伤皮肤，翻身间隔时间<2小时，角度<30°。使用气垫床或波浪床等减压床，勿用气垫圈、橡胶圈。

3. 保持床铺平整 保持患者床铺平整、干燥、无渣屑。重度水肿患者宜穿宽松、舒适的衣服，防止皮肤局部着力，加重皮肤损伤，患者的床单、被套及衣物应及时更换。

4. 各项操作时 在进行肌内注射、静脉注射及其他操作时，应准确无误，扎止血带时应注意保护皮肤不可过紧，粘贴胶布时应缓慢进行。对于水肿的患者不宜进行肌内注射，静脉注射时宜留置套管针，各项操作严格无菌技术，防止医源性感染。

十二、水肿的转归及预后？

风水泛溢证、湿毒侵渍证、水毒侵渍证、湿热壅盛证、气滞水停证多起病较急。常见于疾病早期，属阳水，经及时正确的治疗，预后较好，多在3～7天内可消肿。肿退后，善后调理，正气渐复，可以治愈。部分阳水患者亦可因失治、误治，调理不善，致正气渐虚，水肿反复发作，迁延日久可转为虚实夹杂之证或阴水，使病情加重。气虚水溢证、脾阳虚衰证、肾阳衰微证、气阴两虚证，多起病缓慢，病程较长，常见于疾病的中晚期，但经正确治疗，细心护理，注意摄生及善后调理，可致水肿渐消，食欲日增，精神渐复，脉象和缓，病情好转。治疗不能急于求成，不要轻易改法易方，应谨守病机，稳步前进，才能见效。如治疗不当，或治疗不彻底，水肿反复发作，此时正虚邪恋，缠绵不愈，或水肿虽退，而脏气不复，脾肾虚弱，脾虚不能化生水谷，肾虚不能封藏精微，一时难以恢复，渐渐转为虚劳损途，表现为脏俯气血阴阳亏损，迁延难复。若此时能健脾益肾、益气填藏精血，长期调养，力求好转与长期稳定，部分患者亦可痊愈。

若水肿病起日久，反复发作，突然出现心悸、唇绀、气急、喘促不能平卧，此为水邪上逆心肺之变；或出现小便不通，呕吐不止，此为水湿蕴久成浊，浊邪阻闭三焦而成关格；或见衄血、下血，为水浊伤及血络；或见神昏谵语，肢体震颤，此为水浊上蒙心包，肝风内动之证。凡此种种预后多不良，每可产生脱变，虽经积极抢救，也难以脱离险境。

十三、如何预防水肿?

1. 适寒温，慎起居。所谓“虚邪贼风，避之有时”，趋利避害，防外邪侵袭。

2. 注意清洁卫生，防止疖肿、疮痍而诱发水肿，及时治疗，勿致迁延。

3. 注意生活调摄，起居有常，节制房事；戒除恼怒，不妄作劳；保护元气，预防感冒。

4. 平时应避免冒雨涉水，或湿衣久不脱，以避免湿邪外侵。

5. 注意饮食调摄肿势重者应予无盐饮食，轻者应予低盐饮食；或因营养障碍或甲状腺功能减退而至水肿者，此为虚肿、气肿，不必过于强调忌盐、忌口，饮食应富含蛋白质，清淡易消化。

6. 适当参加体育锻炼，动静相宜，劳逸结合，以不疲劳为度，增强体质，调畅情志。

十四、水肿出现并发症时如何护理?

1. 密切观察病情变化，如神志、呼吸、血压、水肿、食欲、二便、皮肤瘙痒等情况。

2. 若发现患者尿量减少、乏力、口中氨味、尿素氮偏高等肾衰竭先兆时，应及时报告医生。

3. 保持病室整洁、空气新鲜，减少探视人员，避免交叉感染。

4. 准确留取血、尿标本送检，及时发现肾功能变化。

5. 准确记录 24 小时出入量。

第二节　淋　　证

一、什么是淋证?

淋证是指因饮食劳倦、湿热侵袭而致的以肾虚，膀胱湿热，气化失司为主要病机，以小便频急，滴沥不尽，尿道涩痛，小腹拘急，痛引腰腹为主要临床表现的一类病证。其分为热淋、石淋、血淋、气淋、膏淋、劳淋六种。

二、淋证的病因有哪些?

1. 膀胱湿热　过食辛热肥甘之品，或嗜酒过度，酿成湿热，下注膀胱，或会阴不洁，湿热秽浊毒邪侵入膀胱，酿成湿热，或肝胆湿热下注皆可使湿热蕴结下焦，膀胱气化不利，发为热淋；若灼伤脉络，迫血妄行，血随尿出，则发为血淋；若湿热久蕴，煎熬尿液，日积月累，结成砂石，则发为石淋；若湿热蕴结，膀胱气化不利，不能分清别浊，脂液随小便而出，则发为膏淋。

2. 肝郁气滞　恼怒伤肝，肝失疏泄，或气滞不畅，郁于下焦，致肝气郁结，膀胱气化不利，发为气淋。

3. 脾肾亏虚　久淋不愈，湿热耗伤正气，或劳累过度，房室不节，或年老，久病，体弱，皆可致脾肾亏虚。脾虚而中气不足，气虚下陷，则发为气淋；若肾虚而下元不固，肾失固摄，不能制约脂液，脂液下注，随尿而出，则发为膏淋；若肾虚而阴虚火旺，火热灼伤脉络，血随尿出，则发为血淋；病久伤正，遇劳即发者，则为劳淋。

三、淋证有哪些临床表现?

淋证以小便频急，滴沥不尽，尿道涩痛，小腹拘急，痛引腰腹为基本特征。其起病或急或缓，其病程或长或短，长者久淋不已，时作时止，遇劳即发。小便频急者每日小便可达数十次，而每次尿量较少，或伴有发热，小便热赤；或小便排出砂石，排尿时尿流中断，腰腹绞痛难忍；或尿中带血或夹有血块；或小便浑浊如米泔或滑腻如脂膏，种种不一。病久或反复发作后，常伴有低热，腰痛，小腹坠胀，疲劳等症。

1. 热淋

（1）临床表现：起病急，症见发热，小便热赤，尿时热痛，小便频急症状明显，每日小便可达数十次，每次尿量少者为热淋。

（2）证候辨析：湿热毒邪客于膀胱，气化失司。水道不利；盖火性急故溲频而急；湿热壅盛，气机失宣，故尿难涩；湿热蕴蒸，灼热刺痛，故尿黄赤。

2. 石淋

（1）临床表现：小便排出砂石，或尿道中积有砂石，致排尿时尿流突然中断，尿道窘迫疼痛，或砂石阻塞于输尿管或肾盂中，常致腰腹绞痛难忍者为石淋。

（2）证候辨析：湿热蕴结下焦，尿液煎熬成石，膀胱气化失司。湿热下注化火灼阴煎熬尿液结为砂石，瘀积水道。尿中时夹砂石，小便滞涩不畅或尿不能卒出，痛引少腹或尿时中断，或腰痛如酸牵引少腹，连及外阴尿中带血，苔薄白或黄，脉弦或数，由肾波及膀胱阴部，砂石伤络则为尿血。

3. 气淋

（1）临床表现：小腹胀满明显，小便艰涩疼痛，尿后余沥不尽者为气淋。实证表现为小便涩痛，淋沥不尽，小腹胀满疼痛，苔薄白，脉多沉弦。虚证表现为尿时涩滞，小腹坠胀，尿有余沥，面白不华，舌质淡，脉虚细无力。

（2）证候辨析：气机郁结，膀胱气化不利。

4. 血淋

（1）临床表现：尿中带血或夹有血块，并有尿路疼痛者为血淋。

（2）证候辨析

1）膀胱湿热：多因阴部不洁，秽浊之邪侵入膀胱，酿成湿热，热盛伤络，迫血妄行，故小便涩痛有血，而成血淋。

2）脾肾亏虚：久淋不愈，耗伤正气，或房事不节，皆可导致脾肾两虚，肾阴不足，虚火灼络，血不循经，故尿中夹血，而致血淋。

5. 膏淋

（1）临床表现：淋证而见小便浑浊如米泔或滑腻如脂膏者为膏淋。

（2）证候辨析：湿热下注，阻滞络脉，脂汁外溢。

6. 劳淋

（1）临床表现：久淋，小便淋沥不已，时作时止，遇劳即发者为劳淋。

（2）证候辨析：湿热留恋，脾肾两虚，膀胱气化无权。

四、淋证有哪些相关检查？

水肿可做尿常规、24 小时尿蛋白定量、中段尿培养、血常规、血沉、血浆白蛋白、血尿素氮、肌酐、体液免疫、心电图、心功能测定、肾脏 B 超、膀胱镜、肾盂造影等检查。一般检查表现为血浆总蛋白与白蛋白的降低，血红细胞计数和血红蛋白含量明显减少，尿内是否有蛋白、红细胞及管型等。与水肿有关的肾功能试验，常选用酚红试验、尿浓缩和稀释试验、尿素廓清试验等。计算每日水和钠盐的摄入量和排出量，必要时测定血浆氯化钠含量，有助于了解体内水、盐的潴留情况。

五、淋证的治疗原则是什么？

实则清利，虚则补益，是治疗淋证的基本原则。实证有膀胱湿热者，治宜清热利湿；有热邪灼伤血络者，治宜凉血止血；有砂石结聚者，治宜通淋排石；有气滞不利者，治宜利气疏导。虚证以脾虚为主者，治宜健脾益气；以肾虚为主者，治宜补虚益肾。所以徐灵胎评《临证指南医案•淋浊》时指出："治淋之法，有通有塞，要当分别，有瘀血积塞住溺管者，宜先通，无瘀积而虚滑者，宜峻补。"

六、治疗淋证有哪些要注意的事项？

1. 热淋

（1）治法：清热解毒，利湿通淋。

（2）方药：八正散。本方的功效是清热解毒，利尿通淋。其中木通、萹蓄、瞿麦、滑石利尿通淋，大黄、山栀、甘草梢清热解毒。若大便秘结，腹胀者，可重用生大黄，并加枳实以通腑泄热；若腹满便溏，则去大黄；若伴见寒热，口苦，呕恶者，可合用小柴胡汤以和解少阳；若湿热伤阴者，去大黄，加生地、牛膝、白茅根以养阴清热；若小腹胀满，加乌药、川楝子行气止痛；若热毒弥漫三焦，入营入血，又当急则治标，用黄连解毒汤合五味消毒饮，以清热泻火解毒；若头身疼痛，恶寒发热，鼻塞流涕，有表证者，加柴胡、金银花、连翘等宣透热邪。

2. 石淋

（1）治法：清热利尿，通淋排石。

（2）方药：石韦散。方中石韦、冬葵子、瞿麦、滑石、车前子清热利尿，通淋排石。可加金钱草、海金沙、鸡内金等以加强排石消坚的作用。若腰腹绞痛者，可加芍药、甘草以缓急止痛；若见尿中带血，可加小蓟、生地、藕节以凉血止血；尿中有血条血块者，加川牛膝、赤芍、血竭以活血祛瘀；若兼有发热，可加蒲公英、黄柏、大黄以清热泻火。石淋日久，虚实并见，当标本兼治，气血亏虚者，宜二神散合八珍汤；阴液耗伤者，宜六味地黄丸合石韦散；肾阳不足者，宜金匮肾气丸合石韦散。

3. 气淋

（1）治法：实证宜利气疏导，虚证宜补中益气。

（2）方药：实证用沉香散，虚证用补中益气汤。沉香散中沉香、橘皮利气，当归、白芍柔肝，甘草清热，石韦、冬葵子、滑石、王不留行利尿通淋。胸闷胁胀者，可加青皮、乌药、小茴香以疏肝理气；日久气滞血瘀者，可加红花、赤芍、川牛膝以活血化瘀。补中益气汤补中益气，以治中气不足、气虚下陷之气淋。若小便涩痛，服补益药后，反增小腹胀满，为兼湿热，可加车前草、白茅根、滑石以清热利湿；若兼血虚肾亏者，可用八珍汤倍茯苓加杜仲、枸杞、怀牛膝，以益气养血，脾肾双补。

4. 血淋

（1）治法：实证宜清热通淋，凉血止血；虚证宜滋阴清热，补虚止血。

（2）方药：实证用小蓟饮子，虚证用知柏地黄丸。小蓟饮子方中小蓟、生地、蒲黄、藕节清热凉血止血，小蓟可重用至 30g，生地以生者为宜；木通、淡竹叶通淋利小便，降心火；栀子清三焦之湿热；滑石利尿通淋；当归引血归经；生甘草梢泻火而能达茎中以止痛。若热重出血多者，可加黄芩、白茅根，重用生地；若血多痛甚者，可另服参三七、琥珀粉，以化瘀通淋止血。知柏地黄丸滋阴清热以治血淋虚证，亦可加旱莲草、阿胶、小蓟、地榆等以补虚止血。

5. 膏淋

（1）治法：实证宜清热利湿，分清泄浊；虚证宜补虚固涩。

（2）方药：实证用程氏萆薢分清饮，虚证用膏淋汤。程氏萆薢分清饮中萆薢、石菖蒲清利湿浊；黄柏、车前子清热利湿；白术、茯苓健脾除湿；莲子心、丹参清心活血通络，使清浊分，湿热去，络脉通，脂液重归其道。莲子心宜改用莲米，可加土茯苓、荠菜以加强清热利湿、分清泄浊之力；若小腹胀，尿涩不畅者，加乌药、青皮；小便夹血者，加小蓟、蒲黄、藕节、白茅根。膏淋汤中党参、山药补脾，地黄、芡实滋肾，白芍养阴，龙骨、牡蛎固摄脂液。若脾肾两虚，中气下陷，肾失固涩者，可用补中益气汤合七味都气丸益气升陷，滋肾固涩。

6. 劳淋

（1）治法：健脾益肾。

（2）方药：无比山药丸。本方有健脾利湿，益肾固涩之功。其中山药、茯苓、泽泻健脾利湿，熟地、山茱萸、巴戟天、菟丝子、杜仲、牛膝、五味子、肉苁蓉、赤石脂益肾固涩。若脾虚气陷，症见小腹坠胀，小便点滴而出者，可与补中益气汤同用，以益气升陷；若肾阴亏虚，症见面色潮红，五心烦热，舌红少苔，脉细数者，可与知柏地黄丸同用，以滋阴降火；若肾阳虚衰，症见面色少华，畏寒怯冷，四肢欠温，舌淡，苔薄白，脉沉细者，可合右归丸以温补肾阳，或用鹿角粉 3g，分 2 次吞食。

七、淋证的护理要点?

病情观察：辨明淋证类别，淋证有不同的发病机制、临床表现及病情发展变化规律。因此辨别淋证有利于采取不同的护理措施。

1. 严密观察小便的色、质、量，指导患者留取中段尿培养的方法，并及时送检。

2. 热淋观察尿时有无灼热刺痛，有无寒热起伏，做好热型热势的观察和记录。

3. 血淋观察尿色，并做好尿的次数及血量的记录。

4. 石淋观察排尿情况，有无血块结石，急性发作时绞痛发生的时间、部位、性质、次数等。若见患者面白汗出、呕恶、辗转呻吟，及时报告医生，做好急救准备。

5. 膏淋观察尿色尿量，若膏脂物阻塞尿道而排尿困难，用腹式呼吸，慢慢增加腹内压，使膏脂物随尿排。

八、淋证后的生活起居应注意什么?

1. 热淋患者，病室宜凉爽干燥、避免对流风。发热者应卧床休息。直至退热、小便正常。热水或 1∶1000 高锰酸钾溶液坐浴，每日 3 次，保持外阴清洁。

2. 石淋患者，多饮水，根据结石部位，配合适当运动。如结石在肾区，可拍打肾区；在肾下盏，可做翻跟头、倒立动作；在输尿管，可多做跳跃运动，在膀胱区，应鼓励其憋尿后再用力排尿，以利于结石排出。

3. 气淋患者，病室宜安静，温、湿度适宜。虚证多休息，勿劳累。

4. 血淋患者，轻者可适当活动，但不宜劳累；出血多者，应绝对卧床休息。若因出血多而引起心悸、面色苍白、肢冷汗出、脉微欲绝等血脱危象时，立即报告医生，进行抢救。

5. 膏淋患者，避免强体力劳动，注意劳逸适度，保养身体。发作期应卧床休息。排尿不畅者应多饮水。有膏脂物阻塞尿道而排尿困难者，嘱患者用腹部呼吸，增加腹内压，使膏脂物随尿排出。

6. 劳淋患者，病室宜温暖向阳。注意休息，避免过度疲劳，节制房事，注意外阴部清洁。避风寒，以免因外感引起复发。有妇科疾病者应及时治疗。

九、淋证的饮食方有哪些?

1. 热淋者宜多饮开水或绿茶，以清热通淋。忌食辛热肥甘之品，忌嗜酒过度，以免湿热下注膀胱。可多饮西瓜汁、冬瓜汤、绿豆汤；为减轻疼痛可食用碱性的食物，如青菜、萝卜等；每日饮水至少 2000ml 以上，以利湿热之邪的排除。酌配食疗药膳，如小麦汤，清热利湿（小麦 50g，通草 9g，煮，去渣饮汁。《养老寿亲书》）；车前子粥，渗湿利尿通淋（车前子 30g，粳米 50g，煮粥。《养老寿亲书》）。

2. 血淋者饮食忌辛辣烟酒动火之品，宜清淡爽口之物，多食新鲜蔬菜、水果，多饮水或赤小豆汤大量频服，可清湿热，利小便。可食柿饼粥：柿饼 3 枚，粳米 100g；鲜藕侧柏叶汁：鲜藕 250g，侧柏叶 60g，捣汁服；白茅根煎水代茶饮，以清热凉血通淋。

3. 石淋者宜少食含钙磷高的食物，如牛奶、红茶、巧克力、蛋黄等，可用金钱草 60g，鸡内金 15g，大枣 5 枚水煎代茶。应根据不同类型的结石，做好相应的饮食指导。如草酸钙结石者，少食菠菜、土豆、辣椒；尿酸盐结石患者多食蔬菜水果，少食动物内脏和豆类；磷酸钙结石患者少食肥肉、蛋黄含磷高的食物。

4. 气淋者宜食富含营养，易消化，清轻疏利之品，多食新鲜蔬菜水果，禁刺激性食物。实证者常吃柑橘、萝卜、荔枝等疏调气机之品；虚证者宜食补脾益气之品，如佛手柑粥、食黄芪粥、参枣米饭。

5. 膏淋宜予低脂低蛋白饮食，忌生冷、辛辣、脂肪、蛋白类、肥腻之品，以素食为佳，饮食有节，不暴饮暴食，可选芹菜、荠菜煮水代茶。食疗方：白果 7 枚，连皮打碎，用豆浆 1 碗煮开冲服。

6. 劳淋宜食营养丰富，补脾益肾之品，以培补正气，如牛奶、山药、瘦肉、枸杞粥、人参大枣粥、胡桃仁粥、桂圆莲子粥等，忌生冷、硬固、油炸之品。

十、淋证的服药护理有哪些？

1. 热淋患者，车前子、滑石宜布包煎，大黄应后下。中药汤剂宜空腹、凉服。

2. 石淋者，车前子、滑石宜布包包煎，中药汤剂宜空腹、凉服。可选用肾石通冲剂、或金钱草 60g 煎水代茶饮。石淋患者应用排石药后注意观察尿中有无砂石排除。

3. 气淋者，滑石宜布包煎，人参宜另炖兑服。中药汤剂实证患者宜凉服，虚证患者宜温热服。或用木通、甘草适量煎水送下，以达疏导通淋之目的。

4. 血淋者，滑石宜布包煎。中药汤剂宜空腹凉服，实证可用大蓟、小蓟、白茅根各 30g，水煎代茶；或鲜藕 205g，侧柏叶 60g，捣汁服用。

5. 膏淋者，龙骨、牡蛎应打碎先煎，车前子应布包煎。中药汤剂实证宜凉服，虚证宜温服。

6. 劳淋者，中药汤剂宜温热服。

十一、淋证的情志护理？

淋证患者昼夜尿频，涩滞不畅，精神痛苦。应加强精神护理，耐心解释，悉心疏导安慰，消除紧张悲观情绪，使之配合治疗。

十二、淋证的转归预后如何？

淋证的预后，往往与其类型和病情轻重有关，一般说来，淋证初起多较易治愈，但少数热淋、血淋有时可发生湿热弥漫三焦，热毒陷入营血，出现高热、神昏、谵语等重危证候。

淋证日久不愈或反复发作，可以转为劳淋，导致脾肾两虚，甚至脾肾衰败，肾亏肝旺，肝风上扰，而出现头晕肢倦，恶心呕吐，不思纳食，烦躁不安，甚则昏迷抽搐等证候。至于淋证日久，尿血绵绵不止，患者面色憔悴，形体瘦削，或少腹扪及肿块，此乃气滞血瘀，进而可导致癥积形成。

十三、淋证的预防与调护？

1. 消除各种外邪入侵和湿热内生的有关因素，如冷暖失宜、久坐忍尿、过食肥甘、纵欲过度、外阴不洁等，不憋尿，每 2～3 小时排尿一次，房事后即行排尿，防止秽浊之邪从下阴上犯膀胱，是预防淋证发病及病情反复的重要方面。

2. 积极治疗消渴、痨疾等原发病，避免不必要的导尿及泌尿道器械操作，以减少本病的发生。妇女注意月经期、妊娠期及产后外阴卫生、房事卫生、勤换内衣，以免虚体受邪。

3. 平素多饮水，每日饮水 1500～2000ml。可食磁化水或清凉饮料，如西瓜汁、绿豆汤等，也可用鲜芦根或珍珠草煎水代茶，也可多饮绿茶或用金钱草 60g 煎水代茶，以清热利湿。合理饮食，忌烟酒，慎房事。

4. 起居有节，情志调畅；加强锻炼，增强体质。

第三节　癃　　闭

一、什么是癃闭？

癃闭又称小便不通、尿闭，是以小便量少，点滴而出，甚则闭塞不通为主症的一种疾患。病情轻者涓滴不利为癃，重者点滴皆无称为闭。癃闭有虚实之分，实证多因湿热、气结、瘀血阻碍气化运行；虚证多因中气，肾阳亏虚而气化不行。临床多因败精阻塞、阴部手术等，使膀胱气化失司，水道不利，以小便量少、点滴而出，甚至闭塞不通为主要症状，属肾病和排尿障碍。《灵枢·本输》称为闭癃。《类证治裁·闭癃遗溺》云："闭者小便不通，癃者小便不利。"凡小便排出甚少或完全无尿排出者，统称癃闭。现代医学中各种原因引起的尿潴留及无尿症均可参考本节内容进行辨证论治。

二、癃闭的病因有哪些？

正常人小便的通畅，有赖于三焦气化的正常，而三焦的气化主要又依靠肺脾肾三脏来维持，所以本病除与肾有密切关系外，还常常和肺、脾、三焦有关。肺主肃降，通调水道，由于肺气的肃降，使上焦的水液不断地下输于膀胱，从而保持着小便的通利。若肺失肃降，不能通调水道，下输膀胱，就可导致癃闭的发生。脾主运化，脾在运化水谷精微的同时，还把人体所需要的水液运送到周身各处，这就是脾的转输作用，若脾失转输，不能升清降浊，也可导致癃闭的发生。肾主水液而司二便，与膀胱相为表里，肾主水液，是指它在调节体内水液平衡方面起着极其重要的作用，体内水液的分布与排泄，主要靠肾的气化作用，肾的气化正常，则开阖有度，在生理情况下，水液通过胃的受纳、脾的转输、肺的肃降，而下达于肾，再通过肾的气化功能，使清者上归于肺而布散周身，浊者下输膀胱，而排出体外，从而维持人体正常的水液运化。若肾的气化功能失常，则关门开阖不利，就可发生癃闭。此外，肝气郁滞、血瘀阻塞均可影响三焦的气化，而导致癃闭。

1. 湿热蕴结　中焦湿热不解，下注膀胱，或肾热移于膀胱，膀胱湿热阻滞，导致气化不利，小便不通，而成癃闭。所以《诸病源候论·小便病诸候》指出；“小便不通，由膀胱与肾具有热故也。”

2. 肺热气壅　肺为水之上源，热壅于肺，肺气不能肃降，津液输布失常，水道通调不利，不能下输膀胱，因热气过盛，下移膀胱，以致上、下焦均为热气闭阻，而成癃闭。

3. 脾气不升　劳倦伤脾，饮食不节，或久病体弱，致脾虚而清气不能上升，则浊阴就难以下降，小便因而不利，所以《灵枢·口问》指出，“中气不足，溲便为之变”。

4. 肾元亏虚　年老体弱或久病体虚，肾阳不足，命门火衰，所谓无阳则阴无以生，致膀胱气化无权，而溺不得出，或因下焦积热，日久不愈，津液耗损导致肾阴不足，所谓“无阴则阳无以化”，也可产生癃闭。

5. 肝郁气滞　七情内伤，引起肝气郁结，疏泄不及，从而影响三焦水液的运行及气化功能，致使水道的通调受阻，形成癃闭。且从经脉的分布来看，肝经绕阴器，抵少腹，这也是肝经有病，产生癃闭的原因。所以《灵枢·经脉》指出，“肝足厥阴之脉……是主肝所生病者，遗溺闭癃。”

6. 尿路阻塞　瘀血败精，或肿块结石，阻塞尿路，小便难以排出，因而形成癃闭，即《景岳全书·癃闭》所说：“或以败精，或以槁血，阻塞水道而不通也”。

本病的病位，虽在膀胱，但与三焦、肺、脾、肾的关系亦为密切，上焦之气不化，当责之于肺，肺失其职，则不能通调水道下输膀胱，中焦之气不化，当责之于脾，脾土虚弱，则不能升清降浊，下焦之气不化，当责之于肾，肾阳亏虚，气不化水，肾阴不足，湿热凝结，均可引起膀胱气化失常，而形成癃闭。肝郁气滞，使三焦气化不利，也会发生癃闭。此外，各种原因引起的尿路阻塞，也可引起癃闭。一般说来，湿热蕴结，肺热气壅，肝郁气滞，尿路阻塞多属实证；而脾气不升，肾元亏虚多属虚证。

三、癃闭有哪些临床表现？

1. 实证

（1）膀胱湿热

1）临床表现：小便点滴不通或量极少而短赤灼热，小腹胀满，口苦口黏，或口渴不欲多饮。苔黄腻，舌质红，脉沉数，或大便不畅。

2）证候辨析：湿热壅积膀胱，膀胱气化失司。湿热互结，气滞于下。湿热内盛，津液不布，下焦湿热所致。

（2）肺热壅盛

1）临床表现：小便不畅或点滴不通，咽干、烦渴欲饮，呼吸急促或咳嗽，苔薄黄，脉数。

2）证候辨析：肺热内盛，失于肃降，不能通调水道，下输膀胱。肺热失于清肃，津液不能输布。肺热上壅，气逆不降，热邪内郁之征。

（3）肝郁气滞

1）临床表现：小便不通，或通而不爽，胁腹胀满，脉弦，多烦善怒，苔薄黄，舌红。

2）证候辨析：七情内伤，气机郁滞。肝气失于疏泄，水液排出受阻，肝气横逆所致，肝旺之征，肝郁有化火之势。

（4）尿道阻塞

1）临床表现：小便点滴而下，或尿如细线，甚则阻塞不通，小腹胀满疼痛，舌紫暗或有瘀点，脉细涩。

2）证候辨析：瘀血败精成块，阻塞于膀胱尿道之间，均为瘀阻气滞的征象。

2. 虚证

（1）脾气不升

1）临床表现：时欲小便而不得出，或量少而不爽利，气短而语声低微，小腹坠胀，精神疲乏，食欲不振，舌质淡，脉弱。

2）证候辨析：清气不升则浊阴不降，脾虚升提无力，脾气虚弱，运化无力，表现为气虚之征。

（2）肾阳衰惫

1）临床表现：小便不通或滴点不爽，排出无力，面色苍白，神气怯弱。腰膝冷而酸软无力，舌质淡，脉沉细而尺弱。

2）证候辨析：肾阳衰惫，气化无力，元气虚弱之征，命门火衰，气化不及州都所致。

四、癃闭有哪些相关检查？

适当选择肛门指诊、B超、腹部X线摄片、膀胱镜、肾功能检查，以明确是肾、膀胱、尿道，还是前列腺等疾病引起的癃闭。实验室检查可有周围血常规、尿液、前列腺液及血尿素氮、肌酐等生化指标异常。

五、癃闭的治疗原则是什么？

癃闭的治疗根据“六腑以通为用”的原则，着眼于通，即通利小便。但通之之法，有直接、间接之分，因证候的虚实而异。实证治宜清湿热，散瘀结，利气机而通利水道；虚证治宜补脾肾，助气化，使气化得行，小便自通。同时，还要根据病因病机，以及病变在肺在脾在肾的不同，进行辨证论治，不可滥用通利小便之品。此外，尚可根据“上窍开则下窍自通”的理论，用开提肺气法，开上以通下，即所谓“提壶揭盖”之法治疗。若小腹胀急，小便点滴不下，内服药物缓不济急时，应配合导尿或针灸以急通小便。

六、癃闭的护理要点有哪些？

1. 锻炼身体，起居有时。

2. 保持心情舒畅，消除紧张情绪，切忌忧思恼怒。

3. 消除外邪入侵和湿热内生的有关因素。

4. 老年人尽量减少使用抗胆碱类药，如阿托品、颠茄等，以免癃闭的发生。

5. 早期治疗淋证、水肿、尿路肿块、结石等疾患。对疫斑热患者，要及时补充体液，维持体内液体的平衡。

6. 尿潴留需进行导尿患者，必须严格执行规范操作，避免外毒带入膀胱内。

7. 保持导尿管患者，应经常保持会阴部卫生，鼓励患者多饮水，保持每日尿量在2500ml以上。宜每4小时开放一次，当患者能自动解出小便时，应尽快拔除尿管，切忌持续引流。

8. 临证（症）护理

（1）湿热下注者，遵医嘱给予中药泡水代茶饮。

（2）肝郁气滞者，做好情志疏导，解除患者忧郁情绪。

（3）瘀浊阻塞者，遵医嘱用活血化瘀中药研末开水调敷少腹部。

（4）肾气亏虚者，用食盐250g炒热，布包熨少腹部。

七、癃闭后的生活起居应注意什么？

1. 慎起居，避风寒。

2. 保持大便通畅，保持会阴部清洁卫生。

3. 平时应注意养成不憋尿、睡前少饮水的习惯。

4. 保持良好的情绪，避免情志过激，情绪低落，做到心气平和。

5. 注意饮食清淡，多食新鲜水果、蔬菜、粗粮及大豆制品，可食蜂蜜经常保持大便通畅。适量食用牛肉、鸡蛋及锌含量较高的食物，如贝类、鱼蛋类、花生、芝麻等，以增强抗病能力。

6. 忌饮烈酒，少食辛辣肥甘之品，少饮咖啡，少食柑橘、橘汁等酸性强的食品，并少食白糖及精制面粉。

7. 应急措施　若小腹胀急，小便点滴不下，可采用下列内外治法应急处理。

（1）单方验方倒换散：生大黄 12g，荆芥穗 12g，共研末，分 2 次服。每隔 4 小时用温开水调服 1 次，每日 2 次。

（2）外敷法：食盐 250g，炒熟，布包熨脐腹，冷后再炒热敷之。独头蒜头 1 只，栀子 3 枚，盐少许，捣烂，摊纸贴脐部，良久可通。

（3）取嚏或探吐法用消毒棉签，向鼻中取嚏或喉中探吐；或用皂角末 0.3～0.6g，吹鼻取嚏。打喷嚏或呕吐，能开肺气、举中气而通下焦之气，是一种简单而有效的通利小便的方法。

（4）针灸推拿针刺足三里、中极、三阴交、阴陵泉等穴，反复捻转提插，强刺激；体虚者可灸关元、气海，并可采取少腹、膀胱区按摩法。

（5）导尿法若经过服药、外敷、针灸等法治疗无效，而小腹胀满特甚，叩触小腹部膀胱区呈浊音，当用导尿法以缓其急。以上诸法，用于尿潴留引起的癃闭有效；而对肾衰竭所致的少尿或无尿，疗效不显。

八、癃闭的转归预后如何？

1. 转归

（1）肺热气壅证：经过正确的治疗，可以防止和减少由癃至闭的发生。但有少数患者因上、下焦均为热气闭阻，小便数日不通而发展为关格重症，故急性热病早期予宣降肺气，以利水道，至关重要。

（2）膀胱湿热证：多数起病缓慢，病程缠绵，若能坚持治疗，注意生活调摄，则能很好地控制病情。若以酒为浆，以妄为常，则病情迁延难愈。

（3）肝郁气滞证：起于情志因素而诱发者，在祛除诱因后，病情可迅速好转。因创伤、手术而致者，其转归与经脉损害程度及轻重有关。

（4）尿路阻塞证：预后与阻塞尿路实邪性质有很大关系。较小的砂石阻塞，经通淋排石治疗后，可使尿路迅速通畅；较大砂石嵌顿或肿块压迫而致者，症情多属危重。

（5）脾虚气陷证：为老年患者常见的类型。因年迈体衰，正气不足，治疗不易速效。非急性尿闭者，宜注意守方，缓缓图之，并配合生活起居调摄，否则易反复发作，缠绵难愈。

（6）肾阳衰惫证：多发生于各种原发疾病的晚期，多数患者渐进发展成为关格重症。若能及时有效地纠正浊邪潴留，防治阳气欲绝的先兆征象，则可在一定时间内病情相对稳定，患者可带病延年。

（7）肾阴亏耗证：临床易演变成肝肾阴竭-肝风内动的危候，亦可阴损及阳致肾阴阳衰惫，病机复杂，病难治愈。

2. 预后　癃闭患者若得到及时有效治疗时，尿量可逐渐增加，病情好转，并有可能完全治愈。实证者治疗相对较易；虚证者治疗较难，且反复发作，缠绵难愈。如若失治或治疗不当，病情可迅速加重。如出现眩晕、目昏、胸闷、喘促、恶心、呕吐、水肿，甚则昏迷、抽搐，是由癃闭转为关格之重症，若不及时抢救，患者死亡率很高，预后极差。

九、癃闭后怎样进行预防？

积极预防急性脊髓炎（上呼吸道感染、流感、肺炎、腮腺炎、肝炎等所致）及脊髓损伤，以免发生膀胱功能障碍，导致尿潴留的发生。对于使用某些诊断和治疗措施（如卡那霉素中毒、造影剂中毒、腹部手术后腹膜炎等），要提高警惕，以免患者发生癃闭。对双侧肾功能逐渐减退者，要早期发现，及时正确处理，以免发生尿闭证。50 岁以上男性老年人有排尿费力、尿频、排尿不畅或排尿呈滴沥状，应及时请泌尿科医生检查，做到早诊断、早治疗，防止前列腺肥大并发急性尿潴留而致癃闭。有肿瘤者应采取积极有效的治疗。

十、癃闭后康复期保养?

癃闭症状缓解后可行康复治疗。

1. 药物康复 在康复阶段，可继续辨证选用清湿热、散瘀结、利气机或补脾肾等方药以巩固疗效，防止复发。常用八正散、抵当丸、补中益气汤、济生肾气丸、六味地黄丸、滋肾通关丸等。

2. 食疗康复 实证癃闭者可常用车前子草或荸荠梗，煎汤代茶。脾胃虚弱者可常服芡实茯苓粥。芡实 15g，茯苓 10g（捣碎），加水适量，煎至软烂时，再加淘净的大米适量，继续煮烂成粥，每日分顿食用。肾气虚弱者可常服制黑豆。黑豆 500g 以水泡发备用，熟地黄、山萸肉、茯苓、补骨脂、菟丝子、旱莲草、黑芝麻、当归、桑椹子、五味子、枸杞子、地骨皮各 10g，共煎汤制黑豆。

第四节 阳 痿

一、什么是阳痿?

阳痿是指成年男子性交时，由于虚损、惊恐、情志不遂或湿热等原因，引起阴茎萎软不举或临房举而不坚的病证。

二、阳痿的病因有哪些?

本病病因包括先天不足，情志失调，房劳过度，饮食失节，外邪侵袭等方面，这些病因可导致肝、肾、心、脾受损，气机失调，经络失养而致阳痿。

三、阳痿有哪些临床表现?

阳痿的临床表现以阴茎痿弱不起，临房举而不坚，或坚而不能持久为主，阳痿常与遗精、早泄并见。因其辨证不同，其临床表现也有不同，常伴有神疲乏力，腰膝酸软，头晕耳鸣，畏寒肢冷，阴囊阴茎冷缩，或情绪抑郁，烦躁易怒，情绪不宁，或局部冷湿，精液清稀冷冰，精少或者活动力低下，或有阴部坠胀疼痛，小便不畅，滴沥不尽，或小便清白，频多等症状。

四、阳痿有哪些相关检查?

阳痿可行尿常规、前列腺液、血脂等常规检查，还可行夜间阴茎勃起试验，以鉴别精神性与器质性疾病。如是前者，可行心理干预，以解除心理负担；如是后者应查血糖、睾酮、促性腺激素等，检查有无内分泌疾病。还需作阴茎震动定量、阴茎背神经躯体感觉激发电位试验、夜间阴茎勃起试验等神经系统检查，以及阴茎勃起硬度、阴茎收缩压、阴茎血流量测定、阴茎内动脉造影等血管系统检查，进一步对阳痿的病位、病性、病变程度等做出更加明确的诊断。

五、阳痿的治疗原则是什么?

1. 虚证当补，实证当泻，有火宜清，无火宜温为治疗阳痿的基本治疗原则。具体应用视阴阳虚实等不同而各异。

2. 虚实异治 虚者补之，实者泄之。命门火衰宜温肾养精；心脾两虚宜补益心脾，调养气血；惊恐伤肾宜益肾宁神；忧思郁怒宜疏肝行气解郁；湿热下注宜清热利湿。

六、治疗阳痿有哪些要注意的事项?

男性阳痿原因有器质性因素，还有心理性因素。某些生殖部位的病症都有可能造成男性阳痿问题，因此治疗男性阳痿要先治疗这些原发病症。因此，出现阳痿问题，切忌自行盲目食疗、药疗，一定要先到正规医院进行全面检查，然后对症治疗，如果是心理因素造成的阳痿问题，要进行心理疏解。

七、阳痿的护理要点有哪些?

1. 病室宜安静、舒适、温湿度适宜。避免干扰。

2. 调畅情志，安慰、体贴患者，避免不良因素的刺激，以减轻或消除其紧张情绪。

3. 注意休息，劳逸结合。

4. 加强性知识教育，注意个人卫生，避免发生泌尿系统、生殖系统感染。

5. 饮食宜清淡、易消化，戒除烟酒，少食肥甘厚腻及辛辣刺激性食品。

6. 向患者解释相关药物的作用及不良反应，及时观察并采取对症护理和治疗，并指导患者观察药物的不良反应。

7. 命门火衰证者　病室宜温暖向阳，有利休息；注意营养，可饮用壮阳补肾药酒，如海马酒，但外感发热时应停服；注意休息，多去户外活动。

8. 心脾两虚者　病室宜安静，避免噪声干扰；起居有常，对夫妻双方进行相关的性知识教育，使女方谅解男方。

9. 恐惧伤肾证　给予性知识教育，增强患者的性知识教育；饮食可给予桂圆肉粥等；睡眠不佳者，必要时可按医嘱给予镇静药。

10. 湿热下注证　病室宜干燥、偏凉；可多食赤小豆、冬瓜等，以清热利湿；积极治疗原发病。

八、阳痿的生活起居应注意些什么?

1. 饮食有节，起居有常，不可过食肥甘、生冷食物。力戒酗酒。

2. 注意劳逸结合，多去户外活动，加强身体锻炼，增强体质。

3. 夫妻间开展交流，消除丈夫的心理压力。

4. 保持心情愉快，积极参加有益的文体活动，驱除杂念，提高身心素质，勿过多使用镇静剂，勿纵欲，勿疲劳后行房，勿勉强行房。

九、阳痿的情志调护理有哪些?

1. 帮助患者认识到阴茎勃起与高级神经活动的关系，去除性罪恶感和神秘感，建立正确的性道德和科学的观念。

2. 协助做好女方工作，要求其合作，解决夫妻间在感情上的任何障碍。让女方认识到其表情、言语刺激在男方阴茎勃起中所引发的心理反应的重要性，避免恶语伤人。

3. 多关心、接触患者，尽量满足他们的合理要求，介绍疾病的过程及转归，列举一些治疗效果佳，康复好的患者病例，建立正确认识，使其树立战胜疾病的信心。

4. 态度和蔼、关心体贴、耐心劝导，使患者心情舒畅，配合治疗，发挥情志调护及药物治疗的双重效应。

5. 可用精神分析等方法，帮助患者宣泄幼年在性方面的挫折、抑郁和焦虑，解除内心深处对性的恐惧和偏见或某些情绪。

十、阳痿的饮食调护有哪些?

1. 阳痿患者以软食为主，禁食肥腻、过甜、过咸的食物，适当地进食滋养性食物，如蛋类、骨汤、莲子、核桃等。

2. 阳痿患者宜进食壮阳食物，如狗肉、鸡肉、海虾、海马、羊肾、乌龟、泥鳅、河虾、鹌鹑蛋、麻雀蛋、海参、金樱子、韭菜、生姜、蛇床子等。

3. 宜补充锌，含锌较多的食物如牡蛎、牛肉、鸡肝、蛋、花生米等。

4. 阳痿患者宜多吃动物内脏。

5. 宜常吃含精氨酸较多的食物，如山药、银杏、鳝鱼、海参、墨鱼、章鱼等。

6. 阳痿患者不要酗酒。

十一、阳痿的食疗方有哪些?

1. 肝气郁结阳痿 穿山甲佛手煲鸡蛋：穿山甲 12g，佛手 20g，鸡蛋两只加水同煮，蛋熟后去壳，取蛋再煎 15 分钟，吃蛋饮汤，隔日 1 次，连用半月。

2. 肾阳虚之阳痿 可用牛鞭一根，韭菜子 25g，淫羊藿 15g，菟丝子 15g，将牛鞭置于瓦上文火焙干、磨细；淫羊藿加少许羊油，在文火上用铁锅炒黄（不要炒焦），再和菟丝子、韭菜子磨成细面；将上药共和混匀。每晚用黄酒冲服一匙，或将一匙粉和用蜂蜜成丸，用黄酒冲服。

3. 肾阴亏虚阳痿 子鸡乌龟汤：取未产过蛋、重约 1000g 的子鸡 1 只，去毛及内脏；另取重约 500g 的乌龟 1 只，去甲，白胡椒 9g，红糖 500g，装入鸡腹腔内，置于砂罐中，加白酒 1000ml，加盖，并用泥封固，加文火煨至肉烂为度。食汤和肉，2～3 日吃完。隔 15 日后如法配服。

4. 命门火衰阳痿 韭菜 90g，洗净切段；羊肝 120g 切片，铁锅急火炒熟后佐以醋食用。

5. 老年人肾虚阳痿 虾仁煨羊肉：羊肉 250g，洗净切块，加清水微火煨炖，待七成熟时加虾仁 25g，生姜 5 片，食盐、味精少许，调味食用。有补肾助阳的功效。

6. 心脾两虚之阳痿 可给予苁蓉羊肉粥食用；取肉苁蓉 10～15g，精羊肉 100g，粳米 100g，细盐少许，葱白 2 茎，生姜 3 片，加水适量煮粥。

7. 脾肾阳虚阳痿 炖狗肉：黄狗肉 500～1000g，洗净切块，加入八角、小茴香、桂皮、草果、生姜和盐各适量，于锅内炖熟，食肉喝汤。

十二、阳痿的服药护理有哪些?

一般以精神治疗为主，配合药物治疗。治疗期间停用或避免服用可能产生阳痿的药物，如复方降压片、利血平、乙蔗酚、西咪替丁及氯丙嗪等药物。药酒可长期服用，开始应从小剂量开始，日久见功。切忌服用大量壮阳药酒后同房。

十三、阳痿中药使用护理要点

（1）口服中药：口服中药时，应与西药间隔 30 分钟左右。

（2）中药汤剂：脾肾阳虚证者中药汤剂宜饭前热服；肝气郁结证者、湿热下注证者中药汤剂宜饭前稍凉服；心脾两虚之阳痿证者中药汤剂宜饭前温服。

十四、阳痿患者的自我按摩

1. 中指指腹点按会阴穴（阴囊与肛门之间）40～60 次，使之有酸胀感，早晚各 1 次。

2. 拇指按脐孔 40～60 次。

3. 按摩小腹和全腹，顺、逆时针方向各 100 次，再用手掌由两肋向脐部推动 40 次。

4. 擦腰眼、腰脊、骶脊部 40 次，使局部皮肤发热。

5. 双手合掌托阴囊、阴茎，进行搓揉 5 分钟，用手抓阴茎头向外提拉几次，再搓揉，反复 3 次。

6. 用中指指尖点压、叩击绝骨穴（足外踝上四横指）与三阴交穴（足内踝上四横指），每穴 5 分钟，每日 3 次。

十五、阳痿的其他治疗?

采取耳穴埋籽改善遗精多等症状，取穴：肾俞、内分泌、命门、三阴交、阴陵泉等；针灸关元、中极、命门、三阴交等，寒者亦可加灸。

十六、阳痿的转归预后如何?

肝郁不舒、湿热下注之实证，经疏肝解郁、清利湿热之法治疗后一般可以得到治愈，预后是良好的；若失治、延误，伤及肝肾之阴或脾胃之阳，则病程缠绵，恢复较慢。但由器质性病变所致者则难以治愈。

十七、如何才能预防阳痿?

1. 遵医嘱用药，勿随意增减药量或停药。

2. 饮食调养　多吃壮阳事物，不可过食肥甘、生冷食物。力戒酗酒。

3. 提高身体素质，身体虚弱，过度疲劳，睡眠不足，紧张持久的脑力劳动，都是发病因素，应当积极从事体育锻炼，增强体质，并且注意休息，防止过劳，调整中枢神经系统的功能失衡。

4. 保证充足的休息，起居有常；节制房事，避免放欲过度；注意个人卫生，保持会阴清洁，防止尿路感染。

5. 消除心理因素，节制性欲，戒除手淫，宜清心寡欲，摒除杂念，修身养性。

6. 男方一旦发生阳痿，女方要给予体贴，切不可指责或冷落男方，使患者在理解的基础上增强信心，有益于性功能的恢复。在治疗期间，应暂停性活动一段时间，避免各种类型的性刺激，以利于中枢、性器官的调节和恢复。

7. 要正确对待和处理家庭、社会等问题，如家庭不和、夫妻不和睦、工作不顺心等。性知识缺乏者，应接受性知识教育和咨询。

8. 谨慎用药　避免服用或停止服用可能引起阳痿的药物。积极治疗可能引起阳痿的各种疾病。当阳痿发生时，应向医生介绍全部疾病及其发展变化的情况，以有助于早期治疗。切忌隐瞒病情。

9. 定期复查　遵医嘱定期复诊，若有阴茎萎软不举、临房举而不坚等症状，及时到医院就诊。

第五节　遗　精

一、什么是遗精?

遗精是指不因性生活而出现精液频繁遗泄的病证，有梦而遗精称为梦遗；无梦而遗精，甚至清醒时精液流出，称滑精。

二、遗精的病因有哪些?

本病的病因主要多由肾虚精关不固，或心肾不交，或湿热下注所致。

三、遗精有哪些临床表现?

遗精临床表现主要以不因性生活而出现精液频繁遗泄，每周 2 次以上，或在睡中有梦而遗，或在睡中无梦而遗，或有少量精液随尿液而外流，甚者可在清醒时自行流出，常伴有心神不宁，心悸怔忡，失眠健忘，口苦或渴，腰膝酸软，精神不振，或小便热赤浑浊，尿时不爽，少腹及阴部作胀不适等症状。

四、遗精有哪些相关检查?

直肠指诊，前列腺 B 超，精液抗原检查及前列腺液常规检查可协助病因诊断。

五、遗精的治疗原则是什么?

1. 治疗原则　补虚泻实为治疗遗精的基本原则，具体应用视阴阳虚实等不同而各异。

2. 虚实异治　实证以清泄为主，心火亢盛，则清心泻火；湿热痰火流注，则清热利湿，切记固涩，以防闭门留寇。虚证以补涩为主，心脾亏虚，则益气健脾；肾虚不固，则补肾固精，而肾虚又可分为肾阴虚、肾阳虚两种，肾阴虚以滋阴补肾为主，肾阳虚以温肾助阳为主。

六、遗精的其他治疗?

1. 中成药

（1）六味地黄丸：口服，一次 6g，每日 2 次。具有滋补肾阴的功效。适用于肾阴虚引起的遗精。

（2）金匮肾气丸：口服，一次 9g，每日 2 次。具有温补肾阳的功效。适用于肾阳虚引起的遗精。

2. 针灸

（1）常用穴：关元、中极、气海、肾俞。实证用泻法、虚证用补法，隔日或每日 1 次，留针 30 分钟。加减心肾不交加心俞、神门、内关；阴虚火旺加三阴交、太溪、大冲；肾虚不固加命门、足三里、三阴交；肝火偏旺加太冲、丘墟、太溪；心脾两虚加三阴交、神门、足三里；湿热下注加太冲、阴陵泉、三阴交。

（2）穴位贴敷法

1）五倍子穴位敷贴：以五倍子 15g 研细末，醋调敷脐或敷于四满穴（脐下 2 寸旁开 0.5 寸处），外贴胶布。一般 2～3 天换药 1 次，连用 10 日。适用于各种遗精。

2）五白散敷脐：以五倍子 10g，白芷 5g 研细末，以醋和水各等份调成面团状。睡前敷脐，外用纱布盖上，胶布固定，每日换药 1 次，连用 5 日，适于各种遗精。

3）独圣散加味敷脐：以生五倍子粉 3g，蜂蜜调匀，成稠粥状，敷脐，外盖纱布，胶布固定，早晚各换药 1 次。适于阴虚火旺者。湿热内蕴者，加用茯苓粉、生草粉各 2g 用法同上。

4）金锁固阳膏：穴位敷贴：以葱子、韭子、附子、肉桂、丝瓜子各 90g，入麻油中熬。用松香枝搅拌，再加煅龙骨 6g，麝香 0.3g 搅匀，将药膏摊于狗皮上，贴于气海穴，每日 1 次，主治阳虚遗精。

5）甘遂散敷脐：甘遂、甘草各 3g 为未，睡前用 1g 放于脐内，外用膏药贴之，晨起去之，连用 5 次，治相火妄动之遗精。

七、治疗遗精的注意事项

1. 君相火旺者治疗在清心泻火、滋阴清热的同时，应兼顾及肾，但勿专用益肾补精、固涩之法。

2. 湿热痰火下注之遗精，当以清热利湿为主，不可早投固涩之品，恐留滞湿热，反使此证缠绵难愈。

3. 因思虑过度，劳伤心脾者必须益气升清。若出现心神浮越、心火不宁之变证，其病机与阴损火旺有别，不可妄用清心降火，应重在养血煦脾，以裕心血而安神明。

4. 久病肾亏，阴阳两虚者宜阴中求阳，且应避免刚燥而选用温润之品。

5. 久遗不愈者，常兼夹痰瘀之证，可随证选用化痰祛瘀通络法治疗，往往效果良好。

6. 遗精的治疗要重视调节心理的作用，解除不良心理因素的影响，解除患者思想负担。

八、遗精的护理要点

1. 病室宜光线柔和，空气新鲜。

2. 安慰、体贴患者，避免不良因素的刺激，以减轻或消除其紧张情绪。

3. 注意休息，劳逸结合，鼓励患者多做户外活动。

4. 注意个人卫生，保持会阴部的清洁。宜穿宽松内裤，忌穿紧身裤、三角裤。

5. 饮食宜清淡、易消化，戒除烟酒，少食肥甘厚腻及辛辣刺激性食品。

6. 注意观察遗精的时间、次数，以及伴随症状，有无头昏，耳鸣，健忘，心悸，失眠，腰酸，精神委靡等症状。

7. 阴虚火旺证　病室宜安静、偏凉，空气新鲜；调畅情志，避免劳神过度，保证充足睡眠。睡眠不佳者，必要时可按医嘱给予镇静药。

8. 湿热下注证　注意个人卫生，保持会阴部的清洁；可多食薏仁粥、莲子粥等，以清热利湿、清热解毒；积极治疗原发病。

9. 心脾两虚证　病室宜安静，避免噪声干扰；饮食宜清淡、易消化，可加强补益食品的摄入。起居有常，对夫妻双方进行相关的性知识教育，使女方谅解男方。

10. 肾虚不固证　注意休息，合理安排好生活起居，可饮用壮阳补肾食物，如冬虫草炖水鸭，多去户外活动。

九、遗精的生活起居应注意什么?

1. 病室环境宜安静，光线柔和，空气新鲜。

2. 注意个人卫生，患者的内裤要经常更换，保持会阴清洁，并应经常洗澡，以减少精液对皮肤的刺激，防止尿路感染。

3. 节制性欲，戒除手淫，睡前用温水泡脚，被褥不宜过厚，衬裤不宜过紧，改变趴睡等不良睡姿。

4. 鼓励患者多做户外活动，以分散注意力，减少感官刺激。

十、遗精的情志调护有哪些?

1. 向患者讲解不良情绪会导致机体功能紊乱，使遗精加重，应减轻焦虑，保持心情平和。

2. 多与病友、家属交谈，树立战胜疾病的信心。指导患者多听轻音乐、阅读书籍、练气功等以分散精力，保持良好的心态。

3. 介绍治疗成功的实例，增强患者治疗的信心。

十一、遗精的饮食调护理有哪些?

遗精的饮食疗法有汤、粥、煲、炖、煎、炸、蒸、煮等，宜食高蛋白营养丰富的食品。禁食过于肥甘、辛辣之品。不酗酒，不饮浓茶、咖啡。不要妄服温阳补肾之保健品。

十二、遗精后的饮食方有哪些?

1. 虚火旺盛的患者，可给予麦冬、鲜竹叶心、莲子加粳米煮粥服食，或丝瓜煎汤分次饮服。如夜眠不酣，可食银耳百合羹、桂圆莲子粥等，也可按医嘱给予健脑安神的药物。

2. 湿热下注证者可食茯苓苡仁萆粥：茯苓 30g，薏苡仁 30g，粳米 50g，萆薢 10g，冰糖适量。先煎萆薢煮取汁，再与茯苓、薏苡仁、粳米同煮成粥。粥熟后加入冰糖。再稍煮片刻，即可食用。

3. 心脾两虚证者可食芡实核桃莲子粥：芡实研粉 50g，核桃仁（上锅文火炒焦研粉）30g，莲子肉 30g（先用温水浸泡 20 分钟），大红枣 10 枚（生去核）。上品先用凉开水将芡实粉、核桃仁粉打糊，将莲子肉、红枣煮熟，将粉糊放入滚开汤水中，离火，待温后加入少量食糖服用。

4. 肾虚不固证者可食三子养精粥：金樱子、覆盆子各 30g，五味子 15g，粳米 50g。先煮上三药 15～20 分钟，去渣取汁，用药汁煮米成粥。每晚睡前服食，连服 1 个月，以壮阳补肾。

5. 虫草炖甲鱼：冬虫夏草 10g，甲鱼 1 只。甲鱼放在汤碗中，上放冬虫夏草、红枣，加料酒、盐、葱节、姜片、蒜瓣，上蒸笼蒸，熟后食用。本品有温阳益气，滋阴固肾作用。用治肾虚遗精。

6. 核桃猪肾治梦遗滑精方：核桃仁、杜仲各 30g，猪肾（猪腰子）1 具（剖开，去膜，洗净）共入锅中加水同煮。炖熟后加少许细盐食用。连服 1 周有效。主要功效滋阴补肾固精，用于肾虚所致的遗精滑泄。

十三、遗精的服药护理有哪些?

根据不同的证候，按医嘱分别用药，主要为中药治疗，并注意用药后的情况。

心肾不交者：知母、黄柏、熟地、山药、山茱萸、茯苓、泽泻、金樱子、龙骨、丹皮。

肾虚不固者：莲须、五味子、芡实、金樱子、山茱萸、山药、熟地。

湿热下注者：苍术、黄柏、滑石、茯苓、泽泻、车前子、莲子心、甘草。

心脾两伤者：党参、黄芪、炒白术、茯苓、远志、木香、金樱子、芡实、炒枣仁、当归。

十四、遗精中药使用护理要点?

口服中药：口服中药时，应与西药间隔 30 分钟左右。

中药汤剂：脾肾阳虚证者中药汤剂宜饭前热服；湿热下注证者中药汤剂宜饭前稍凉服；心脾两虚证者中药汤剂宜饭前温服。

十五、遗精患者的自我按摩法是什么？

用两手食、中、无名三指并拢，按摩下腹部、会阴部、阴囊部。在行阴囊按摩时左右对称，用力均匀，动作缓慢、柔和，精力集中于按摩，每次左右各 81 次。每晚进行一次。

十六、遗精的转归预后如何？

遗精患者病情的轻重在很大程度上与精神过分紧张有关。遗精初起，一般以实证为多见，若以清利湿热，或清心安神，或清热滋阴治疗，预后一般良好。日久不愈，可逐渐转变为虚证。在病理演变过程中，还可出现虚实夹杂之证。阴虚者可兼有火旺，肾虚者可兼有湿热痰火。精属阴液，故开始多以伤及肾阴为主；但精与气互生，阴与阳互根，所以病久往往表现为神气虚弱，甚至导致肾阳衰惫。因此，遗精日久，可兼见早泄，或发生阳痿、不育。肾受五脏之精而藏之，因此本病虚损日久也可能发展为虚劳。

十七、如何才能预防遗精？

1. 遵医嘱用药。

2. 饮食、起居有常。少食肥甘厚腻及辛辣刺激性食品，如辣椒、油条、浓咖啡、浓茶等，晚餐不宜进食过饱，戒除烟酒，养成良好的生活习惯。

3. 避免过度脑力劳动，丰富文体活动，适当参加体力劳动，做到劳逸结合。

4. 节制性欲，戒除手淫，睡前用温水泡脚，被褥不宜过厚，衬裤不宜过紧，改变趴睡等不良睡姿。

5. 注意精神调养，排除杂念，清心寡欲，树立健康向上的精神面貌。不沉醉于色情书画、影碟等不良环境中。

6. 加强患者的心理护理，及时了解患者的思想情况、掌握其家庭关系，婚姻状况等。

7. 谨慎用药。

8. 凡属器质性病变引起的，应针对病因进行治疗。

9. 定期复查 遵医嘱定期复诊，若有早泄，腰酸，精神委靡等症状，及时到医院就诊。

第六节 耳鸣耳聋

一、什么是耳鸣耳聋？

耳鸣，指患者自觉耳中鸣响且耳周围环境中并无相应的声源。耳聋多由耳鸣发展而来，故耳聋又常兼有耳鸣。老年性耳聋主要是由于年龄增长，与身体的整体健康状况相关。老年人患高血压及动脉硬化症而伴老年性耳聋者占 70%～80%。本病多属劳聋、虚聋、久聋等虚证范围。

二、耳鸣的病因有哪些？

《灵枢·脉度》说："肾气通于耳，肾和则耳能闻五音矣"，说明耳听觉功能的形成与肾有密切联系。肾藏精，为阴阳之根，主耳；肾中精气通于耳，乃为听觉形成的根本。肾为先天之本，为藏精之脏，有主宰耳生成发育及生理活动的作用。所以说功能健旺，听力聪敏的双耳是肾之精气旺盛的标志。反之，若肾精亏虚，则可致耳鸣、耳聋。肾功能不全的患者，在发病的各个时期可有不同程度听力下降，可能与代谢产物积聚、电解质水平紊乱、贫血、血脂代谢紊乱、动脉硬化和血栓、血小板功能障碍等有关。

老年耳鸣、耳聋的病因也与肾有密切关系，且与肝脾表里相映。老年人随增龄而素体亏损，或病后精血衰少，或恣情纵欲，均可导致肾精耗伤。耳为肾之外窍，为十二经脉所灌注，内通于脑。若肾精不足，或脾胃虚弱，气血生化之源不足，则髓海空虚，不能上荣于耳；或脾阳不振，清气不升，湿浊上蒙，耳窍失聪，均可出现耳鸣、耳聋。至于听力减退突然加重者，又常与风、火、痰、瘀有关，表现为本虚标实之证。

三、耳鸣耳聋有哪些临床表现？

实证：邪气盛实，起病较急，伴有头晕目眩、恶心呕吐等不适。邪气盛实而致耳鸣多由肝胆气盛引起。肝气盛，则风阳上扰；胆气盛则相火上冲，肝胆相表里，胆脉络于耳，故耳鸣如潮，或伴有易怒或火升之感；肝火旺盛，三焦闭塞的耳聋耳鸣，常表现为火车样轰隆轰隆声。如足太阳气盛，经气上逆，其脉从巅顶至耳上角，故耳鸣亦可并发巅顶痛。

虚证：精气虚少，起病较缓慢。精气虚少而致耳鸣则由于肾精不足、气血亏虚引起。肾主藏精生髓，髓充于脑，故精虚髓海不足，不能充养于耳，则耳鸣，兼有头眩、骨酸、精髓不足之症；胃为水谷之海，气血生化之源，心主血脉，故胃中空虚，气血生化不足，心血少则血不运脉，气血俱虚，则宗脉失养，耳为宗脉之所聚，气血不能充养于宗脉，故耳鸣响如蝉鸣。

老年人由于机能减退，起病时为听力减退，耳鸣声低微，以后听力逐渐发生障碍。本病渐起者、久治不愈等虚证者居多，多伴有头晕目眩、神疲乏力、腰膝酸软、性功能减退等症，亦有少数患者出现久聋、久鸣突然加重或耳鸣声较大的本虚标实证。

四、耳鸣耳聋有哪些相关检查？

1. 客观性耳鸣可用助听器或听诊器检查。

2. 怀疑有腭肌阵挛者，可利用肌电图检查，记录肌肉活动时电位改变与耳鸣的关系。

3. X线血管造影有助于诊断血管畸形、动静脉瘘、血管分布等。

4. 颈椎X线片可检查有无骨质增生压迫血管，CT头颅扫描以排除颅内病变。

五、耳鸣耳聋的治疗原则是什么？

根据耳鸣、耳聋的基本病因，治宜补肾聪耳；如属虚实夹杂者，又当虚实兼顾调治。《济生方》云“夫耳者肾之候，肾者精之所藏，肾气实则精气上通，闻五音而聪矣”。肾气虚在临床上又分肾阳虚、肾阴虚、肾精虚等类型。

1. 肾阳虚者，症状多有耳鸣、耳聋，伴腰膝酸软，形寒肢冷，阳痿，小便清长，夜尿频数，舌质淡胖，苔薄白润，脉沉细。治疗以温肾助阳法适宜，以正元饮合黑锡丹加减。

2. 肾阴虚者，耳失滋养，则听力不聪而为虚鸣；耳鸣常如风雨，如蝉鸣，如潮声。治疗当滋补肾阴，药用耳聋左慈丸、滋肾通气汤加减；若阴虚火旺者，治当滋阴降火，常选杞菊地黄丸或知柏地黄丸等。

3. 肾精虚者，不能上注而营养耳窍。治疗宜益肾填精充耳，以附桂八味丸等加减。

六、治疗耳鸣耳聋有哪些要注意的事项？

治疗耳鸣耳聋时，应注意辨证施治。把握不同类型的疾病特点，对症诊治。

风邪外犯型耳鸣耳聋，应疏风清热，宣肺通窍为主，用药为银翘散加减；肝火上扰型耳鸣耳聋，应清肝泻火，开郁通窍，方药可选龙胆泻肝汤加减；肝阳上亢型耳鸣耳聋，合并高血压、高血脂等，应滋补肝肾，平肝潜阳，方药可选天麻钩藤饮加减；肾精亏虚的老年患者，脏腑渐虚，需滋阴补肾，益精填髓，以耳聋左慈丸，配以六味地黄丸滋阴补肾。

七、耳鸣耳聋的护理要点有哪些？

1. 肾阴虚伴肝阳上亢者，患者多烦劳内伤，常合并高血压、高血脂等，情绪烦躁，应注重情志护理，给予有效的心理干预。沟通时，语言平缓，态度温和，不急不躁，应用心理暗示或鼓励性语言，给予患者安慰和鼓励。嘱家属多关心、陪伴和鼓励患者，以消除患者因耳鸣耳聋带来的自卑感和恐惧感。

2. 肾精亏虚者，尤其是老年患者，脏腑渐虚，病程较长或反复，应帮助患者正确认识病情，安心治疗，并嘱患者注意规律的饮食起居，避免劳累，注意休息，以调养填补肾精，营养耳窍。

3. 对于耳鸣耳聋的患者，可结合个体情况指导患者自我放松。如可用中指按压耳屏并有节奏的一按一放，并在按压同时做吞咽动作或行耳郭按摩，轻轻揉按有发热感；也可予以穴位按摩或遵医嘱给予针灸听宫、听会、翳风、合谷等穴位；耳内虚鸣者，可以耳穴贴敷药籽，嘱患者定时按压刺激耳穴，以达到疏通经络、运行气血的目的。

4. 心理护理 耳鸣耳聋患者可出现不同程度的消极情绪，患者常表现为焦虑或抑郁。护士应评估患者的心理状态，采用通俗易懂的语言向患者解释诱发耳鸣耳聋的因素及当前治疗和护理的主要方法，帮助患者消除或减轻不良情绪；主动关心、体贴、尊重患者，和患者交谈时，尽量在患者听力较好的一侧说话；若患者双耳均听不见，护士可以采用图画或者身体语言等向患者传递信息，并密切观察患者的表情，以取得患者的信任；避免让患者受到噪声刺激；护理工作做到四轻，指导患者积极配合治疗；护士还可以向患者介绍一些成功治愈的病例，帮助患者树立战胜疾病的信心，取得患者及家属的信任和配合，促进治疗顺利进行。

八、耳鸣耳聋的生活起居应注意什么？

1. 环境方面 创造舒适、干净、安静的病房环境，保证室内光线柔和、通风良好，嘱患者不宜长时间用耳机听广播和音乐，保证患者具有良好的休息和睡眠。

2. 生活起居 嘱咐患者穿着棉质宽松衣物，防止外感风邪侵袭，避免感冒。头痛头晕者，起床活动时注意安全防护措施，防止跌倒。

3. 自我管理方面 让患者学会正确的擤鼻方法，以免涕液反流进入中耳腔引发感染，加重病情。同时避免不正确的掏耳方法，以免意外损伤耳部。

九、耳鸣耳聋的饮食方有哪些？

1. 耳鸣耳聋患者宜多食清淡、低盐、低脂饮食。

2. 避免食用高脂肪类食物，忌肥肉、动物内脏等，同时忌食辛辣如辣椒、大蒜、芥末等辛辣食物。

3. 进食富含蛋白质和维生素类食物，如瘦肉、豆类、木耳、蘑菇、各种绿叶蔬菜、萝卜、西红柿、苹果、橘子、核桃、黄瓜等。

4. 进食含铁、锌食物，如鱼、牛肉、猪肝、鸡、各种海产品。常吃豆制品，如豆腐、豆芽、豆浆。

5. 阴虚阳亢者，应少食肥甘厚味、辛辣刺激之品，可食鲜萝卜、山楂、百合、冬瓜等；如陈皮桔梗萝卜粥、山楂排骨汤、香菇冬瓜汤等，以平肝潜阳，养阴润燥。

6. 肾精亏虚者，不宜进食寒凉、生冷之品。可以食用红枣花生粥、菠菜瘦肉汤、黑豆炖肉粥、核桃黑芝麻粥、猪肾粳米粥、桑椹黑木耳粥等，补肾养精。

十、耳鸣耳聋的服药护理有哪些？

1. 肾脏病所致的耳鸣耳聋，中医疗法以补肾利水、活血化瘀为主，以调节阴阳，恢复气血机能；中药汤剂宜温服，中药应浓煎至 50～100ml，频服，并观察大小便情况。

2. 服药时伴恶心呕吐者，在服药前用生姜擦舌，或分量多次服用。

3. 中西药连用时注意配伍禁忌；护士应告知患者用药时间和配伍禁忌，并密切观察患者用药后有无不良反应。

十一、耳鸣耳聋的转归预后如何？

耳鸣耳聋的治疗由于其病因复杂，发病机制尚不明确，对于不同类型的诊治，预后尚有差别。目前临床上常采用中西医结合的方法进行治疗。经过诊治，多数患者能够在一定程度上控制症状或好转。如出现病情症状反复，应注意及时就诊。

十二、如何才能预防耳鸣耳聋？

1. 指导患者及家属正确的掏耳方法，避免掏耳朵引起耳道和鼓膜损伤、感染，导致听力下降。

2. 防止洗澡、洗头水流入耳内 因为皮肤和鼓膜在水中浸泡，加上耵聍的刺激，容易引起外耳炎，若原先有鼓膜破裂者，水进入耳内可引起中耳炎复发。

3. 远离噪音和爆炸现场　较大的噪音可致噪音性耳聋，而爆震声会造成爆震性耳聋。

4. 避免使用耳毒性药物　如链霉素、庆大霉素、卡那霉素等对听神经有毒害作用。

5. 掌握正确的擤鼻方法　应左右鼻腔分别擤，切勿将左右鼻孔同时捏闭擤鼻，擤鼻不当可将鼻腔分泌物驱入中耳腔，引起中耳炎。

6. 耳部按摩保健　耳部自我按摩具有促进耳部血液循环、刺激听神经和调理中枢神经的作用，对预防耳鸣有较好的效果。

7. 定时复诊和门诊随访　因耳鸣耳聋多容易反复发作，应在合理用药或有症状时及时到相应门诊复诊，以便及时处理。

第六章　气血津液疾病

第一节　郁　　证

一、什么是郁证？

郁证是由于情志不舒、气机郁滞所致，以心情抑郁、情绪不宁、胸部满闷、胸胁胀痛，或易怒易哭，或咽中如有异物梗塞等为主要临床表现的一类病证。

二、郁证的病因有哪些？

气机郁滞导致肝失疏泄、脾失健运、心失所养，脏腑阴阳气血失调。病位主要在肝，但可涉及心、脾、肾。病理性质初起属实，日久属虚或见虚实夹杂。郁证初起，病变以气滞为主，常兼血瘀、化火、痰结、食滞等，多属实证。病久则易由实转虚，随其影响的脏腑及损耗气血阴阳的不同，而形成心、脾、肝、肾亏虚的不同病变。

三、郁证有哪些临床表现？

1. 肝气郁结　精神抑郁，情绪不宁，喜太息；胁肋胀痛，痛无定处，女子月事不调或经前乳胀；胸部满闷，脘闷嗳气，不思饮食，大便不调，苔薄腻，脉弦。

2. 肝郁化火　性情急躁易怒，胸胁胀满，口苦而干；或头痛、目赤、耳鸣；或胃脘灼痛，嘈杂吞酸，大便秘结；舌质红，苔黄，脉弦数。

3. 痰气郁结　精神抑郁，胸部闷塞，胁肋胀满；咽中如有物梗塞，吞之不下，咯之不出；苔白腻，脉弦滑。

4. 气滞血瘀　精神抑郁，性情急躁；头痛，失眠，健忘；胸胁胀痛，或呈刺痛且痛有定处，或身体某部有发冷发热感；舌质紫黯或舌有瘀点、瘀斑，脉弦或涩。

5. 心神失养　精神恍惚，心神不宁，多疑易惊，悲忧善哭，喜怒无常，舌质淡，脉弦；时时欠伸，或手舞足蹈，骂詈喊叫等多种症状；舌质淡、苔薄白、脉弦细。

6. 心脾两虚　多思善疑，心悸胆怯，失眠，健忘；腹胀，纳差，便溏；头晕神疲，面色不华，舌质淡，脉细。

7. 心阴亏虚　情绪不宁，心悸；健忘，失眠，多梦，五心烦热，盗汗，口咽干燥；舌红少津，脉细数。

8. 肝阴亏虚　情绪不宁，急躁易怒；眩晕，耳鸣，目干畏光，视物不明，或头痛且胀，面红目赤，或肢体麻木；舌干红，脉细弦数。

四、郁证有哪些相关检查？

结合病情作相关的检查，常无异常发现。如以咽部症状为主要临床表现时，需作咽部的检查。有吞之不下，咯之不出的症状时，可作食管的 X 线及内镜检查。

五、郁证的治疗原则是什么？

调畅气机、理气解郁、怡情易性。实证，首当理气开郁，并应根据是否兼有血瘀、痰结、湿滞、食积等分别采用祛痰、化湿、活血、降火、消食等法。虚则补之，或养心安神，或补益心脾，或滋养肝肾。虚实夹杂者，又当兼顾。

消除其焦虑紧张、忧郁等不良情绪。释疑法多采用假释的办法消除患者多疑情绪；怡悦法是通过谈笑、欣赏音乐、书法、种花等方式来改善患者郁闷的心境；顺意法用满足患者积虑日久的意愿来达到消除病因而祛病的方法；暗示法是通过药物、语言或非语言的手势、表情来改变患者不良情绪。以情胜情法：根据五志相胜的原理，采用惊恐、喜乐、激怒等情绪刺激来纠正相应所胜的情绪，如怒伤肝，悲胜怒等。

六、不同证型的郁证护理要点有哪些?

1. 肝气郁结

（1）保持室内安静，避免喧哗，保持病室光线偏暗，避免强烈光线刺激。

（2）经常劝导多参加文体活动、少忧愁，以分散不良情绪。

（3）对患者要诚恳，同情关怀，耐心细微使之树立信心配合治疗。

（4）饮食以蔬菜和营养丰富的鱼、瘦肉、乳类、豆制品为宜，忌食辛辣、烟酒、少食肥甘厚味，常吃柑橘、佛手理气解郁。

（5）服柴胡疏肝散时，要避免与碳酸钙、硫酸镁、氢氧化铝等西药合用，以免降低药效。

2. 气滞痰郁

（1）患者常觉咽有异物感，疑食管恶变，可作钡餐排除癌变，去除顾虑。

（2）经常关注患者情绪的变化。若心情不舒畅时劝导暂不进食，待平静后再进食，但勿过饱。进食时切勿动怒，以免影响食欲。

（3）平时常吃萝卜，顺气化痰，常用木蝴蝶、厚朴花各 3g 泡水代茶饮，以理气化痰。

（4）尽力转移患者的注意力，经常劝导参加一些娱乐活动及散步、做操等。

（5）半夏厚朴汤为主治梅核气的有效方法。在服此药时首先要做好安慰解释，消除思想顾虑。其次因方中紫苏、厚朴均含有挥发油，煎煮时以清水浸泡半小时，而后煎 15 分钟即可，不宜过长。

3. 心神失养

（1）患者避免受惊吓和过于兴奋及激动。

（2）合理安排休息时间，要保证有充足的睡眠时间。因患者精神恍惚，故临睡前可服柏子养心丸或针刺神门、三阴交或耳针埋心、肾等穴位。

（3）平时加强饮食调理，可常吃莲子粥、大枣、桂圆肉，少食辛辣、咖啡、浓茶等刺激品。

4. 心肾阴虚

（1）居室宜保持清静，室内温度宜凉爽。

（2）注意劳逸结合，早卧早起，保证有充足的睡眠时间。

（3）若发生眩晕、心悸，要卧床休息，减少活动。

（4）临睡前可服天王补心丹或朱砂安神丸，忌饮浓茶。

（5）遗精者应注意摄生，节制房事。

七、如何做好郁证患者的情志调护?

1. 郁证发生主要由精神因素所引起，精神心理治疗对于本证具有重要意义。除医务人员、患者外，其措施应扩大到患者家属、邻居等，使之认识正确对待患者，避免不良的精神刺激，对促进疾病的好转乃至痊愈都甚有裨益。

2. 常见心理干预治疗方法

（1）移情疗法：即通过对患者释疑、顺意、怡悦、暗示等法，消除其焦虑紧张、忧郁等不良情绪。释疑法多采用假释的办法消除患者多疑情绪；顺意法用满足患者积虑日久的意愿来达到消除病因而祛病的方法；怡悦法是通过谈笑、书法、种花、欣赏音乐等方式来改善患者郁闷的心境；暗示法是通过语言、药物或非语言的手势、表情来改变患者不良情绪。

（2）以情胜情法：根据五志相胜的原理，采用悲哀、喜乐、惊恐、激怒等情绪刺激来纠正相应所胜的情绪，如怒伤肝，悲胜怒等。抑郁者可用喜胜忧的办法治疗。

（3）情境疗法：通过改变外界环境来达到改善、消除异常情绪变化的目的。抑郁情绪多采用清洁、热烈、欢快的环境治疗。

3. 郁证一般病程较长，证候虚实并见，用药不宜峻猛。在具体治疗中，应注意疏肝理气而不劫耗肝阴，活血化瘀而不破血，清热而不折中阳，祛痰湿而不伤真阴；在虚证的治疗中，应注意补益心脾而不过燥，滋养肝肾而不过腻。

八、郁证的用药有哪些注意事项？

1. 告知患者遵医嘱准确按时服药，勿自行增减药量或停药。

2. 中药汤剂宜温服，分别在饭后 2 小时或睡前服用，西药丸剂用温水送服。

3. 服用镇静、抗焦虑药物后有一定的持续作用，服用后应观察患者次晨是否出现困倦、精神不振等症状。为防意外，不宜从事高空操作，勿做高攀动作。

4. 服用抗焦虑药物时，选择两种以上药物交替使用，以防产生药物成瘾性和依赖性。

九、郁证的病情观察有哪些？

1. 注意观察患者的语言、行为、心理活动及情志变化，多给予解惑、劝慰。防止患者自杀倾向的发生。如患者突然由沉默变得异常激动，或由兴奋转为抑郁，应及时向医生汇报，做进一步检查，以防他变。

2. 观察抑郁患者的伴发症状，如心悸、眩晕、失眠、遗精、女性月事不调等，做好记录。

十、郁证的转归预后有哪些？

郁病患者的预后一般均良好。初起患者，常出现轻微症状，如偶有失眠、头痛等症，若不良情绪刺激能及时得以解除，症状常可缓解。若病程较长，情志致病的因素不除者，又缺乏必要的休息和睡眠，则症状往往逐渐增多、加重，并变得持久化，此时患者还常产生对疾病的紧张、焦急、顾虑、恐惧情绪，对治疗丧失信心，这些因素又会促使病情进一步加重，而使症状愈加严重和复杂，可持续多年不愈。

十一、如何才能预防郁证的发生？

1. 正确对待各种事物，避免忧思郁怒，防止情志内伤，是防止郁证的重要措施。

2. 医务人员深入了解病史，详细进行检查，用诚恳、关怀、同情、耐心的态度对待患者，取得患者的信任，在郁证的治疗及护理中具有重要作用。

3. 对郁证患者，应做好心理治疗的工作，使患者能正确认识和对待疾病，增强治愈疾病的信心，并解除情志致病的原因，以促进郁证的完全治愈。

第二节　血　　证

一、什么是血证？

血证是指由多种原因引起火热熏灼或气虚不摄，致使血液不循常道，或上溢于口鼻诸窍，或下泄于前后二阴，或渗出于肌肤所形成的一类出血性疾患，统称为血证。也就是说，非生理性的出血性疾患，称为血证。在古代医籍中，亦称为血病或失血。

二、血证的病因有哪些？

当各种原因导致脉络损伤或血液妄行形成血证时，其共同的病机可以归结为火热熏灼、迫血妄行及气虚不摄、血溢脉外两类。由火热亢盛所致者属于实证；由阴虚火旺及气虚不摄所致者，属于虚证。实证和虚证虽各有其不同的病因病机，但在疾病发展变化的过程中，又常发生实证向虚证的转化。此外，出血之后，已离经脉而未排出体外的血液，留积体内，蓄结而为瘀血，瘀血又会妨碍新血的生长及气血的正常运行。

三、血证有哪些临床表现？

血证明显证候特征为血液或从口、鼻，或从尿道、肛门，或从肌肤而外溢。出血是常见的症状和体征，常见的出血有：鼻衄、齿衄、咳血、吐血、便血、尿血、紫斑等。

1. 鼻衄　凡不因外伤或女性不因逆经所致血自鼻道外溢者，均可诊断为鼻衄。

2. 齿衄　血自齿龈或齿缝外溢，并排除外伤所致者，即可诊断为齿衄。

3. 咳血　血由肺、气道而来，经咳嗽而出，或觉喉痒胸闷，一咯即出，血色鲜红，或夹泡沫，或痰血相兼，痰中带血。多有慢性咳嗽、痰喘、肺痨等病史。

4. 吐血　发病急骤，吐血前多有恶心、胃脘不适、头晕等症。血随呕吐而出，常伴有食物残渣等胃内容物，血色多为咖啡色或紫黯色，也可为鲜红色，大便色黑如漆，或呈暗红色。有胃痛、胁痛、黄疸、癥积等病史。

5. 便血　大便色鲜红、暗红或紫黯，甚至黑如柏油样，次数增多。

6. 尿血　小便中混有血液或夹有血丝，排尿时无疼痛。

7. 紫斑　肌肤出现青紫斑点，小如针尖，大者融合成片，压之不退色。紫斑好发于四肢，尤以下肢为甚，常反复发作。重者可伴有鼻衄、齿衄、尿血、便血及崩漏。小儿及成人皆可患此病，但以女性为多见。

8. 对每一位血证患者应将血常规作为常规检查，在此基础上根据各种血证的不同情况进行相应的检查。

四、血证有哪些相关检查?

1. 咳血实验室检查，如血常规、血沉、痰培养细菌、痰检查抗酸及脱落细胞，以及胸部 X 线检查、支气管镜检或造影等，有助于进一步明确咳血的病因。

2. 吐血实验室检查，呕吐物及大便潜血试验阳性。纤维胃镜、上消化道钡餐造影、B 超声波等检查可进一步明确引起吐血的病因。

3. 便血实验室检查，如大便潜血试验阳性。

4. 尿血实验室检查，小便在显微镜下可见红细胞。

5. 辅助检查，血、尿常规，大便潜血试验，出凝血时间，血管收缩时间，血小板计数，毛细血管脆性试验及骨髓穿刺，凝血酶原时间，有助于明确出血的病因，帮助诊断。

五、血证的治疗原则是什么?

对血证的治疗可归纳为治火、治气、治血三个原则。

1. 治火　火热熏灼，损伤脉络，是血证最常见的病机，应根据证候虚实的不同，实火当清热泻火，虚火当滋阴降火。并应结合受病脏腑的不同，分别选用适当的方药。

2. 治气　气为血帅，气能统血，血与气密切相关，对实证当清气降气，虚证当补气益气。

3. 要达到治血的目的，最主要的是根据各种证候的病因病机进行辨证论治，其中包括适当地选用收敛止血、凉血止血或活血止血的方药。

六、不同证型的血证护理要点有哪些?

1. 鼻衄

（1）病室空气通风清凉，避免不良刺激气味。室内温度保持在 22℃左右，湿度保持在 60%左右，避免燥热环境而加重病情，患者不宜在日光下暴晒。

（2）鼻衄时，将患者头部托起，用冰袋或冰湿毛巾敷于前额、颈项部和鼻部，向鼻中隔方向压迫鼻翼，以利于止血。嘱患者勿将血液咽下，以免引起恶心。尽量将积血吐出，便于观察出血量。出血不止者，用干棉球蘸取药物填塞压迫鼻腔，如云南白药、0.1%盐酸肾上腺素、明胶海绵、三七粉纱条、凡士林纱条。

（3）注意休息，避免劳累。

2. 齿衄

（1）保持口腔清洁、卫生、湿润。可时常用银花甘草液漱口，或以 0.9%等渗盐水棉球擦洗口腔；也可用冰水含漱，以利于止血，平时宜用软毛牙刷刷牙，勿用牙签剔牙，以减少对口腔黏膜的损伤。

（2）可以用盐水棉球蘸止血粉压迫出血处。

（3）注意休息，勿劳累，避免暑燥之邪。

3. 咳（咯）血

（1）大咯血期间，绝对卧床休息，避免不必要的搬动，协助患者取去枕平卧位，头偏向一侧；或取患侧卧位，减少患侧活动度，有利于健侧肺的通气，并给予持续给氧。

（2）监测血压、呼吸、脉搏、心律、瞳孔、意识状态等方面的变化及伴随症状，如胸痛、咳嗽、呼吸改变与全身情况。并密切观察咯血的情况，如量、颜色、性质，且要准确记录。咯血停止后，仍需要继续观察，防止再出血。如出现面色苍白、鼻息微弱、气短神倦、肢冷汗出，应立即报告医生并配合抢救。

（3）遵医嘱使用止血药物，并密切观察药物疗效及不良反应，保持输液管道的通畅。

4. 呕血

（1）病室宜光线稍暗，减少噪音，便于安静休息。患者绝对卧床休息，减少活动量。

（2）吐血不止时，可遵医嘱针刺合谷、内关、足三里等穴，以祛火止血。

（3）严密观察病情变化。吐血前多有胃脘不适或胃痛、恶心等症状，或有心窝部痛或胃中烧灼感，或持续胃痛者突然痛减、头晕、全身无力等征象。

（4）密切观察出血量、面色、神志、血压、脉象等，若出血初止、腹痛突然加剧、烦躁不安、面色苍白、汗出肢冷、舌质淡、脉细弱等，则提示有气随血脱之重危证候，应立即报告医师，做好输血等急救准备。

5. 便血

（1）卧床休息，减少活动，注意保暖，避免感受风寒之邪。

注意观察便血的时间、量、色、质。

（2）出血期间嘱患者平卧，在床上大小便，不要用力，便后用温水帮助擦洗干净，肛周涂以油脂以保护皮肤。

（3）配合针刺中脘、百会、足三里、三阴交、脾俞等穴位。也可选用耳穴压豆肾上腺、皮质下、神门等穴。以达到健脾止血。

（4）出血初止不可大意，仍需加强观察。

6. 尿血

（1）密切观察尿液的颜色、有无血块，以及尿频、尿急、尿痛、恶寒、发热、腰膝酸痛等伴随症状。

（2）心烦、口渴、尿频、尿急、尿痛者，宜多饮温开水，口舌生疮者，外用绿疮散或锡类散涂擦患处，每日 3 次。

（3）遵医嘱做好尿细菌等培养，以了解出血部位和病因，协助诊断，以便对症治疗。

（4）告知患者应注意个人清洁卫生，尤其是会阴部及肛周皮肤清洁，女患者在月经期间尤应注意外阴清洁，经常沐浴，勤换内裤。

7. 肌衄（紫斑）

（1）密切观察紫斑的数量、大小及伴随症状，以及紫斑发生的诱发因素，如感染、厌食及药物过敏等。若出现大出血，血压下降，面色苍白，大汗淋漓等，立即报告医生采取急救措施，如输液、输血等，动态观察生命体征的变化，如体温、脉搏、呼吸、血压、神志等。

（2）皮肤出血应避免搔抓，防止皮肤挤压及外伤。护理操作时，动作要轻柔，尽量避免不必要的穿刺和注射。如测血压时止血带不可扎得太紧或时间太长，以免形成皮下血肿。

（3）病室宜清洁、温暖、空气清新，避免患者直接当风，预防感冒。

（4）中药汤剂宜温服。

七、血证的饮食调护有哪些？

饮食以营养丰富、易消化为原则。忌烟酒，忌辛辣、煎炸之品，以免辛辣动火，迫血妄行。饮食宜流质，吐血、便血者在急性出血期应暂禁食。出血期间选用清热凉血、收敛止血的食物，如藕汁、黑木耳等。待病情好转或稳定后，可逐步恢复至软食。湿热证者，饮食宜偏凉，可选食冬瓜、荠菜、空心菜、雪梨、西瓜，以及绿豆百合粥、鲜萝卜汁、藕汁等。虚证者，饮食宜温热，但出血期不宜过热；血止后重补益，可选食花生、红枣、牛奶、瘦肉、山药、禽蛋等。

八、血证的给药护理有哪些?

1. 对于火热熏灼型出血者，中药汤剂宜偏凉服用；气虚出血者，中药汤剂宜温热服用，但出血期间仍不宜过热。

2. 凡出血者均不宜运用热熨、艾灸、热敷等，防止血热妄行。

3. 迅速建立有效的静脉通道，为及时输血、输液、给药等做好准备。

九、血证的转归预后如何?

血证的预后，主要与下述三个因素有关：①引起血证的原因。一般来说，外感易治，内伤难愈，新病易治，久病难疗。②出血量的多少。出血量少者病轻，出血量多者病重，甚至形成气随血脱的危急重证。③兼见症状。出血而伴有发热、咳喘、脉数等症者，一般病情较重。

十、如何才能预防血证?

1. 注意饮食有节，起居有常。劳逸适度。宜进食清淡、易于消化、富有营养的食物，如新鲜蔬菜、水果、瘦肉、蛋等，忌食辛辣香燥、油腻炙焦之品，戒除烟酒。

2. 避免情志过极。对血证患者要注意精神调摄，消除其紧张、恐惧、忧虑等不良情绪。

3. 心慌、汗出、面色苍白、四肢湿冷、脉芤或细数等，应及时救治，以防产生厥脱之证。

4. 吐血量大或频频吐血者，应暂予禁食，并应积极治疗引起血证的原发疾病。

第三节　痰　　饮

一、什么是痰饮?

痰饮，是由于机体津液代谢失常所形成的病理产物。痰饮一般分为有形与无形两类：

1. 有形之痰饮　指视之可见，触之可及或闻之有声的痰饮。

2. 无形之痰饮　指某些因痰饮而引起的疾病或症状。由于其临床虽见痰饮之常见症状，如头目眩晕、恶心呕吐、心悸气短、神昏或癫狂等，但看不到有排出的实质性痰饮，而此类病证如按痰饮进行治疗，又能收到同样的疗效，故称其为无形的痰饮。

二、痰饮的病因有哪些?

痰饮的形成是由肺、脾、肾等脏腑的气化功能障碍，或三焦水道失于通调，导致体内津液代谢紊乱而成。当人体在某些致病因素的作用下，肺、脾、肾三脏的气化功能失调时，则水液不能化生津液，或水湿不能正常气化而排出，则会停留积聚于体内而生成痰饮。如肺主宣发肃降，通调水道，若肺失宣降，水津不能气化输布，则可停聚而成痰饮；脾主运化水湿，若脾虚，中阳不振，运化失职，则水湿不化可聚成痰饮；肾主蒸化水液，若肾阳不足，蒸化无力，水液不得化气，也可停留而成痰饮；三焦乃水与气通行之道路，若三焦失于通调，则水停气滞，气水互结，亦可发为痰饮。

三、痰饮有哪些临床表现?

临床所见，痰饮所致的病证较多，故有“百病多由痰作祟”的说法。痰饮为病，即包括了有形痰饮和无形痰饮等多种病证在内。由于其所在部位不同，其临床表现也不一样。

1. 常见的痰证　如痰阻于肺，可见咳喘咯痰；痰迷心窍，可见胸闷心悸，神昏癫狂；痰停于胃，可见恶心呕吐，痞满不舒；痰停皮下肌肉，则可见痰核、阴疽流注；痰阻经络筋骨，则可见肢体麻木，或半身不遂；痰浊上犯头目，则发眩晕昏冒；痰气凝结咽喉，则可致咽中梗阻，如有异物，吞之不下，吐之不出。

2. 常见的饮证 如饮泛肌肤，则成水肿；饮停胸胁，则见胸胁胀痛、咳嗽引痛；饮停胸膈，则常见咳喘倚息、不能平卧；饮在肠间，每致肠鸣沥沥有声、腹满食少。总之，痰饮病证，随其病变部位及其寒热虚实性质的不同，而各有不同的临床见症，应综合分析，方能作出正确的诊断。

四、痰饮有哪些相关检查？

1. X 线检查 早期可无异常。病变反复发作，可见两肺纹理增粗、紊乱，呈网状或条索状、斑点状阴影，以下肺野较明显。

2. 呼吸功能检查 早期无异常。如有小气道阻塞时，最大呼气流速——容积曲线在 75%和 50%肺容量时，流量明显降低，闭合容积可增加。发展到气道狭窄或阻塞时，就有阻塞性通气功能障碍的肺功能表现。

3. 血液检查 慢性支气管炎急性发作期或并发肺部感染时，可见白细胞计数或中性粒细胞增多。喘息型者嗜酸粒细胞增多。缓解期多无变化。

4. 痰液检查 涂片或培养可见肺炎球菌、流感嗜血杆菌、甲型链球菌及奈瑟球菌等。

五、痰饮的治疗原则是什么？

关于痰饮病的治疗原则，因为痰病的种类繁多，所以治疗应有所不同。对脾失健运，宜健脾燥湿化痰；对火热内郁，宜清热化痰；肺燥阴虚，宜润肺化痰；脾肾阳虚，宜温阳化痰。若外邪袭肺，宜宣肺化痰；痰迷心窍者，宜涤痰开窍；痰火扰心者，应清心豁痰；痰停于胃，宜健脾燥湿化痰；肝风内动挟痰上扰者，宜熄风化痰；胆郁痰扰者，宜清化热痰、降逆和胃；痰浊上犯于头，宜健脾去湿、化痰熄风；痰气凝结于咽喉，宜化痰利气解郁；痰阻经络筋骨，宜软坚消结、通络化痰。

六、不同证型的痰饮护理要注意些什么？

1. 痰饮

（1）肝胃气滞证患者痛剧时卧床休息，疼痛持续不解，可服沉香粉 1g，延胡索粉 1g，理气止痛，胃痛明显可用针灸治疗，取内关、合谷、足三里、中脘、阳陵泉、太冲穴，以疏肝理气止痛。若是寒犯胃证胃脘痛时，在局部用热水袋温熨，以散寒通脉或饮生姜红糖茶散寒止痛。

（2）避免情志刺激，劝导患者要心胸开阔，保持心情舒畅，配合治疗与护理。

（3）保持大便通畅，便秘者，服用蜂蜜适量，以白木耳养胃润肠通便。

（4）观察胃痛的部位、程度、性质及诱因。

（5）可用艾灸灸中脘、足三里等穴，温中散寒。神疲乏力者应卧床休息，食后腹痞满可做胃脘部按摩。

2. 悬饮

（1）病重者应卧床休息，出现呼吸急促者取半卧位或坐位。积液量多者，宜向患侧取半卧位；积液量少者，体位以患者舒适为度。

（2）密切观察神志、意识、呼吸、血压、脉搏、血氧饱和度、咳嗽、胸痛情况。咳嗽能加重胸胁疼痛，可服川贝液、竹沥油等止咳，或针刺列缺、尺泽等穴。气促息短者应及时给氧。

（3）胸腔积液消失，病情稳定后，应进行呼吸锻炼，防止胸膜粘连的发生。

（4）保持情志的稳定，遇事不过激、不恼怒、紧张和忧虑。

3. 溢饮

（1）观察神志、意识、生命体征的变化，如果出现气促、呼吸困难即给予吸氧，给予半卧位或端坐卧位，并记录病情的变化。

（2）如出现颜面及四肢的浮肿，限制水钠的摄入，并准确记录 24 小时出入量，卧床休息时抬高双下肢。

（3）浮肿严重时每日清晨起床后测量体重，浮肿减轻后改为每周测体重 2 次。

（4）遵医嘱给予补充人血白蛋白，给予利尿剂时观察药物的不良反应。

4. 支饮

（1）密切观察是否有哮喘的先兆症状，如胸闷、鼻咽痒、流涕、咳嗽、打喷嚏等，应立即报告医生，并配合做好抢救的准备。

（2）气急喘促不能平卧者取半卧位或坐位，如呼吸困难、紫绀等缺氧现象者即给予吸氧。

（3）咳嗽较重，咳痰较多者宜侧卧，经常更换体位。咳嗽频咳痰不爽时，按医嘱予雾化吸入或者止咳化痰药。指导患者进行有效的咳嗽，以利痰液引流排出。必要时予体位引流或机械吸引等以保持气道畅顺。

（4）做好口腔护理，早晚可用生理盐水漱口。

七、痰饮的饮食调护有哪些?

1. 痰饮　饮食宜进温热食物，以软、烂、熟、清淡及少量多餐为原则，节制饮食，忌生冷瓜果、辛辣、煎炸之品。避免过饥才食，宜定时进食。

腹胀较重时，可用焦山楂、鸡内金粉各 1.5g，开水调服，以助运消食。

2. 悬饮　饮食以清淡富于营养不宜太咸的素半流质为宜。随着病情改善，可进食含高蛋白、高热量的普食，如鸡蛋、瘦肉、鱼、牛奶等，以扶正气。多饮水，以促进疾病康复，保证热量供应和利于排痰，平时应食用桂花陈皮粥、佛手丝瓜粥达到理气化痰之功效。

3. 溢饮　饮食宜给高热量、易消化、低盐或无盐、优质蛋白饮食，如瘦肉、淡水鱼、蛋白等。禁咸菜及面包、苏打饼干等含钠食物，还可进食温阳利水之品，如扁豆、莲子、胡桃、龙眼等。也可给益气养阴、温补益气之食物，如山药、黄芪、百合粥或西洋参煲瘦肉、鱼类、豆制品等，忌辛辣寒凉食物。

4. 支饮　饮食宜清淡营养丰富之品，如瘦肉、蛋、新鲜蔬菜等，忌生冷寒凉、海腥、肥腻、甘甜之品，少量多餐。可服用补益肺脾的食物，如薏苡仁、山药粥、陈皮茯苓瘦肉汤；人参、沙参、百合粥、党参粥。

八、痰饮的生活起居应注意什么?

1. 环境洁净、空气清新、温度适宜、避免环境中的不良刺激，如噪声、不良气味等。

2. 生活要有规律，注意劳逸结合，避免过度疲劳，急性发作期应卧床休息，胃脘疼痛缓解后可下床适当活动。注意保暖，避免外邪入侵。

3. 饭后休息半小时可适当活动，如散步。保持大便通畅。

4. 急性期应绝对卧床休息，避免过劳，以免耗伤正气，恢复期可适当活动，以促进气血流畅。

5. 不利者可用胖大海泡水饮服。

6. 畅情志，保持精神愉快，避免情志刺激而加重病情。

九、痰饮的服药护理有哪些?

1. 痰饮的中药汤剂宜温服，肝胃郁热时中药汤剂宜稍凉服。

2. 悬饮中药汤剂一般宜温热服，以助温阳利水之药力提高疗效。饮邪亢盛时，每次服药量宜少，多次频服，以减轻不良反应和避免加重病情，有利脾肾运化传输。

3. 服和解宜利药后，注意大便次数、性质及出汗情况，并做好记录。服药时，可配服米汤以缓和药性。服药后应卧床休息，饮食以稀软为宜，排便时须有人扶持，以免发生意外。

4. 利尿药宜在每天早晨服用，以保证患者夜间充分休息。中药汤剂宜少量分次服用，避免呕吐，呕吐者服药前滴生姜汁数滴于舌面上以止呕吐。用药期间每日准确记录 24 小时尿量。

十、痰饮的预防调护?

凡有痰饮病史者，平时应避免风寒湿冷，加强保暖；饮食宜清淡，忌甘肥生冷之物；戒烟酒；注意劳逸结合，以防诱发。

十一、痰饮后的饮食保健有哪些？

白萝卜子（莱菔子）生熟各 15g，生赭石末 9g。先将白萝卜子捣碎煮汤一大碗，送服生赭石细末，半小时后，再用此方 1 次，消积化痰，用治痰饮凝结症，据《医学衷中参西录》介绍，一青年素多痰饮，受外感后痰涎凝结于上脘，阻膈饮食不下，用此方后，即觉上脘顿开，可进饮食。

十二、痰饮的转归预后如何？

痰饮之病，主要为肺脾肾三脏气化功能失常所致，若施治得法，一般预后尚佳。若饮邪内伏或久留体内，其病势多缠满难愈，且易感外邪或饮食不当而诱发。《金匮要略》根据脉诊推断痰饮病的预后，认为久病正虚而脉弱，是脉证相符，可治；如脉反实大而数是正衰邪盛，病为重危之候；脉弦而数亦为难治之候，因饮为阴邪，脉当弦或沉，如弦而数乃脉证相反之征。

十三、如何才能预防痰饮？

要使体内的痰饮减少，首先要从预防做起，预防痰饮要从注意饮食的结构、关心脏腑的功能活动、关注体内的寒热环境几个方面进行。饮食荤素均衡、肺脾肾等脏腑的功能正常、内火不重，就可减少痰饮的产生。正常人也有痰饮，但量少，不会出现明显症状。当痰饮堆积，引起各种症状时，就得服药治疗，使其减少。一般内热生痰，外寒生饮。预防痰饮的产生要调整脏腑的功能，以使脏腑能正常进行水液的利用和排出；改变体内的热环境，就是当五脏六腑有热时，及时服用泻火药；当风寒侵犯人体或体内寒邪停留时，及时服用发散风寒和温化寒饮的药。中成药方面，风寒外袭引起咳唾清稀痰饮者，可服通宣理肺丸；经常痰多黏稠者，可服橘红丸。对于痰饮引起的复杂病症要经医生辨证治疗。

第四节　消　　渴

一、什么是消渴？

消渴症是指以多饮、多尿、多食及消瘦、疲乏、尿甜为主要特征的综合症状。本病主要在肺、胃、肾，基本病机为阴津亏耗，燥热偏盛。消渴日久，病情失控，则阴损及阳，热灼津亏血瘀，而致气阴两伤，阴阳俱虚，络脉瘀阻，经脉失养，气血逆乱，脏腑器官受损而出现疖、痈、眩晕、胸痹、耳聋、目盲、肢体麻疼、下肢坏疽、肾衰水肿、中风昏迷等兼症。

二、消渴的病因有哪些？

禀赋不足、饮食失节、恣食肥甘、情志过极、房事不节、热病之后、劳欲过度等原因均可导致消渴症。其基本病机为阴津亏损，燥热偏盛，而以阴虚为本，燥热为标，两者互为因果，阴越虚则燥热越盛，燥热越盛则阴越虚。消渴病变的脏腑主要在肺、胃、肾，三脏之中，虽可有所偏重，但往往又互相影响。其中，尤以肾最为重要。

三、消渴有哪些临床表现？

1. 消渴多发于 40 岁以后，形体肥胖之人，男女无明显差异。起病多缓慢，病程较长。

2. 消渴以口渴多饮，多食易饥，形体消瘦，尿多有甜味等为主要表现。初起“三多”症状可不明显。症状明显时口渴多饮，每日总尿量 3～5L 以上，食欲亢进，体重减轻，面容憔悴，神疲乏力，皮肤瘙痒，可有四肢麻木、酸痛、腰酸、性欲减退、男子阳痿、女子月经失调，以及视力减退，腹泻等症。

3. 消渴日久不愈，常可并发多种兼证，表现为疮疡痈疽，或生于下肢或发于背部；或视物不清，内障、雀目、耳聋等；或四肢骨节烦疼，手足偏废；或肺痿劳嗽；或头痛剧烈、腹痛呕吐、呼吸深长，有烂苹果样气味等。

四、消渴有哪些相关检查？

1. 查空腹、餐后 2 小时血糖和尿糖，尿比重，葡萄糖耐量试验等，有助于确定诊断。

2. 病情较重时，尚需查血尿素氮、肌酐，以了解肾功能情况；查血酮，以了解有无酮症酸中毒；查二氧化碳结合力及血钾、钠、钙、氯化物等，以了解酸碱平衡及电解质情况。

3. 对各种系统的检查，有助于并发症的诊治。

五、消渴的治疗要点是什么？

1. 治疗原则 以清热生津，益气养阴为基本治则。

2. 三消分治 《医学心悟·三消》说："治上消者，宜润其肺，兼清其胃"；"治中消者，宜清其胃，兼滋其肾"；"治下消者，宜滋其肾，兼补其肺"，可谓深得治疗消渴之要旨。

3. 虚实分治 根据燥热轻重，病变部位，兼夹湿、痰、瘀、浊毒等邪气之不同，伤及脏腑、气血阴阳之不同，予以或清热泻火，或祛湿、化痰通络，或降浊祛毒及相应扶正之法。应注意在疾病治疗的同时，叮嘱患者控制饮食，调畅情志，适度运动，以促进疾病康复。

六、消渴的护理要点有哪些？

1. 观察患者的饮水量、进食量、尿量及尿有无泡沫，定期测量体重。定期检查空腹和餐后 2 小时血糖情况。

2. 观察神志、视力、血压、舌象、脉象。注意观察有无泌尿系统、皮肤、肺部、足部等感染。血糖高达 16.7～33.3mmol/L 时，注意观察有无食欲减退、恶心、呕吐、嗜睡，呼吸加快加深，呼吸呈烂苹果味及脱水等痛症酸中毒表现。注意观察患者有无低血糖反应，饥饿感，手抖，心悸，多汗等交感神经兴奋的表现。观察有无四肢麻木、皮肤感觉异常等周围神经病变表现。

3. 调整生活规律 糖尿病属慢性病，规律的生活非常重要，按时起居，有利于糖代谢。每周按时测量体重，作为计算饮食和观察疗效的依据。

4. 坚持适当的活动 适当规律的活动是治疗糖尿病的一种重要手段，可采取多种活动方式，如散步、做健美操、打太极拳、跳老年迪斯科舞、打乒乓球、游泳、跑步。可根据自身情况相爱好，选择活动方式。要持之以恒。

5. 指导患者服药的方法，介绍不同降糖药的类别、给药时间、途径和剂量。

6. 保持口腔清洁、坚持饭后漱口，防止口腔黏膜及牙龈溃烂，可用金银花、甘草煎水清洁口腔。

7. 保持大便通畅。多食粗纤维的食物，必要时按医嘱口服麻仁丸等润肠通便药物。

8. 注意足的保护和护理，鞋袜宽松适宜，防止出现水疱及鸡眼。

9. 患者一旦出现低血糖反应，即用血糖仪快速测血糖，报告医生，给患者使用含糖食物，如糖果、蜂蜜等。遵医嘱予 50%葡萄糖静脉注射，进食碳水化合物，低血糖昏迷的患者待清醒后再让其进食，防止低血糖反应再度发生。

10. 保持皮肤清洁，患者常伴有皮肤瘙痒，皮肤抓破后易并发感染，应指导患者勤洗澡和更换内衣，修剪指（趾）甲。皮肤瘙痒较甚者，可外用止痒药物。

11. 对需要胰岛素治疗和自我监测血糖的患者，教会患者识别低血糖反应的表现，掌握自救方法。

12. 给予情志疏导、心理安慰，增强治疗的信心，消除久病忧伤，避免因气机郁结化火、消烁肺胃阴津而使病情加重。

七、出现酮症酸中毒如何护理？

1. 患者绝对卧床休息，注意保暖。

2. 快速建立两条静脉通道，及时、准确执行医嘱，纠正水、电解质及酸碱平衡失调，纠正酮症酸中毒症状。

3. 按医嘱小剂量胰岛素静脉滴注，抽取胰岛素时剂量要准确。

4. 配合治疗诱因和并发症，严密观察生命体征、神志、意识的变化，做好 24 小时出入量及血糖测定和记录，向医师及时汇报。

5. 暂时禁食，酮症消失后改流质或半流质饮食。

6. 做好口腔和皮肤护理，保持皮肤清洁，预防褥疮和继发感染。

八、胰岛素如何应用和护理？

1. 未开启的胰岛素置于2～8℃的环境中保存，使用中的胰岛素笔芯在室温可保存28天，瓶装胰岛素在室温可保存6周。

2. 注意不同胰岛素的注射时间，给予相应的指导，如速效胰岛素于餐前5～10分钟皮下注射，中长效胰岛素于餐前30分钟皮下注射，混合型胰岛素使用前充分摇匀。

3. 胰岛素注射部位选择及注意事项：胰岛素常用于皮下注射，宜选皮肤疏松部位，有计划安排顺序轮换注射，以防注射部位组织硬化，脂肪萎缩而影响胰岛素的吸收，加强无菌观念，注射部位应严密消毒以防感染。

九、消渴的饮食调护有哪些？

饮食宜清淡，控制食量，可选食豆类、山药、冬瓜、鸡蛋、山药、瘦肉等。平时可煮食山药，有养阴生津止渴之功效。上消者，可常饮茅根汤、金银花露、地骨皮露；中消者，可常饮石斛汤、知母汤、萝卜汤、番茄汤等；下消者，可常服鲜生地汤代茶饮。阴阳两虚者，可食用桂心汤或韭菜粥，以起到滋阴温阳作用。忌食辛辣食物，戒除烟酒。

十、消渴的转归预后如何？

消渴病自然发病过程中，一般初起以阴虚燥热为主，位在中上二焦，病程日久，阴损及阳进而阴阳两虚，甚至以阳虚为主，病位及下焦，并常有各种严重并发症，最后多死于阴竭阳亡。一般上消轻，中消重，下消危。上、中、下三消又可互相转化。

燥热伤肺证，多属消渴病早期，调养、治疗得当，病情可完全控制，不影响工作、生活和寿命。若调养、治疗失当，则进而损伤肺阴，造成气阴两伤，经恰当治疗，可消除临床症状，使血糖、尿糖降到正常水平。若治不及时或调养失当，则可继续发展，伤及脾胃而成脾胃气虚证。脾胃气虚证，经健脾益气，脾胃得补则病可缓解。

阴虚火旺者，煎熬津液，易致血液黏滞，运行不畅而致瘀血，产生阴虚血瘀之候，同时又可阴损及阳，转为阴阳两虚证，两者均可致并发症出现。阴阳两虚证，已属消渴病深重期，治疗得当仍有转危为安的可能，但稍有不慎则可并发其他疾病，甚者出现阴阳离绝而死亡。

十一、消渴的预防调护如何？

1. 对有消渴病家族史患者应注意早期防治。

2. 应制订合理的食谱。对肥甘厚味、面食及过咸食物要严格节制，辛辣刺激食品亦应尽量避免食用。此外，应戒烟酒、浓茶及咖啡等刺激性食品。

3. 养成有规律的生活习惯，做到劳逸结合。适量体育运动如太极拳、气功、散步等一方面可使气血运行流畅，同时也可使体胖者减重。

4. 患者宜经常保持心平气和，情绪稳定，忌恼怒、郁闷、忧思，避免惊恐。

5. 应节制房事，保护肾精，避免过服温燥壮阳之品，以防阳热伤阴。

6. 注意加强足部皮肤的护理，保证其清洁、温暖、润而不湿。

7. 病情控制后应坚持长期随诊，定期复查。

第五节　汗　　证

一、什么是汗证？

汗证是指由于人体阴阳失调，腠理不固，营卫不和而致汗液外泄失常的一种病证。其中，不因外界环境因素的影响，而白昼时时汗出不止，动辄益甚者，称为自汗；寐中汗出，醒后汗止，称为盗汗，亦称为寝汗。

二、汗证的发病病因是什么?

汗证病位在肺，与心、肝、肾均有关。本证主要由于体虚受风、情志不调、嗜食辛辣、亡血失精、阴阳失调、腠理不固、肺气不足、营卫不和、心气不足、气阴两虚、阴虚火旺、邪热郁证，而致汗液外泄失常的病证。

三、汗证的临床表现有哪些?

不因外界环境影响，在头面，颈项，或四肢、全身出汗者，昼日汗出溱溱，动则益甚为自汗，睡眠中汗出津津，醒后汗止为盗汗。根据汗证的表现分盗汗、自汗、战汗、脱汗等。

四、汗证的相关检查有哪些?

必要时作X线胸部摄片，痰涂片找抗酸杆菌及作抗链球菌溶血素“O”、血沉、黏蛋白、T3、T4、TSH、基础代谢率等检查以排除肺痨、风湿热、甲状腺功能亢进等。

五、汗证的治疗原则有哪些?

汗证以虚为主，补虚是其基本治疗原则，具体则需因其病机而分别以调和营卫、益气固表、清里泄热、滋阴降火、补血养心、益气固脱、回阳敛阴等为基本大法。

六、汗证的护理要点有哪些?

1. 病室内温、湿度适宜，保持恒温。阴虚火旺者应偏凉些，肺卫不固、营卫不和者应偏暖些。但切忌汗出当风，以防感冒。

2. 鼓励患者加强体育锻炼，如练气功、打太极拳、散步等，以提高免疫能力，防止感冒。

3. 观察出汗的部位、时间、性质、量的多少。注意体温、心率、血压、舌象、脉象、精神、面色、皮肤的变化，并予记录。如见大汗淋漓，汗出如油，面白神萎，肢冷脉细是为脱汗，应立即报告医生，可遵医嘱注射参附液，也可艾灸百会、涌泉穴。

4. 汗出后用干毛巾擦拭，及时更换衣被，安静休息。

5. 保持乐观情绪，避免精神紧张和劳累。

七、汗证的生活起居调护有哪些?

1. 病室环境要安静、整洁、舒适，保持空气新鲜，以及温湿度适宜。但须避免对流风，被褥不宜过厚，条件允许时，适当调节一下居住环境的温度与湿度，如阴虚血热者的居住环境就应稍偏凉一些等。

2. 汗出多时，腠理空虚，易感外邪，故应当用毛巾擦拭，及时更换衣被或晾晒，注意休息避风，不袒胸露背。经常沐浴。

3. 患者的被褥、铺板、睡衣等，应经常拆洗或晾晒，以保持干燥，并应经常洗澡，以减少汗液对皮肤的刺激。

4. 重症盗汗且长期卧床的患者，家属应特别注意加强护理，避免发生压疮。还要注意观察患者的面色、神志、出汗量大小，如有特殊改变要及时向医生报告。

八、汗证的情志调护有哪些?

1. 态度和蔼、关心体贴、耐心劝导，使患者心情舒畅，配合治疗，发挥情志调护及药物治疗的双重效应。

2. 多关心、接触患者，尽量满足他们的合理要求，介绍疾病的过程及转归，举例一些治疗效果佳，康复好的患者，建立正确认识，使其树立战胜疾病的信心。

3. 争取家属亲友的密切合作，做好家属工作，使他们关心、体贴患者营造亲情氛围，消除患者孤独不安的感觉。

九、汗证的饮食调护有哪些？

饮食宜清淡及略偏于滋养并易于消化，少食或忌食辛辣、煎炒、炙烤、肥甘厚味、油腻的食物，节制饮酒注意补充水分。盗汗者多给酸性饮料、果汁及龟或鳖肉等滋阴培补之品；自汗者可食红枣糯米粥、百合粥、黄芪粥或五倍子粉 15g，与荞面做饼煨熟食之；应据患者病证之寒热虚实，选择搭配主副食品、青菜及瓜果。

十、汗证的用药指导有哪些？

中药汤剂宜温服，观察服药后汗出的情况，做好记录，虚证或胃纳不佳者，中药宜浓煎，分多次少量在饭前饭后 1 小时服用。

十一、汗证的疾病康复有哪些？

加强体育锻炼，提高机体免疫力，防止感冒，生活有规律，饮食有节，少食辛辣厚味，适应寒温，增加衣服，注意劳逸结合，避免思虑烦劳过度，保持良好心态，积极治疗原发病；汗出之时当避风寒，以防感冒。汗出之后，应及时用干毛巾将汗擦干；出汗多者，需经常更换内衣，并注意保持皮肤、卧具干燥清洁。

十二、汗证的疾病预防有哪些？

1. 适度的户外活动和体育锻炼，使卫表腠理固密。注意劳逸结合，避免思虑烦劳过度，以养脏气。

2. 宜保持病室整洁、安静，通风良好，室内温度湿度要调节适宜，但不宜让风直吹患者。室温及患者衣被厚薄需与季节气候及病变之寒热属性相适应。注意个人卫生，勤换衣被，保持皮肤清洁和干燥，拭汗用柔软干毛巾或纱布擦干，勿用湿冷毛巾，以免受凉。

3. 注意精神心理调理，给予患者精神上的安慰及鼓励，保证患者有乐观情绪及战胜疾病的信心，安心休养，配合治疗。汗出之时，腠理空虚，易于感受外邪，故当避风寒，以防感冒。汗出之后，应及时用干毛巾将汗擦干。出汗多者，需经常更换内衣，并注意保持衣服、卧具干燥清洁。

十三、汗证的自我保健有哪些？

注意起居有常，生活规律、饮食有节，根据季节变化增减衣被，避免汗出，注意补充水分及易消化营养丰富的食物。平时饮服地骨皮红枣茶、大枣、党参调理。在药物治疗的同时，应加强必要的体育锻炼，如打太极拳、练气功，以增强机体抵抗外邪的能力，保持良好心态，劳逸结合，积极治疗各种慢性疾病，注意病后调理；在条件允许时，适当调节一下居住环境的温度与湿度，如阴虚血热者的居住环境就应稍偏凉一些等；被褥、铺板、睡衣等，应经常拆洗或晾晒，以保持干燥，并应经常洗澡，以减少汗液对皮肤的刺激。

十四、汗证的辨证施护哪些？

1. 肺卫不固证护理 寒冷季节适当提高室内温度，病室通风时，避免患者直接当风，起床外出活动时宜加穿外衣，防风寒外邪侵袭肌表。根据自身情况，进行适当锻炼。宜进温热健脾益气之品，忌生冷、肥腻助湿之品。中药汤剂每日 2 次温服，平时用大枣、党参共煎，每日食一碗调理，有补气固表作用。此药对自汗易感冒有良效，外感表实证者不宜服用。

2. 营卫不和证 病室宜偏暖避风，注意保暖，忌冷敷。服药期间饮食忌辛辣、黏滑、肉类、酒等发散食品。宜选红枣、桂圆等温补之品，肢体酸楚者可适当休息。此汤药需热服，服后休息。

3. 阴虚火旺证 病室宜通风凉爽，加强饮食营养，多食新鲜多汁水果，以滋阴液。平时饮服枸杞子茶，用豆浆冲胡桃泥，有补肾降火作用。忌辛辣、香燥、荤腥、动火之食品，以免耗伤津液。中药汤剂宜偏凉服，煎药时宜文火久煮，服药期间避免七情刺激，防止五志过急，免伤阴津。

4. 气阴两虚证 注意营养摄入，多饮清热生津之饮料，及时更换汗湿的内衣及被褥。每日用热水擦身或沐浴，注意卧床休息，避免活动过度。

十五、汗证的护理评估有哪些？

汗证的护理评估包括出汗的部位、时间、性质及量、体温、血压、面色、皮肤情况、生活自理能力、心理社会状况。

第六节　内伤发热

一、什么是内伤发热？

内伤发热是因情志、劳倦、饮食等内伤为病因，脏腑功能失调，气血阴阳亏虚或气血水湿郁遏引起的以发热为主、与外感发热相对而言的一类病证。

二、内伤发热的发病病因是什么？

内伤发热的病因以内伤为主，而外感发热日久不愈，正气虚衰，则亦可转化为内伤发热。多由素体阴虚、情志失调、饮食劳倦、劳倦过度、久病体虚、外伤出血及用药不当等原因所致。

三、内伤发热的临床表现是什么？

1. 临床出现持续发热，或时发时止，反复出现，或发有定时，或发无定时。多为低热，或自觉发热而体温不高，表现为高热者较少。本病以手足心热，五心烦热，骨蒸潮热，面部烘热，肢体如灼但体温不高等为主证。大多数发热而不恶寒，或虽有怯冷，但得衣被则温，常兼头痛、神疲、自汗、盗汗、脉弱等症状，或发生于劳累之后，或发热随情绪波动而起伏。

2. 起病缓慢，病程较长，常有气血阴阳亏虚的病史，或有反复发热的病史，伴见头晕、神疲、自汗、盗汗、脉弱等症。

3. 无感受外邪所致的头身疼痛、鼻塞、流涕、脉浮等症。

4. 病位涉及各相关脏腑，临床辨证分为功能性发热、肝经郁热、肿瘤、血液病、内分泌病、结核病、结缔组织病、慢性感染性疾病及不明原因发热，具有内伤发热特点者。

四、内伤发热的相关检查是什么？

发热，尤其是较长时间的慢性发热可涉及多个病种，必要时可作有关的实验室检查，以进一步协助诊断。血、尿、便三项常规检查，血沉测定，心电图，以及 X 线胸部透视或摄片应作为慢性发热时必须进行的检查。怀疑结缔组织疾病时，作链球菌溶血素“O”效价测定、血中狼疮细胞检查，以及有关血清免疫学检查。怀疑肝脏疾病时，作常规肝功能检查。怀疑甲状腺疾病时，作基础代谢检查。有未能解释原因的严重贫血时，须作骨髓象检查。

五、内伤发热的治疗原则是什么？

实证宜疏肝解郁，化瘀清热；虚证当补益阴阳气血，以退虚热。

六、内伤发热的护理要点是什么？

1. 高热或有出血倾向者卧床休息；自汗、盗汗量多者，用干毛巾擦拭后及时更换衣被；密切观察发热的时间、程度、性质和规律；注意伴发症状，如怕冷、出汗、口渴、面色、舌脉、神志及大小便的变化；体温过高或过低，发热程度与伴随症状不符时，报告医师并配合处理。

2. 解除思想顾虑，安慰及鼓励患者树立战胜疾病的信心，向患者及家属介绍疾病的特点及调养的方法，以取得其配合，并能安心治疗。

3. 饮食护理　饮食以清淡、易消化、富含营养为原则，多食新鲜水果及蔬菜，忌煎炸、肥腻、辛辣等助湿生热之品。气虚发热可食健脾益气食物，阴虚发热可食滋阴清热食物，血虚发热可食益气养血之品。肝郁发热可食疏肝理气，清热解郁之品。

4. 临床辨证护理　阴虚低热盗汗者，遵医嘱可给予中药煎水代茶饮；阴津耗伤，肠燥便秘者，遵医嘱给予通便药或中药泡水代茶饮。

5. 病情观察　注意观察发热的时间、程度、诱因、规律、神志、肤温、面色、舌苔、脉象等。

时觉身热心烦，热势常随情绪波动而起伏为肝郁发热；午后或夜晚发热，五心烦热或骨蒸潮热者为阴虚发热；若午后或夜晚发热，或自觉身体某些局部发热，有痛处或肿块为瘀血发热；热势或低或高，常在劳累后发生或加剧为气虚发热。血虚发热则多表现为低热。若出现身热烦躁，反欲盖衣被，精神委靡，面色浮红，时隐时现，或大汗淋漓，面色苍白，四肢厥冷，脉微欲绝等，为真寒假热或阳气欲脱之象。

七、内伤发热的生活起居调护是什么？

1. 病室宜舒适、安静，空气流通、整齐、清洁，温湿度适宜。患者切忌直接当风，衣被厚度要适当。对于身体抵抗力较差的慢性患者，要注意室内冷暖的调节，室温保持在 18～20℃，使之感到舒适。病室宜向阳，室内阳光充足。患者衣被应适宜，防止复感外邪。汗出多者，应及时更换汗湿的衣被。患者要注意休息，活动量应以不疲劳为度。

2. 观察患者体温变化，注意体温与情绪波动的关系，并做好记录。

3. 患者因久病体虚，应寒暖有节，防止复感外邪。血虚者应卧床休息，阴虚发热者勿房劳。气郁发热者常汗出不畅，宜加衣盖被，促其微微发汗，使营卫调和，利于降温，也可用热粥助其发汗，一般不用解表发汗剂。气虚者表卫不固，以自汗为主，血虚发热者以盗汗为主，出汗后及时用干毛巾擦身，更换衣被。阴虚发热盗汗者，棉被勿太厚，睡前可用糯稻根须煎剂擦身或沐浴。

4. 一般可采取舒适的体位，不必绝对卧床。活动要适量，以患者不感到疲劳为度。卧床不起的重症患者，可采取平卧位与侧卧位交替进行，经常给予翻身、变换体位。神志不清者，应加设床栏，以免发生坠床等意外。

5. 长期发热的患者会出现口腔黏膜干燥，甚至口腔糜烂，故要经常用清热解毒漱口液漱口或用金银花煎汤漱口，注意口腔清洁。口唇干裂时，可涂以石蜡油润滑。

6. 出汗较多时，应及时更换衣服，保持皮肤清洁。必要时可用温水擦浴。对于长期卧床不起、发热者，要定时翻身、变换体位，以免局部受压过久而发生褥疮；经常用红花乙醇按摩骨突受压处，促进局部气血调畅。

八、内伤发热的情志调护是什么？

1. 给予情志的疏导、安慰和鼓励，消除患者的忧虑和紧张，增强其战胜疾病的信心，以配合治疗和护理。

2. 避免各种精神刺激，使患者心情舒畅，配合治疗。

3. 向患者解释内伤发热的原因，嘱患者正确对待疾病，积极配合治疗。忌思虑过多，劳累过度，恼怒生气，以免耗伤脾气或肝郁犯脾，加重病情。气郁发热者多因情志失和，肝气郁结所致，应加强情志调适，保持心情舒畅。

九、内伤发热的饮食调护是什么？

1. 饮食以清淡、细软、易消化、富有营养为原则，多食新鲜水果和蔬菜，忌肥腻、煎炸、辛辣、生冷等助湿生热之品，以免更伤脾胃。高热者，可进食流质饮食，如绿豆汤、莲子大枣汤等。病情稳定后，可进食半流质，如赤豆粥、芝麻冰糖糊等，有温补之功效。阴虚低热盗汗者，遵医嘱可予中药煎水代茶饮。阴津耗伤，肠燥便秘者，遵医嘱给予通便药或中药泡水代茶饮。

2. 气郁发热者常食理气解郁食物，如金橘、芹菜、香菇、黄花菜等，平时可用沸水泡水代茶，若胁痛明显，可醋炒青皮煎服或研末吞服，也可以党参、黄芪煎水代茶，或食用党参粥、黄芪粥、山药粥等，具有健脾补气之功效，忌辛温香燥食物；瘀血发热者饮食宜清淡易消化，如鱼皮粥、黑木耳蒸瘦肉、山楂、山药、莲子等，忌食酸涩、辛辣油腻之物；气虚发热者宜食健脾益气的食物，如大枣、薏苡仁、山药、南瓜等，可常食扁豆山药粥、参枣汤，忌生冷硬固之品；血虚发热者宜食滋阴补血食物，如甲鱼、银耳、红枣、猪肝、蜂蜜等；阴虚发热者多食养阴生津的食品，如牛奶、鱼、雪梨、冬虫夏草炖水鸭、甘蔗白藕汁等饮食护理。

3. 内伤发热患者因长期发热，体内的营养物质和水分大量消耗，所以调整饮食扶助正气是护理的核心，在辨清病情的前提下，宜给高热量、高维生素、易于消化等有利于康复的食物。

十、内伤发热的用药指导有哪些？

1. 中药汤剂一般宜温服，虚证患者，中药汤剂应热服；实证者，则宜温服。服药后应休息片刻，加盖衣被，使之微微出汗，对营卫不和的发热者尤为有效。

2. 气郁发热、瘀血发热、阴虚发热者中药汤剂宜温服，气虚发热者宜空腹热服，血虚发热者宜饭前空腹热服。高热者遵医嘱予以退热剂。气阴两虚者可静脉滴注参麦注射液，以益气养阴。气滞血瘀者可用川芎嗪注射液，以活血化瘀，通脉止痛。

3. 如出现口腔溃疡可用银连漱口液含漱，或喉风散、冰硼散喷敷患处。

十一、内伤发热的疾病康复有哪些？

1. 保持精神愉快，思想开朗，避免情志内伤。

2. 饮食宜清淡，富于营养而易消化，注意饮食调养。

3. 合理安排日常生活起居，劳逸适度。避风保暖。忌生冷、油腻、煎炸等碍胃伤脾之品。适当锻炼，增强体质。

4. 门诊随访。积极治疗外感疾病和各种慢性病，以免耗伤脏腑阴阳气血，而导致发热。

5. 七情是内伤疾病的主要因素，可致气机升降失常，气血运行紊乱而发病。内伤发热的患者多病程长，户外活动较少，常存在有消极的心理，因此对患者要有针对性地做好心理疏导，帮助患者树立正确的人生观，乐观地对待疾病与生活，引导其排除一切不良因素的干扰，安心养病。

6. 内伤发热常缠绵反复，体温正常后嘱患者仍须注意体温变化。保持良好的心态，避免急躁、焦虑、忧思等不良刺激。适当锻炼身体，以增强体质。遵医嘱按时服药，定时来医院复查。

十二、内伤发热的预防调护有哪些？

1. 内伤发热患者应注意休息，发热体温高者应卧床休息。

2. 部分长期低热的患者，在体力许可的情况下，可作适当户外活动。

3. 要保持乐观情绪，饮食宜进清淡、富于营养而又易于消化之品，避免服用辛香燥烈、生冷寒凉、肥甘醇酒厚味。

4. 应注意保暖、避风，防止感受外邪。

十三、内伤发热的自我保健有哪些？

1. 适当活动，如散步、慢跑、气功锻炼等，以利气血流通，肝气条达。

2. 内伤发热常缠绵反复，体温正常后嘱患者仍须注意体温变化。

3. 保持良好的心态，避免急躁、焦虑、忧思等不良刺激。

4. 适当锻炼身体，以增强体质。

5. 遵医嘱按时服药，定时来医院复查。

十四、内伤发热的转归预后有哪些？

内伤发热的预后，与起病的原因、患者的身体状况有密切关系。据临床观察，大部分内伤发热，经过适当的治疗及护理，均可治愈。少数患者病情缠绵，病程较长，需经一定时间的治疗方能获得明显疗效。而兼夹多种慢性病证，病情复杂，以及体质极度亏虚的患者，则疗效及预后均较差。

十五、内伤发热的护理评估有哪些？

发热的时间、程度、性质和规律、生活自理能力、心理社会状况。

第七节 虚 劳

一、什么是虚劳?

虚劳又称病损，是以气血阴阳虚衰，脏腑亏损，久虚不复成劳为主要病机，以慢性虚弱性证候为主要表现的多种慢性衰弱证候的总称。虚劳的病位可涉及五脏六腑、气血津液等。

二、虚劳的发病病因有哪些?

虚劳的主要病机为脏腑亏损、气血阴阳不足，或是因虚致病，因病成劳，或是因病致虚，久虚不复成劳。其病因包括体质因素、生活因素和疾病因素等多方面，有禀赋不足，后天失养，病久体虚，积劳内伤，久虚不复等；其共同点是久虚不复而成劳，多种虚劳的证候的形成都与禀赋薄弱、体质不强密切相关。

三、虚劳有哪些临床表现?

虚劳临床表现复杂，主要表现为五脏气血阴阳的亏虚；多见面容憔悴，心悸气短，自汗盗汗，神疲体倦，或五心烦热或畏寒肢冷，脉虚无力等症状；或病程较长，久虚不复，症状可逐渐加重；多有调摄失当、生活失节，或大病久病，误治失治等病史，同时具有引起虚劳的致病因素及较长的病史。

四、虚劳有哪些的相关检查

血常规、血生化及肺、心、肝、肾功能等指标均示异常，免疫功能紊乱，内分泌功能异常。

五、虚劳的治疗原则是什么?

补益是治疗虚劳的基本原则。必须根据病理属性的不同，分别采用滋阴、温阳、益气、养血的治疗方药，并应结合五脏病位的不同而选方用药，以加强治疗的针对性。

六、虚劳的护理要点是什么?

1. 观察病情变化 严密观察患者神志、呼吸、心率、心律、血压、口中气味、水肿、大小便、舌脉及皮肤瘙痒等变化，如出现心悸、胸闷不适应及时报告医生及时处理，如发现患者面色苍白，出冷汗、心悸、烦躁、脉搏细数等情况，提示有大出血征兆，应立即报告医生，并建立静脉通道，以保证尽快用药及补充血容量等抢救措施的落实；如出现表情淡漠、头痛嗜睡、烦躁不安、精神恍惚或神昏谵语、呼吸急促深而慢时，报告医师并配合处理；注意观察患者的神志、面色、生命体征的变化，了解其原发疾病的发展情况，对症施护；患者有烦躁不安者，应设专人护理。

2. 低热者，应观察体温、脉搏等变化，每日 4 次测量体温，并做好记录。肺阴虚者，应观察咳嗽、咯痰、咯血等，注意痰血的色、质、量，以及伴随症状等，减少探视，以防交叉感染。

3. 排泄护理 保持床单清洁，阴虚盗汗者，夜间衣被宜适度，汗出退热后，及时更换汗湿的衣被，可用毛巾擦浴，同时注意保暖，以避免受凉；勤洗澡、勤漱口，预防口腔感染和压疮发生。

4. 心阴虚伴有不寐者，睡前可针刺内关、三阴交、神门等穴，以宁心安神；阴虚内热、夜寐盗汗者，夜间衣被不宜盖得太厚、太多，汗出后及时更换湿衣，以避免受凉；脾阳虚伴腹痛腹泻者，应注意肛门的清洁，便后用温水清洁；肾阳虚者，病室向阳，避免潮湿阴冷；脾肾阳虚，呕吐频繁时，遵医嘱给予针刺，或在舌面上滴姜汁数滴；燥结便秘时，遵医嘱给予中药泡水代茶饮；口中尿味时，遵医嘱给予中药煎汤含漱；神志不清，躁动不安或抽搐者，实施保护性约束。

5. 注意休息与保暖，节制房事；重者卧床休息，轻者适当活动。

6. 准确记录 24 小时出入量，定时测量体重、血压，有腹水者定时测量腹围；24 小时尿量少于 500ml 时，报告医师，并配合处理。

七、虚劳的生活起居如何调护?

1. 避风寒，适寒温 虚劳患者，正气不足，卫外不固又易受外邪侵袭，故随着气候的变化，增减衣服，免受六淫伤害，预防继发感染。

2. 慎起居，适劳逸　生活起居要有规律，动静结合，劳逸结合，节制房事，以防伤精耗血，加重病情；避免劳累过度，对虚劳的调养至关重要，根据自己的体力，可适当参加户外散步、太极、气功等活动。

3. 调饮食，节情志　多食富于营养、易于消化、不伤脾胃为的清淡食品，对辛辣厚味、过分滋腻、生冷不节之物，则应少食甚至禁食，吸烟嗜酒有损健康，应戒除；过分的情志刺激，易使气阴伤耗，病情加重调节情志，避免精神刺激，保持乐观、舒畅、稳定的情绪，则有利于虚劳的康复。

4. 病室保持安静、清洁，温、湿度适宜，保持室内空气新鲜，尽量避免外来因素的刺激，保持平静心态，为患者创造一个良好的休息环境，使患者在清静的环境中接受治疗，静心养病。平时开门窗时，须注意气候、季节、风向等变化，尤其在冬季，气候寒冷，开窗时间不宜过长，以免患者直接当风，复感外邪。注意气候变化，随时增减衣被，以预防外感风寒。阳虚者，病室向阳，避免潮湿阴冷。要注意休息，衣被适宜。勤洗衣被，勤洗澡、勤漱口，预防口腔感染和压疮发生，做好口腔和皮肤护理，有出血或呕血者，应加强口腔护理，并用中药收敛止血漱口液或等渗盐水等漱口。预防肺部感染及泌尿道感染等并发症。对久病体虚、不能起床的患者，应保持床单位的清洁、平整、干燥。加强皮肤护理，每日用50%红花乙醇按摩受压部位，预防褥疮的发生。

5. 禁止滥用药物，避免毒物刺激。

6. 体位与安全　生活能够自理者，可取自由体位。病重者应卧床休息，并定时翻身（间隔2～4小时变换体位1次）。消瘦者在骨突处给予气圈、棉垫等铺垫。血虚有出血倾向者，切勿剧烈活动，不可做突然站立、旋转等动作，以免发生晕厥而跌倒受伤。

7. 减少探视，以防交叉感染。

八、虚劳的情志如何调护？

要消除患者恐惧、忧郁、急躁、悲观等情绪，保持心情舒畅，采取一种积极健康的心态，积极配合治疗。如多听音乐，学习一些放松自己的方法，同时还可以降低血压；加强情志护理，进行心理疏导，消除悲观绝望情绪，增强患者战胜疾病的信心，以配合治疗；安慰患者，正确对待疾病，树立同疾病作斗争的信心。因劳神过度而致病者，应劝慰患者注意心理调护，避免长期忧郁、思虑等不良情绪的刺激，可适当参加一些娱乐活动或外出旅游等。

九、虚劳的饮食如何调护？

1. 饮食宜低盐、低脂及富含优质蛋白之品，忌生冷、肥腻、煎炸等食物，以防伤脾。

2. 如因恶心、呕吐症状影响食欲者，应少食多餐，三餐之前增加辅食，以藕粉、土豆泥等富含热量的食物为主，保证每日摄入充足热量。

3. 注意食物的补益作用，选食富含营养、易于消化的食品，以保证气血的化生。阳虚者，宜服温补类食物，忌食寒凉瓜果；阴虚者，宜食淡薄滋润类食物，忌食辛辣之品。

4. 肺气虚者，可常食鸡汁、猪肺等，以及红枣糯米粥，以补益肺气；脾气虚者，饮食宜清淡、易消化，每餐进食不宜过饱，以少量多餐为宜，可常食黄芪粥、山药粥、红枣粥；血虚证多食补血类食物，如猪肝、红枣、瘦肉、鸡蛋、桂圆、猪肉或牛骨髓等；阴虚者可选食百合、莲子、沙参、玉竹、甲鱼、黑木耳、银耳、淡菜等滋阴食物。肺阴虚伴咯血者，可以梨膏1匙冲服，或饮用藕汁等，以清热止血。忌辛辣刺激、温燥动火伤阴之品，戒除烟酒；阳虚证宜进温性的食物，如羊肉、狗肉等，忌食生冷瓜果及油腻食品；脾肾两虚，浊毒瘀阻证：可常食糯米加健脾益气的药同烹成粥，如党参粥、黄芪粥、莲子粥、山药粥等；脾肾衰败，浊毒瘀阻证：选择温性食物，如羊肉、狗肉、鸡肉或以葱、姜等助餐；肾阳衰微者可食补肾利水食物，如紫河车、乳类、黑芝麻、核桃等。

十、虚劳的用药指导有哪些？

1. 补益药宜空腹、少量多次频服。肺阴虚者，可给服梨汁、藕汁或梨膏。胃阴虚者，药后可含话梅、山楂片等。

2. 中药汤剂宜浓煎，少量频发。应用大黄煎剂灌肠治疗时，观察药后效果及反应，并注意保护肛门周围皮肤。

3. 药物主要是针对五脏虚损来进行调补，采用丸药以巩固疗效。如气虚者，用人参、黄芪或补中益气丸；血虚者，用当归、阿胶、何首乌或归脾丸、大全大补丸；阴虚者，用六味地黄丸、左归丸；阳虚者，用右归丸或金匮肾气丸。

4. 按医嘱准确、按时给药 中西药物一般应间隔 1 小时服用，补益之剂宜空腹服用。但一旦发生感冒、咳嗽等外感时，则应停服补益药物。

5. 遵医嘱按时服药，定期门诊随访。

十一、虚劳的康复指导有哪些？

1. 根据病情，可指导患者进行适当的体育锻炼，如保健操、气功、太极拳等，以增强体质。卧床休息，避免过度劳累。有阴挺或脱肛者，每日 2 次进行热敷上托。头晕目眩心慌者，应注意休息，切勿突然改变体位，以免发生晕厥。

2. 本病病程较长，需做好家属的思想工作，得到家庭和社会的支持，加强情志护理，进行心理疏导，消除悲观绝望情绪，增强患者战胜疾病的信心，以配合治疗；因病程较长，患者会思虑过重，心情郁闷，应多劝导安慰，并在生活上多加关心，避免恼怒、抑郁、思虑等情志刺激。可指导患者听音乐，以调畅情志，气机顺达，气血调和。舒情志，少忧烦，以免精气耗伤。

十二、如何预防虚劳？

1. 妇女妊娠期要加强营养，保证胎儿正常发育，以防先天不足，出生后要合理喂养，以防营养不良。

2. 保持身心健康，怡情养性，节制房事，禁止手淫。

3. 注意饮食调摄，以护后天之本。

4. 大病后要加强调护，以防正气亏虚，日久演变成虚劳。

5. 防止引起虚劳的原因作用于人体，是预防虚劳的根本措施。避免烦劳过度，防止因劳致虚；调节饮食，防止脾胃损伤，注意寒温变化，防止感受外邪；及时、正确的治疗及调理疾病，避免病久致虚等，对于虚劳的发生具有重要的作用。

十三、虚劳的自我保健有哪些？

1. 指导患者积极治疗原发病，增强抵抗力，减少感染的发生，避免使用损伤肾的食物和药物。

2. 指导患者能根据肾功能检查结果，采用合理饮食。

3. 向患者及家属详细讲解食物选择的范围、烹调方法、进食量等。

4. 注意保暖，避免风寒侵袭，预防继发感染。

5. 按时服药，定期门诊复查。

6. 起居有常，劳逸结合，避免过度劳累，以避免正气耗伤。进行适当的体育锻炼，如练习保健功、太极拳等，以增强体质。

十四、虚劳的病情观察有哪些？

1. 气虚损者，应观察患者面色及有无心悸、气促等情况。若出现内脏下垂或阴挺、脱肛等气虚下陷症状时，除卧床休息外，可配合气功疗法。阴挺、脱肛者还可用热敷上托，并针刺气海、足三里、三阴交等穴位，以升提中气。

2. 血虚损者，应观察有无出血或慢性消耗性疾病的症状，警惕患者因不适当的活动，如突然改变体位等发生晕厥等意外。

3. 阴虚损兼有低热者，应按时测量体温。伴有咳血或痰中带血者，应注意痰血的色、质、量及其伴随症状。

十五、造成禀赋薄弱、体质不强的主要原因是什么?

遗传缺陷，父母体虚，胎中失养，孕育不足及营养不良、后天喂养失当等因素是造成禀赋薄弱、体质不强的主要原因。

十六、虚劳的一般护理评估有什么?

虚劳的一般护理评估包括：血压、水肿、尿量、恶心、呕吐等情况，对疾病的认知程度及生活自理能力，心理社会状况。

第八节 肥　　胖

一、什么是肥胖?

肥胖是由于先天禀赋因素、过食肥甘及久卧久坐、少劳等引起的以气虚痰湿偏盛为主，体重超过标准体重20%以上，并多伴有少动气短、头晕乏力、神疲懒言等症状的一类病证。

二、肥胖的发病病因是什么?

饮食不节，损伤脾胃；缺乏运动，脾气虚弱；年老体衰，肾不化水；久病正虚，脾肾阳虚；情志内伤，气机失调；先天禀赋，胃热脾虚，肥胖的发生还与性别、地理环境等因素有关，由于女性活动量较男性少，故女性肥胖者较男性为多。

三、肥胖的临床表现是什么?

1. 体重超出标准体重　体重超过标准体重①20%以上；或体重质量指数②，超过为肥胖，排除肌肉发达或水分潴留因素，即可诊断为本病。

2. 临床症状　初期轻度肥胖仅体重增加20%～30%，常无自觉症状。中重度肥胖常见伴随症状，如神疲乏力，少气懒言，气短气喘，腹大胀满，体弱无力，行动不便，心悸，怕热多汗或腰腿疼痛等症状，且多伴有血糖、血脂等代谢及内分泌系统功能异常，常并发或加重消渴、眩晕、头痛、胸痹、胁痛等病证，严重危害人类健康。

3. 有饮食过多，恣食肥甘厚味等不良饮食习惯，或缺乏运动，或有肥胖家族史。

四、肥胖的相关检查有哪些?

测量身高、体重、血压；血脂分析、三酰甘油、胆固醇；测定空腹血糖、葡萄糖耐量试验、血清胰岛素、皮质醇；肝脏B超检查，肝肾功能；抗利尿激素测定；测定雌二醇、睾酮、黄体生成素；心电图、心功能、眼底及微循环检查；为排除继发性肥胖，可考虑做头颅X线摄片，显示蝶鞍有否扩大，骨质有否疏松，或头颅、双肾上腺CT扫描，测定T_3、T_4、TSH以排除内分泌功能异常引起肥胖的可能性。

五、肥胖的治疗原则有哪些?

一般不用药物治疗。主要采取控制饮食、增加活动、消除心理障碍的综合措施。其中，饮食疗法和运动疗法是最重要的两项措施。针对肥胖本虚标实的特点，治疗当以补虚泻实为原则。

六、肥胖的治疗注意事项有哪些?

肥胖之属于痰湿、气滞、血瘀者常可化热，进而伤阴，病至后期可表现为阴虚阳亢证者，症见体胖，情绪急躁，易怒，食欲旺盛，头晕胸闷，大便干结，舌质红，苔少，脉弦细，治以镇肝熄风汤加减；本病治疗需持之以恒，注意疗程，方可奏效。

---

①标准体重（kg）=[身高（cm）−100]×0.9（Broca标准体重）

②体重质量指数=体重（kg）/身高（m^2）

七、肥胖的护理要点有哪些?

1. 大便秘结者，可长期服用大黄粉 1.5g，装胶囊空腹服，每日 1 次，或用番泻叶泡茶饮。

2. 了解患者的饮食习惯，正确评估肥胖与饮食的关系，指导患者克服不良生活方式，改变饮食结构选择高蛋白、低脂肪、低碳水化合物的食物，多吃体积大、饱腹感明显而能量低的蔬菜类食物，如萝卜、青菜、黄瓜、莴苣番茄、竹笋等，补充适量的矿物质和维生素。少吃多餐、食量能少不多、细嚼慢咽、不吃宵夜和零食、每餐八分饱，尤其晚餐严格控制，禁暴饮暴食，吃零食，嗜食肥甘厚味、黏腻之品。

3. 注意观察患者的体重、腰围、臀围及脂肪厚度，以正确判断病人的肥胖程度，根据肥胖情况，因人而宜制订相应的综合治疗措施。

4. 指导肥胖患者定时检查血糖、血脂、B 超等，以防并发消渴、胸痹、眩晕、中风、胁痛等病证。

5. 青年女性肥胖者，应了解其月经的情况，结合相应的检查，以明确肥胖的原因，对症治疗。

八、肥胖的生活起居调护有哪些?

1. 避风寒，适寒温　随着气候的变化，增减衣服，免受六淫伤害，预防并发症。

2. 慎起居，适劳逸　生活起居要有规律，动静结合，劳逸结合，节制房事；避免劳累过度，根据自己的体力，适当参加户外散步、太极、气功等活动。

3. 调饮食，节情志　多食易于消化、不伤脾胃的清淡食品，对辛辣厚味，过分滋腻、生冷不节之物，则应少食甚至禁食，吸烟嗜酒有损健康，应戒除；避免精神刺激，保持乐观、舒畅、稳定的情绪，则有利于虚劳的康复。

4. 病室保持安静、清洁，温、湿度适宜，保持室内空气新鲜，尽量避免外来因素的刺激，保持平静心态，为患者创造一个良好的休息环境，使患者在清静的环境中接受治疗，平时开门窗时，须注意气候、季节、风向等变化，注意气候变化，随时增减衣被，以预防外感风寒，病室宜向阳，室内阳光充足。

5. 禁止滥用药物，避免毒物刺激。

6. 养成良好的生活习惯，勤动手、勤动脚、勤动脑，不要久卧久坐，懒惰少动，指导患者坚持体育锻炼，根据年龄、身体状态选择适当的锻炼方法，如每天坚持散步、快走、慢跑、骑车、爬楼、打太极拳、跳健身操等，并持之以恒。

九、肥胖的情志调护有哪些?

1. 引导患者正确认识身体形态的改变，帮助患者克服因肥胖而引起的自卑心理，鼓励患者克服不良的生活方式和饮食习惯，贵在坚持，做好患者的思想工作，使患者心情舒畅，配合治疗，发挥情志调护及药物治疗的双重效应，鼓励参加社会交往，循序渐进，使体重逐渐减轻。

2. 态度和蔼、关心体贴、耐心劝导，多关心、接触患者，尽量满足他们的合理要求，介绍疾病的过程及转归，举例一些治疗效果佳、康复好的患者，建立正确认识，使其树立战胜疾病的信心。

3. 争取家属亲友的密切合作，做好家属工作，使他们关心、体贴患者营造亲情氛围，消除患者孤独不安的感觉。

十、肥胖的饮食调护有哪些?

饮食治疗的原则为低热量、低脂肪、低糖、低盐，适量优质蛋白质，含复杂碳水化合物（如谷类），足够的新鲜蔬菜和水果等富含纤维、维生素的食物，宜选用热量少、体积大的食物，以满足患者的食欲，不致引起饥饿的痛苦。如绿叶菜、萝卜、豆腐等。在膳食营养素平衡的基础上每日热量的摄入低于机体能量消耗，从而减轻体重。膳食中碳水化合物、蛋白质和脂肪所提供能量的比例，分别占总热量的 60%～65%、15%～20%和 25%左右，适量摄入维生素和微量营养素。平时可坚持用决明子、菊花、山楂泡茶频饮，亦可服苦丁茶泡茶饮。

十一、肥胖的用药指导有哪些?

轻度肥胖者，通过加强锻炼，控制饮食即可。中、重度肥胖者，应在医生指导下服用减肥药物，并注意观察药后的反应，如腹泻、厌食等。用药过程中既要克服不坚持服药，又要防止操之过急。减肥药是饮食、运动治疗的辅助手段。常用的药物包括非中枢减肥药和中枢性减肥药两类。非中枢减肥药主要不良反应是胃肠胀气、排便次数增多和脂肪便。中枢性减肥药，用药后降低食欲，增加饱腹感，使摄食减少，体重减轻。不良反应主要有头痛、口干、畏食、失眠、便秘、心率加快。

十二、肥胖的疾病康复有哪些?

运动是减轻体重的重要手段。鼓励患者选择喜欢和有效的易坚持的运动项目，如晨间跑步、游泳、快步走等，每日坚持运动至少 30 分钟，以运动后轻松愉快、不感到疲劳为宜，运动要循序渐进，持之以恒。如运动后疲惫不堪、心慌、气促和食欲大增，则表示运动过量。强调肥胖体重减轻是一个长期过程，指导患者树立信心，坚持饮食和运动治疗。在限制饮食的同时，增加运动使能量消耗。是减轻肥胖者体重的重要手段之一，运动量根据患者耐受力逐渐增加。剧烈运动可使食欲增加，应避免。

十三、肥胖的预防有哪些?

肥胖对人体健康危害极大，一旦形成本病，则治疗一般不易，应积极主动预防本病的发生；适当体育锻炼或体力劳，运动不可太过，以防过度损伤，贵在持之以恒，一般勿中途中断。减肥须循序渐进，使体重逐渐减轻，接近正常体重，不宜骤减，以免损伤正气，降低体力。

十四、肥胖的自我保健有哪些?

运动治疗应与饮食治疗同时配合，并长期坚持，否则体重不易下降，或下降后又反复上升。目前提倡有大肌肉群（如股四头肌和肱二头肌）参与的有氧运动。指导患者选择适宜的运动项目，掌握运动强度、持续时间和注意运动安全为运动治疗护理的重要内容。做好健康宣教，使患者了解肥胖的危害性。中、重度肥胖可伴有多种症状，不仅影响人们正常生活、工作和健康，严重者可危及生命，预后较差，必须长期采用综合治疗措施，贵在坚持，方能奏效。

十五、肥胖的转归预后如何?

肥胖病变日久，常变生它病。极度肥胖者，常易合并高血压、中风、消渴、头痛、眩晕、胸痹、胆胀、痹证等，因此必须积极治疗。

十六、肥胖的护理评估有哪些?

体重指数、腰围、腰臀比、CT 和 MRI 测量第 4 腰椎和第 5 腰椎水平；有无肥胖家族史；饮食结构是否合理；有无吃零食、甜食等嗜好；体力活动情况；工作性质和体力强度；日常运动和休闲方式；有无与肥胖有关的用药史；有无与肥胖有关的社会心理因素；有无与肥胖有关疾病或并发症；有否采用节制饮食、运动等减重措施或接受药物治疗。

十七、如何区分单纯性肥胖和继发性肥胖?

单纯性肥胖是一种找不到原因的肥胖，医学上也把它称为原发性肥胖，可能与遗传、饮食和运动习惯有关，所占比例为 99%，继发性肥胖是指肥胖者的同时还患有另一种疾病，而肥胖就是这种原发疾病所引起的，常见的引发继发性肥胖的饮食包括：内分泌疾病、遗传性疾病、药物作用和其他疾病。

第九节　癌　　病

一、什么是癌病?

癌病（cancer）是多种恶性肿瘤的总称，亦称恶性肿瘤，中医学称岩，为由控制细胞生长增殖机制失常而引起的疾病。癌细胞除了生长失控外，还会局部侵入周遭正常组织甚至经由体内循环系统或淋巴系统转移到身体其他部分。临床表现主要为肿块逐渐增大，表面高低不平，质地坚硬，时有疼痛，发热，并常伴乏力、纳差、日渐消瘦等全身症状。

二、癌病的病因有哪些？

由于正气内虚，感受邪毒，情志怫郁，饮食损伤，宿有旧疾等因素，使脏腑功能失调，气血津液运行失常，产生气滞、血瘀、痰凝、湿浊、热毒等病理变化，蕴结于脏腑组织，相互搏结，日久渐积而成的一类恶性疾病。

三、癌病有哪些临床表现？

1. 肺癌　原发性肺癌指原发于支气管黏膜和肺泡的癌，简称肺癌；肿瘤细胞源于支气管黏膜或腺体，常有区域性淋巴结转移和血行播散。早期常有刺激性咳嗽、痰中带血。根据肺癌的临床表现，中医古籍有关肺癌的论述散见于“肺积”、“咳嗽”、“咯血”、“胸痛”等病证中。肺癌的发生多与正气内虚、邪毒外侵、痰浊内聚、气滞血瘀阻结于肺，肺失宣降等因素有关。

2. 肝癌　是原发于肝细胞或肝内胆管上皮细胞的恶性肿瘤。中医古籍有关肝癌的论述散见于“肥气”、“积气”、“积证”等病证中。本病多与七情、劳倦内伤，外感六淫疫疠，饮食不节或失调，脏腑虚损、气血不和，导致气滞血瘀证、痰气凝聚日久有关。

3. 肠癌　大肠癌是包括自盲肠至直肠的整个肠断的癌肿；以排便习惯与粪便性状改变，腹痛，肛门坠痛，里急后重，甚至腹内结块，消瘦为主要临床表现。根据其发病及临床特征分析，中医古籍有关大肠癌的论述散见于“肠积”、“积聚”、“癥瘕”、“肠覃”、“肠风”、“脏毒”、“下痢”、“锁肛痔”等病证中。本病与饮食不节，湿热下注，情志抑郁，气机逆乱，气血瘀滞，湿邪毒蕴结于下有关。

4. 肾癌、膀胱癌　肾癌、膀胱癌的中医分型论治有共同之处，本病多与湿热蕴毒、瘀血内阻、脾肾两虚、阴虚内热证有关，故合并在一起介绍。肾癌是泌尿系统常见的肿瘤，以血尿、腰痛、肿块、消瘦乏力等为主要临床表现。根据肾癌的起病及临床表现，中医古籍有关肾癌的论述散见于“尿血”、“腰痛”等病证中。

膀胱癌是泌尿系统常见的肿瘤，以血尿，尿频，尿急，尿痛，排尿困难，发热消瘦，恶病质等为主要临床表现。中医古籍有关膀胱癌的论述散见于“尿血”、“血淋”、“癃闭”等病证中。

四、癌病有哪些相关检查？

1. 肺癌　相关检查：胸部X线检查，CT，支气管碘油造影，有助于肺癌的早期诊断。痰脱落细胞学检查是早期诊断肺癌的简单而有效的方法，阳性率在80%左右，多次检查阳性率可提高。纤维支气管镜检查，可确定病变性质及作病理检查，是确诊肺癌的重要方法。

2. 肝癌　相关检查：腹部B超、CT扫描或MRI，肝穿刺，血液生化检查如甲胎蛋白、血沉、血清碱性磷酸酶，均有助于明确诊断。

3. 大肠癌　相关检查：出现上述临床表现时，应详细询问病史，全面体检，并及时进行直肠指诊、全结肠镜检、钡灌肠X线检查、血清癌胚及肠癌相关抗原测定、直肠内超声扫描、CT等检查以确诊。

4. 肾癌、膀胱癌　相关检查：尿检查可见肉眼血尿及镜下血尿；尿脱落细胞学检查对诊断早期肾癌、膀胱癌有一定价值；B超、CT、MRI可确定病变部位、大小及浸润情况等。此外，膀胱镜检查也是确诊膀胱癌的重要方法。

五、癌病的治疗原则是什么？

癌病属于正虚邪实，邪盛正衰的一类疾病，所以治疗的基本原则是扶正祛邪，攻补兼施。要结合病史，病程，四诊及实验室检查等临床资料，综合分析，辨证施治，做到“治实当顾虚，补虚勿忘实”。

1. 初期邪盛正虚不明显，当先攻之；中期宜攻补兼施；晚期正气大伤，不耐攻伐，当以补为主，扶正培本以抗邪气。

2. 扶正之法主要是根据正虚侧重的不同，并结合主要病变脏腑而分别采用补气、补血、补阴、补阳的治法；祛邪主要针对病变采用理气、除湿、化痰散结、活血化瘀、清热解毒等法，并应适当配伍有抗肿瘤作用的中药。

3. 早期发现、早期诊断、早期治疗对预后有积极意义。

4. 做好预防对减少发病有重要意义。既病之后加强饮食调养，调畅情志，注意休息，有利于癌病的康复。

六、治疗癌病有哪些要注意的事项?

1. 癌病治疗中的攻补关系　本病患者就诊多属中晚期，本虚标实突出，患者局部有有形之包块，治疗时多用活血化瘀、化痰散结、理气行气之法；另一方面，多有脏腑阴阳气血之不足，故补益气血阴阳，扶正以抗邪，也实属必要。临证可根据病情采用先攻后补，或先补后攻，或攻补兼施等方法。同时，应把顾护胃气的指导思想贯穿于治疗的始终，以期调理脾胃，滋养气血生化之源，扶助正气。

2. 配合现代医学治疗　中医药配合手术、化疗、放疗治疗癌症，有提高疗效，或减毒增效的作用。

3. 关于抗癌中药的应用　经过现代药理及临床研究筛选出的一些具有抗肿瘤作用的中药，可以在辨证论治的基础上配伍使用，以期提高疗效。

七、癌病的护理要点有哪些?

1. 病室环境　病室应安静、整洁，空气流通，光线充足，温湿度适宜。虚、实证患者最好分室安置，以利于患者的休息及治疗。

2. 注意观察患者的体温、脉搏、呼吸、血压的变化，如有发热，应卧床休息，限制活动，遵医嘱用药，必要时给予物理降温。指导患者多饮温开水；汗多者，应及时擦干汗液，用温开水清洗皮肤，勤换内衣及床单，勿汗出当风。

3. 病情观察，做好护理记录　如患者发生新的情况，要及时与医师联系，进行必要处理。如患者发热、呕吐、便秘、腹痛、出血、失眠、外伤和呼吸困难等。

4. 进食易消化而富于营养的食物（如新鲜水果和蔬菜），禁食生冷、辛辣、腌制、油炸、烧烤、熏制食物。应根据病情及消化吸收能力分别供给普通饭、软饭、半流质与流质饮食。在住院治疗期间，可根据患者病情，选择不同的补给营养的途径。

5. 手术后或放化疗期间的患者，常易引起恶心、呕吐、食欲下降、腹泻等胃肠道不适症状，其脏腑阴阳均有受损，故应加强饮食的调理，增强患者体质，以起到辅助抗癌作用。

6. 保持外阴部的清洁卫生，勤换内衣裤。便后、睡前应清洗会阴部及肛门，以防发生逆行感染。

7. 要加强心理护理，给予患者心理安慰，帮助建立积极情绪，使患者消除焦虑、恐惧、不安的情绪，避免其不必要的精神压力，以正常的心理状态配合诊断、治疗，锻炼坚强意志，对生活充满希望，这是战胜癌症的重要精神支柱。多和患者接近与多谈心交流是最好的疏导方式，有利于理解患者的心理状态。

八、癌病患者疼痛的护理有哪些?

加强患者癌病疼痛的护理：按照疼痛的等级给药：轻度疼痛，2 级即中度疼痛，3 级即重度疼痛。疼痛护理可分为药物止痛和非药物止痛护理两方面。

（一）WHO 推荐的三阶梯止痛方案，可根据具体情况用于患者，非药物镇痛护理有以下几方面：

1. 心理护理。

2. 分散注意力，可采用看电视、读书、看报、听音乐、想有趣的事等各种方式转移注意力。

3. 加强基础护理，注意患者皮肤、口腔等护理，防止并发症发生。

4. 其他止痛法可采用温湿敷，冷敷，按摩，也可由专业人员给予针灸，中医中药辅助治疗，神经外科止痛等。

5. 饮食宜清淡易消化，若疼痛持续不止者应进流质，加强营养，增强抵抗力。

6. 严密观察不良反应，对症治疗。

（二）药物止痛

1. 第一阶梯 轻度疼痛给予非阿片类（非甾类抗炎药）加减辅助止痛药。注意：非甾类止痛药存在最大有效剂量的问题。常用药物包括对乙酰氨基酚、阿司匹林、双氯芬酸盐、布洛芬、芬必得（布洛芬缓释胶囊）、吲哚美辛、意施丁（吲哚美辛控释片）等。

2. 第二阶梯 中度疼痛给予弱阿片类加减非甾类抗炎药和辅助止痛药。弱阿片类药物也存在最大有效剂量的问题。常用药物有可待因、布桂嗪、曲马多、奇曼丁（曲马多缓释片）、双克因（可待因控释片）等。

3. 第三阶梯 重度疼痛给予阿片类加减非甾类抗炎药和辅助止痛药。强阿片类药物存在最大有效剂量问题，可产生耐受，需适当增加剂量以克服耐受现象。此阶梯常用药物有吗啡片、美菲康（吗啡缓释片）、美施康定（吗啡控释片，可直肠给药）等。

化疗期间，观察局部注射部位有无异常，并询问患者有否疼痛，防止局部渗漏，如可疑外渗或已发生外渗，及时拔针处理，并报告医生对症处理，做好心理安慰。

九、癌病患者的辨证施护有哪些？

1. 气滞型患者，应加强情志护理；观察病情变化，观察患者疼痛的性质、时间、规律及伴随症状。加强功能锻炼，可教会患者练气功、太极拳等，以放松功为主，动静结合。

2. 血瘀型患者本证血瘀气滞，应避免七情所伤，应消除患者紧张、焦虑情绪，并关心其生活，嘱患者卧床休息。腹痛、经行不畅者，可配合针灸，针刺中极、次髎、地机穴，三穴合用有通经止痛功效。

3. 湿聚型患者应注意休息 腹胀腹泻的患者，忌用产气食品，如牛奶、豆类。可给予乌梅煎汤代茶，能起到止泻作用。加强肛周皮肤护理，尤其体弱及老年人。防止发生褥疮。

4. 痰积型患者痰多者，可用鹿蹄草素、鱼腥草等中药做蒸汽或超声雾化吸入，以滋润喉部、化痰止咳；经常变换体位，并轻拍背部，使痰易咯出。

5. 正气不足型患者避免患者直接受风而复感外邪。注意休息。在病情缓解后，可根据体质适当锻炼。

十、癌病的生活起居应注意什么？

1. 注意保持室内空气新鲜，适宜温度、湿度，尽量减少陪视人员。

2. 生活要规律，癌症患者在病情得到缓解或相对平稳后，要把自己生活起居规律化，建立和调节自己的“生物钟”，使体内各系统功能适应规律性变化，有利于控制病情和促进康复。

3. 保持情绪稳定和乐观。在正确对待疾病的基础上，使自己保持乐观、情绪饱满的精神，以达到身、心两方面的稳定和平衡。

4. 避免过度劳累 过度劳累将导致体内免疫功能降低，此外，过度劳累、过度性生活等还可能导致病情恶化和复发。

5. 积极戒烟、戒酒 烟草中含有煤焦油、尼古丁等多种有害致癌物质，会加重肺癌、鼻咽癌、口腔癌等病情。长期饮酒过量，会加重肝脏负担，对疾病的康复十分不利。

6. 养成良好的卫生习惯，保持好个人卫生，以防继发感染。

7. 注意饮食调养 宜食高热量、高蛋白、高维生素的饮食，不吃不洁、不熟的食物，少食油腻的食物，多食蔬菜和水果。

8. 适当的娱乐和体育锻炼　在康复过程中，培养自己一定的生活情趣及适当的体育锻炼，都能带来愉快情绪，对身心健康有益。

9. 从精神、心理上树立战胜疾病的信心，正确认识对待癌症，消除紧张、恐惧、抑郁等不健康情绪，保持平静、理智、平衡的心态。

10. 学会放松自己，经常参加娱乐活动，有利于免疫功能的提高。

十一、癌病辨证施护后的饮食护理有哪些?

1. 气滞型　饮食给予高热量、易消化的少渣、半流质饮食，细嚼慢咽，少食多餐，避免过饱，可予大枣鳖甲汤、桃仁粥（桃仁 15g，粳米 100g，砂糖适量）食疗，有理气活血、祛瘀软坚散结之功效。忌食辛辣、粗纤维食物，忌烟酒。

2. 血瘀型　多饮水，可食用当归、阿胶等养血活血之品。

3. 湿聚型　饮食宜清淡，易消化，温食。注意菜肴的色、香、味，以增进食欲。防止服用寒凉食品，以免加重病情。

4. 痰积型　饮食宜清淡易消化，可多食赤小豆、白扁豆、薏苡仁、山药等健脾利湿化痰之品。忌糯米甜食、肥腻、辛辣、过咸食品，以绝生痰之源，可常以莱菔汁或陈皮水代茶饮用。

5. 正气不足型　饮食宜清淡，忌甜食及肥甘、油腻之品。

十二、癌病后的饮食方有哪些?

1. 百合粥　鲜百合 30～50g，粳米 50g，煮熟即可，适时放入冰糖适量调匀，晨起作早餐服之，适用于气阴两虚之肺癌。

2. 山药粥　山药 60g，玉米 90g，清水 1000g，共煮成粥糊，分次食入，适用于脾虚不复之肺癌。

3. 老姜山药粥　面粉 3000g，山药 1500g，鸡蛋 10 只，老姜 5g，豆粉 200g，盐、味精、胡椒粉、猪油等，烧成面粥食用。阳虚不复之肺癌。

4. 团鱼 300g，山楂 60g，水煮熟食，1 周 2～3 次，常服，适用于肝癌。

5. 生薏米仁 30g，枸杞子 15g，加入粳米 100g，煮粥饮服，适用于肝癌。

6. 灵芝菌 15g 切片后水煎服，每日 1～2 次，适用于肿瘤患者康复期服用。

十三、癌病的服药护理有哪些?

1. 指导督促患者按时按量服药。对于晚期癌病的患者发生难以控制的疼痛时，应尽量可能在疼痛前给药，这样止痛效果比患者疼痛时再给药好。

2. 应用抗生素治疗时，应注意间隔时间，使药物发挥最佳功效。

3. 化疗药物时，要选择合适的静脉，穿刺肢体位置适宜，避免局部不必要的活动，以免针头刺激血管而导致药液渗入皮下发生红肿，引起组织坏死，加强巡视、观察注射部位，如有红、肿、冷、刺痛、灼痛等异常感觉，应立即停药，并报告医生给予处理，可用 25%硫酸镁局部湿敷，或黄金散外敷，或用 2%普鲁卡因局部封闭等。

4. 疼痛的止痛方法　三阶梯止痛法。

十四、癌病的中药护理有哪些?

气滞型症者中药汤剂宜浓煎，在饭后温服。本方为治标之法，不宜久用，用药期间适寒温、慎房事、勿过劳。湿聚型症者中药汤剂宜热服，使之微微出汗，以助药效。

十五、癌病的转归预后如何?

癌病是一种难治性疾病，目前已认识到癌病是一类全身性疾病的局部表现，任何单一手段的局部治疗，均难以彻底治愈。癌病的治疗应充分体现综合治疗，不是单靠一种治疗就可解决问题。早期的癌病，采用手术或放射治疗，同时运用中药治疗，可取得较好且肯定的疗效；中期的癌病，化学治疗优势较大，运用中医药治疗，起到减毒增效的作用；晚期的癌病，以中医治疗为主，多数患者能够改善全身症状，减轻痛苦，提高生存质量，延长生存期。影响癌病转归与预后的因素有发现早晚、肿块大小、生长部位及有无合并症等。早期诊断及时治疗，有助于改善症状，一般中晚期患者则预后较差。中西医结合、中医药治疗本病，有可能达到带瘤生存的目的。

十六、如何才能预防癌病？

1. 遵医嘱用药，镇痛药物的服用要按时按量，如出现疼痛的程度的改变应及时告知医护人员，对症调整药物及药量。

2. 饮食宜清淡富于营养，忌食辛辣刺激之物；不吃变质发霉食物；黄疸者，禁止进食油腻之物；腹水者，限制钠盐的摄入；伴有食管胃底静脉曲张者，忌食坚硬、带刺、过烫食物等；禁烟酒。

3. 恢复期的患者手术后、放化疗后，患者气血损伤较重，正气未复，除了进食易消化、高蛋白质及充足热量的食物外，还应调畅情志，适当功能锻练（太极拳）等，以使气血经脉流通，促进机体康复。

4. 保证充足的睡眠，合理安排日常活动，避免劳累。

5. 保持积极乐观的精神，树立战胜疾病的信心，忌悲观紧张情绪，取得朋友、亲人及爱人的理解、支持，正视现实。

6. 遵医嘱定时复查，如出现癌病临床表现时及时就医。

7. 加强普查工作应做到早期发现，早期诊断和早期治疗，也是防治癌病的重要手段。

第七章　肢体经络疾病

第一节　痹　　证

一、什么是痹证?

痹证是由于风、寒、湿、热等外邪侵袭人体后，气血运行不畅，引起肢体筋骨、肌肉、关节疼痛、麻木、重着、酸楚或关节伸屈不利、肿大、僵硬等为主要临床表现的病证。

二、痹证有哪些病因?

痹证的发生与体质因素、气候条件、生活环境及饮食等有密切关系，多以正气虚衰为内因，风寒湿热之邪为外因。邪气痹阻筋脉为其根本，多累及肢体筋骨、肌肉、关节，甚至脏腑。

1. 外因

（1）感受风寒邪湿：居住在高寒潮湿地区或贪凉露宿、睡卧当风、冒雨涉水、汗出入水等，外邪注于肌腠经络，滞留于关节筋骨，致气血痹阻而发为风寒湿痹。

（2）感受风湿热邪：居住在炎热潮湿地区，外感风湿热邪，袭于肌腠，壅于经络，痹阻气血经脉，滞留于关节筋骨，发为风湿热痹。

2. 内因

（1）劳役过度：劳欲过度，休息失宜，近期亏损，卫外不固；或激烈活动后体力下降，防御技能降低，外邪侵袭。

（2）久病体虚：老年体虚，肝肾不足，肢体筋脉失养；或重病、久病、产后气血不足，外邪趁虚而入。

（3）恣食甘肥厚腻或酒热海腥发物，导致脾运失健，湿热痰浊内生；或跌仆外伤，损及肢体筋脉，气血经脉痹阻。

三、痹证有哪些临床表现?

肌肉、筋骨、关节疼痛为本病的主要证候特征。疼痛的性质有酸痛、胀痛、隐痛、刺痛、冷痛、热痛或重着疼痛等各异。疼痛的部位，以上肢为主或以下肢为甚，可对称发作或非对称发生，可累及单个关节或多关节，可为固定或游走不定，局部红肿灼热，或单纯肿胀疼痛，皮色不变。喜热熨，或冷敷。本病多为慢性久病，病势缠绵，亦可急性起病，病程较短。病重者，关节屈伸不利，甚者关节僵硬、变形，生活困难。

四、痹证有哪些相关检查?

实验室检查：抗溶血性链球菌“O”、红细胞沉降率、C 反应蛋白、黏蛋白、血清免疫球蛋白、类风湿因子、血清抗核抗体、血清蛋白电泳、血尿酸、血清酶。

影像学检查：骨关节 X 线、CT、心电图、心脏彩色多普勒。

五、痹证的治疗原则是什么?

痹证的治疗原则为祛邪通络，根据邪气的偏盛，分别予祛风、散寒、除湿、清热、化痰、行瘀，兼顾“宣痹通络”。治风宜重视养血活血，亦称“治风先治血，血行风自灭”；治寒宜结合温阳补火，亦称“阳气并则阴凝散”；治湿宜结合健脾益气，亦称“脾旺能胜湿，气足无顽麻”。久痹正虚者，应重视扶正，补肝肾、益气血。

六、痹证的护理要点是什么?

1. 病情观察

（1）观察疼痛的部位、性质，伴随症状，有无出现关节肿胀、关节畸形及活动受限等，注意气候变化与疼痛发作的关系。

（2）注意患者有无出现胸闷、心前区疼痛、腹痛、消化道出血、头痛、发热、咳嗽、呼吸困难等症状，及时给予对症处理。

（3）观察患者有无出现口唇、甲床、面色、头晕、乏力等贫血症状。

（4）观察肢端血运，注意皮肤颜色、皮温、感觉及足背动脉搏动情况。

2. 疼痛护理

（1）急性期患者应卧床休息，抬高患肢，减少关节活动，保持关节的功能位，避免受累关节负重、受压。以睡硬板床为宜，不宜高枕。

（2）创造安静、整洁的环境，避免吵闹、强光刺激。

（3）合理应用放松疗法：如松弛术，皮肤刺激疗法，分散注意力等。

（4）根据疼痛程度使用坎离砂、麝香止痛膏等外敷，或使用蜡疗、磁疗、超短波、红外线灯物理治疗及针刺疗法等。

3. 功能锻炼 病情稳定后鼓励患者坚持每天定时进行被动和主动的关节活动，以恢复关节功能，加强肌肉力量与耐力。已有关节强直者禁止剧烈运动。活动以患者能够忍受为度，如活动后出现疼痛或不适持续 2 小时以上，应减少活动量。必要时给予帮助或提供适当的辅助工具，如拐杖、助行器、轮椅等，并指导正确使用辅助工具，避免损伤。

七、痹证的用药护理有哪些？

1. 掌握药物的性能与用法 止痛药物应用：祛风药物多为辛温香燥类，易伤阴耗血，阴血不足者慎用或禁用；清热消肿止痛药物多苦寒，有伤阳败胃之弊，脾胃虚寒者慎用；活血化瘀止痛药物易耗血动血，有出血倾向者慎用；严密观察用药后各种药物的不良反应，是否有皮疹、口腔溃疡，胃肠道反应等。如雷公藤不良反应主要是胃肠道反应、肝损害、白细胞及血小板减少、头昏、心悸、心律失常、闭经等，马前子中毒反应为头昏、头痛、烦躁不安、颈项强硬、角弓反张，严重者昏迷死亡。

2. 中药煎剂宜温服或热服 如应用全蝎子、蜈蚣等药性毒副作用较大的可研末装入胶囊内吞服。寒湿痹痛者可每天饮 10ml 药酒，以助通经活络。

3. 毒性大中药的应用 如附子、川乌、乌草等药物，用量宜从小剂量开始递增，先用文火煎服 30～60 分钟，或与甘草同煎，有缓解毒性作用。药煎好后取汁加入白蜜同服，分两次温服。服药后要加强巡视，观察有无出现唇舌发麻、头晕、心悸、恶心、脉迟等中毒反应，出现上述症状应立即停服，可饮用绿豆甘草汤，立即配合医生进行药物中毒对症急救处理。

八、痹证的健康教育有哪些方面？

1. 生活起居调护

（1）注意保持居室环境清洁干燥，阳光充足，空气流通，温度适宜，及时更换汗湿的衣服，褥子、被子勤洗勤晒。

（2）注意防风、防寒、防潮，避免居暑湿之地。气候骤变季节，应注意保暖，免受风寒湿邪侵袭。劳作运动出汗时，切勿当风贪凉，乘热浴冷。

（3）长期从事水上作业及出入冷库者，要尽量改善工作环境，根据病情情况，安排合适工种。

2. 痹证的情志调护 久病患者，容易情绪低落，产生焦虑心理，因此，应多与患者交流，使其了解本病为慢性疾病，与情绪关系密切，减轻或消除焦虑心理，保持乐观心境，配合治疗和护理可控制病情发展或好转。

3. 痹证的饮食调护 摄入优质蛋白、富含维生素的食物，多吃蔬菜、水果，避免食用辛辣、酸、过硬刺激性强的食物。控制食用高嘌呤食物，如动物内脏、鱼虾类、螃蟹、肉类、菠菜、蘑菇、豆制品、浓茶，忌烟酒。

痛痹者，宜食温热食物，如羊肉、狗肉、乌头粥等，并可食用姜椒；行痹者可多吃豆豉、蚕蛹、荆芥粥等以祛风除湿；着痹者可常服薏苡仁、扁豆、赤小豆、茯苓粥、车前饮等健脾祛湿之品。热痹者，应忌辛辣、煎炒和烟酒等食物，宜多食蔬菜、瓜果和清凉饮料。如丝瓜、苋菜、冬瓜、香蕉、西瓜、果汁、绿豆汤等。

4. 痹证的转归及预后　本病预后与感邪的轻重、患者体质的强弱、治疗是否及时及病后休养等因素密切相关。如初期，正气尚未大虚，病邪较轻，若采取及时有效的治疗，多能痊愈。如虽初发，但病邪深重，或痹证反复发作，或有失治、误治等，往往可使病邪进一步深入，由肌肤而渐至筋脉，甚至损及脏腑，病情缠绵难愈，预后较差。

5. 痹证的预防　免受风寒湿邪侵袭，防风、防寒、防潮，注意保暖，注重生活调节，加强体育锻炼，增强体质，积极治疗及预防外感疾病。

第二节　痉　　证

一、什么是痉证？

痉证是以项背强急，四肢抽搐，甚至口噤、角弓反张为主要临床表现的一种病证。

二、痉证有哪些病因？

痉证的病因可分外感和内伤两个方面。外感多因外在风寒湿邪，壅阻经络，气血不畅或热盛动风所致。内伤是阴虚血少，肝肾阴虚，瘀血内阻，筋脉失养而致。

1. 感受外邪　多因外在风寒湿邪，壅滞经络以致气血运行不利，筋脉失养，拘挛病作；或寒邪郁而化热，邪热消灼津液，脉络失其精血津液的濡养；或热病邪入营血，引动肝风，风火相煽，发为痉证。

2. 久病体虚　多因病久入络，络血不畅而瘀，或瘀血内阻，新血不生，进而闭阻脉络，血不养筋而成。此外，久病脏腑功能失调，或脾虚不化水湿，或肝火灼伤津液，或肺热蒸灼津液，皆能产生痰浊，痰浊阻滞经脉，筋脉失养而致痉。

3. 失治或误治　误用或过用汗、吐、下法，阴精耗散；如表证过汗及产后失血或汗证、血证、体虚等，伤精损液，导致津伤液脱，亡血失精，阴虚血少，虚风内动，筋脉失养而致痉。

三、痉证有哪些临床表现？

痉症以肢体项背强急，四肢抽搐，甚至角弓反张的证候特征。男女老幼均可发病，发病多数较急，也有慢性久病者。临床表现多样，轻者仅轻微项背强直，或仅限于某一脏一腑、一经一络出现一定范围的拘挛、强直。邪壅经络，以发热胸闷，腹胀便秘；温热致痉以喷射性呕吐，自汗，口渴喜饮，两目上视，昏厥，谵语，牙关紧急为主；阴血亏虚是因禀赋素虚或失血失液、病后而发，伴神疲，气短，自汗等症。

四、痉证有哪些相关检查？

1. 实验室检查　血常规、细菌学检查、生化分析、脑脊液检查等。

2. 影像学检查　头颅 CT、MRI 等。

五、痉证的治疗原则是什么？

痉证的治疗原则为急则治其标，缓则治其本。治标应舒筋解痉。感受风、寒、湿、热之邪而至痉者，祛风散寒，清热祛湿，择而用之。治本以养血滋阴，舒筋止痉为主。津伤血少在痉证的发病中具有重要作用，所以滋养营阴是痉证的重要治疗方法。

痉证各个证候之间，有时可以错杂出现，如热邪中夹带痰浊，气血亏虚又感外邪等，应明辨虚实，标本兼顾，有常有变，灵活应用。

六、痉证的护理要点是什么？

痉证是危重病的一种表现，应注意观察项背强直、四肢抽搐程度，神志变化，瞳孔大小，血压、心率、呼吸等生命体征的变化，以便及时做出正确的判断和相应的处理。

1. 重视痉证的先兆表现，密切观察，及时处理。痉证发作前常有双目不瞬，口角肌肉抽动，眼球活动不灵活等先兆，及时给予治疗以防止发痉。

2. 体位 立即将患者平卧，头偏向一侧，并松开衣领和裤带。对频繁肢体抽动者，要避免强行按压或捆绑患者肢体，以免造成骨折或脱臼。

3. 保持呼吸道通畅，注意保护舌体，可将有纱布固定缠绕的金属压舌板置于上下臼齿之间，必要时用舌钳将舌头拉出，以免舌后坠影响呼吸。有活动义齿应取出，及时清除口腔分泌物，必要时吸痰。

4. 中医针灸 痉证发作时可针刺或手掐人中、十宣、百会、合谷、内关等穴止痉。

5. 发作较甚者安置在单人病室，神昏谵语者专人看护。

6. 因高热而痉的患者，要及时给予降温护理。高热者采用物理降温，如冰敷头部、腋窝、腹股沟等处，或用30%～50%酒精、温水擦浴等。

七、痉证的健康教育有哪些方面？

1. 痉证的生活起居调护

（1）环境保持安静，光线柔和，避免声光刺激。调节室温为20～22℃，湿度在50%～70%，每天开窗通风2次，每次30分钟。

（2）床单位平整，痉证发作期间设床栏，尽量减少搬动患者，专人看护，保持环境安静，避免各种不良刺激，治疗和护理工作要合理地集中安排，有利于患者安静休养，减少痉证发作。

（3）生活护理：对病情较重和长期卧床者协助生活护理，保持皮肤干洁，及时更换汗湿衣物及床上用品，禁食患者给予口腔护理或协助刷牙，每天2次，进食前后温开水漱口。

2. 痉证的情志调护 痉证患者因突然而且反复发作，影响正常生活及工作，甚至危及生命，所以患者精神负担重，容易感到紧张、恐惧、焦虑、抑郁、易激怒、激惹等不良心理反应。护士应多安慰、关心患者，鼓励患者表达自己的心理感受，并使其了解应如何防护，避免伤残，以积极乐观的态度面对疾病。

3. 痉证的饮食调护 抽搐或意识未清醒的患者应禁食。抽搐停止或意识清醒后可给予易消化、清淡、富含维生素的营养饮食，勿暴饮暴食，忌食生冷食物和浓茶、咖啡、辛辣等刺激性食物，戒烟酒。

（1）外感发痉者，予饮食苏叶、厚朴水，服用葱、姜、韭菜等辛温散寒的食物，以助散寒温通经络。

（2）热甚发痉者，饮食宜清淡性凉，鼓励多饮水，或饮西瓜汁、藕汁、绿豆汤等，以清热生津。

（3）内伤痉证者，食宜营养丰富、易于消化，多食甘润多汁水果和清润食物，如梨、橘子、百合、甲鱼、海参等，并可服用紫河车、龟板胶、阿胶等，以补益精血，濡养筋脉。

4. 痉证的用药护理

（1）痉症发作时可以遵医嘱给予10%水合氯醛、地西泮、苯妥英钠等镇静止痉药。

（2）保持大便通畅，对便秘者可遵医嘱予生大黄10g或番泻叶6g泡水饮服，或予大承气汤等灌肠通便，以通腑泄热，使邪有出路。

5. 痉证的转归及预后

（1）若起病较缓，发作次数较少，程度轻，预后良好，若起病急骤，并伴有颈项强直，角弓反张，发作频密，口张目瞪，汗出如油珠，预后不良。

（2）外感者多属实证，正气未虚，治疗得当，多可以较快好转或治愈；热甚风动致痉，治疗不及时或治疗不当，则往往病情凶险，可危及生命；若热盛伤阴，肝肾精竭，转为虚证或虚实夹杂，致病情迁延难愈。

6. 痉证的预防

（1）积极治疗原发病，如外感病初起，宜积极疏散外邪，避免其壅塞经络；热盛于里，应及时清解并注意护津；见到亡血失津等病证时，应及时养血滋阴以濡筋。

（2）痉证发作前往往有先兆表现，应密切观察，及时处理。如发现双目不瞬、口角肌肉抽动应立即在辨证论治基础上酌加羚羊角、钩藤、全蝎等止痉药物急煎顿服，或用针刺治疗，防止发痉。

（3）劳逸结合，积极锻炼身体，增强体质，防止外邪侵袭和外伤感染。一旦感受外邪，要进行积极有效的治疗，避免邪壅经络。若感受热邪，应及时清解并注意固护阴津。

第三节　痿　　证

一、什么是痿证？

痿证是以肢体筋脉弛缓，软弱无力，不能随意运动，日久而致肌肉萎缩或肢体瘫痪为特征的一种病症。“痿”指肢体痿弱，肌肉萎缩。以下肢痿弱较为常见，亦称“足躄”。

二、痿证的病因是什么？

1. 温热犯肺　温热毒邪内侵，高热不退，或低热不解，伤津耗气，肺热叶焦，不能布润五脏，致四肢筋脉失养，五脏失濡。

2. 湿热浸淫　久处湿地，或冒雨露，浸淫经脉，营卫运行受阻，郁遏生热，久则气血运行不利，筋脉肌肉失却濡养而弛纵不收，成为痿病。

3. 饮食失调　脾胃虚弱，久病成虚，中气受损，则受纳、运化、输布的功能失常，气血津液生化之源不足，无以濡养五脏，以致筋骨失养，关节不利，肢体痿弱不用。也有因饮食不节，如过食肥甘，或嗜酒，或多食辛辣，损伤脾胃，内生湿热，阻碍运化，导致脾不输运，筋脉肌肉失养，而发生痿病。同时阳明湿热不清，易灼肺金，加重痿病。

4. 劳欲久病　先天不足，久病体虚，或因房劳太过，精损难复，或劳役太过，明精亏损，导致肾中水亏火旺，筋脉失其营养，而成痿病。

5. 跌仆瘀阻　跌打损伤，瘀血阻络，新血不生，经气运行不利，脑失神明之用，发为痿证；或产后恶露未尽，瘀血流注于腰膝，以致气血瘀阻不畅，脉道不利，四肢失其濡润滋养。

三、痿证有哪些临床表现？

本病以筋脉弛缓，肢体肌肉软弱无力，不能随意活动，甚至肌肉萎缩或瘫痪为主要证候特征。但因证不同，临床表现各异。有急性起病，进行性加重者；有缓慢发病者；也有时轻时重，周期性发作者；有疲劳后发病者，有睡卧后发作者。一般以下肢发病多见，也有见于上肢、肩背者，有影响窍髓难于张口、睁目者，甚至瘫痪于床者。有以肢体近端肌肉弱于远端者，或以肢体远端肌肉弱于近端者。初则仅为肌肉软弱无力，久则肌肉萎缩不用。

四、痿证的相关检查有哪些？

1. 实验室检查　血清谷草转氨酶（AST）、谷丙转氨酶（ALT）、乳酸脱氢酶（LDH）、醛缩酶、肌酸磷酸激酶（CPK）、脑脊液检查，乙酰胆碱受体抗体。

2. 影像学检查　肌电图检查、CT、MRI。

五、痿证的治疗原则是什么？

痿证的治疗，虚证宜扶正补虚为主，肝肾亏虚者，宜滋养肝肾；脾胃虚弱者，宜益气健脾。实证宜祛邪和络，肺热伤津者，宜清热润燥；湿热浸淫者，宜清热利湿；瘀阻脉络者，宜活血行瘀。虚实兼夹者，又当两者兼顾之。

六、痿证的护理要点是什么？

1. 生活护理 指导和协助患者生活护理，如洗漱、进食、如厕、穿脱衣服及个人卫生，保持床单清洁，定时翻身拍背，鼓励患者排痰，以防止痰湿壅肺和发生压疮。

2. 下肢麻木无力或瘫痪者，应注意患肢保暖，保持肢体功能体位，防止肢体挛缩和关节僵硬，有利于日后功能恢复。由于肌肤麻木，知觉障碍，在日常生活与护理中，应避免冻伤或烫伤。

3. 保持呼吸道通畅 密切观察患者呼吸频率、节律与深度的变化，观察有无呼吸困难，出现发绀、咳嗽无力、烦躁不安等重症肌无力危象症状，及时报告医生。

4. 加强康复功能训练 病情较重者，卧床者可协助肢体被动，保持肢体功能位，可经常用手轻轻拍打患肢，以促进肢体气血运行，有利于康复。病情稳定后采取主动练功训练，如上肢活动障碍者，可采用写字、投掷、接球、弹琴、编织、拨算盘等，若下肢活动受限者，采用踏三轮车、缝纫等作业训练方法。病情允许可选用相应的按摩、气功及五禽戏、八段锦等传统体育锻炼方法。

七、痿证的健康教育有哪些方面？

1. 生活起居调护

（1）痿证的发生常与居住湿地、感受湿邪有关，因此，应避居湿地，防御外邪侵袭，有助于痿证的预防和康复。

（2）起居有常，生活规律，劳逸结合，勿熬夜，注意节慎房事，避免损耗肾精。

（3）居室宜舒适，床不宜过高，床边要有护栏，走廊、厕所墙壁应有扶手。地面保持平整干结，防滑防湿，除去门槛及其他障碍物，方便患者活动和防止跌倒。

（4）注意适量运动，增强体质，选择有助于恢复健康的运动。病情较重或长期卧床不起的患者，应给予适当的按摩防止压疮的产生。

2. 痿证的情志调护 患者部分肢体功能丧失，容易产生绝望情绪，应多与患者交流，鼓励患者表达自己的感受，提供有关疾病、护治及预后的信息，鼓励患者正确对待疾病，消除忧郁、恐惧、悲观的情绪，建立积极乐观的心态，减轻患者的心理负担，并取得家属的配合。

3. 痿证的饮食调护 高蛋白、易消化的食物：如鸡、鱼、瘦肉、蛋类、豆制品及新鲜蔬菜水果，忌食生、冷、辛、辣性食物及烟酒等刺激。

（1）饮食五味得当，不可偏嗜，避免暴饮暴食，尤其是对周期性麻痹患者，反复发作的全身性瘫痪患者禁忌饱餐高糖饮食。

（2）饮食有节，不过饥或过饱，同时营养调配恰当，不偏食。肺热津伤者可多给汤水及雪梨、荸荠、鲜藕、西瓜、绿豆、番茄等滋养肺胃阴津之品；湿热浸淫者可多给鲤鱼、赤豆、冬瓜、荠菜、薏苡仁等清热利湿之品；脾胃亏虚者可多给鸡蛋、瘦肉、牛乳、鱼类、桂圆、红枣、莲子、山楂等补中健脾之品；肝肾亏损可给鲜紫河车、甲鱼、牛猪蹄筋、猪牛羊骨髓等。

（3）吞咽困难患者，给予半流质饮食，细嚼慢咽，防止呛咳，必要时给予管饲饮食。

4. 痿证的转归及预后 痿证的预后与病因、病程有关。外邪致痿，应及时救治，免成痼疾。多数早期急性病例，病情较轻，治疗效果较好，功能较易恢复；若失治或治之不当，以及内伤致病或慢性病例，病势缠绵，渐至于百节缓纵不收，脏气损伤加重，大多沉痼难治。年老体衰者，预后较差。

5. 痿证的预防 痿证的发生常与自身摄护不慎有关。如自然界的湿、寒、热、暑等六淫邪气乘虚而入，因此，痿证的预防必须顺应四时气候变化，御寒保暖、避暑防热，谨防湿气。居室应清洁干燥、通风透光，外出活动要注意气候寒温，适当增减衣服，防止感冒。尤其要避免久卧湿地或涉水冒雨，出汗后湿衣及时更换。长期在水中作业者，以及夏热暑湿之季，更当格外注意防止湿气侵袭，同时加强体质锻炼，保持气血通畅，注意精神调养，节慎房事，生活饮食规律，免发痿证。

第四节　颤　　证

一、什么是颤证?

颤证是以头部或肢体摇动颤抖而不能自制为主要临床表现的一种病证。轻者表现为头摇或手足微颤；重者可见头部振摇，肢体颤动不止，甚至肢节拘急，失去生活自理能力。

二、颤证的病因是什么?

1. 久病体虚　罹患沉疴，久病体弱，脏腑功能失调，气血阴阳不足，或热病伤阴，阴不制阳，阴精亏虚，筋脉失养，虚风内动，或年老体虚，脾胃渐损，肝肾亏虚，筋脉失养；或禀赋不足，肾精亏损，脏气失调。

2. 情志过极　郁怒忧思过极，脏腑气机失于调畅。郁怒伤肝，肝气郁结，气滞血瘀，筋脉失养；或肝郁化火生风，风阳暴涨，窜经入络，扰动筋脉；思虑太过，损伤心脾，气血化源不足，筋脉失养；或脾虚不运，津液失于输布，聚湿生痰，痰浊流窜经络，扰动筋脉。

3. 饮食不节　恣食膏粱厚味或嗜酒成癖，损伤脾胃，食积而聚湿生痰，痰浊阻滞经络而动风；或滋生内热，痰热互结，壅阻经脉；或饥饱无常，过食生冷，损伤脾胃，气血生化乏源，致使筋脉失养而发为颤证。

4. 劳逸失当　行役劳苦，动作不休，使肌肉筋膜损伤疲极；或房事劳欲太过，肝肾亏虚，阴血暗损，虚风内动；或贪逸少动，使气缓脾滞而气血日减，筋脉失于调畅而不得任持自主，发为颤证。

三、颤证有什么临床表现?

本病以头部及肢体摇动、颤抖，甚至不能持物为其临床特征。发病缓慢，渐进加重。初病仅有头摇或手足微颤，尚能坚持工作和生活自理，随着病程的延长，头摇手足颤震频繁，幅度加大，甚至不能持物，食则令人代哺，或兼有项强、四肢拘急，继而肢体不灵、行动缓慢，表情淡漠、呆滞；终则口角流涎，甚至卧床不起。

四、颤证的相关检查有哪些?

1. 实验室检查　眼底角膜色素环（K-F 环），血铜、尿铜、肝功能、T3 及 T4 甲状腺功能。

2. 影像学检查　CT、MRI。

五、颤证的治疗原则是什么?

本病初期，本虚之象并不明显，常见风火相扇、痰热壅阻之标实证，治疗以清热、化痰、熄风为主；病程较长，年老体弱，其肝肾亏虚、气血不足等本虚之象逐渐突出，治疗当滋补肝肾、益气养血、调补阴阳为主，兼以熄风通络。由于本病多发于中老年人，多在本虚的基础上导致标实，因此治疗更应重视补益肝肾，治病求本。

六、颤证的护理要点是什么?

1. 安全护理　做好安全防护，对有震颤、肌强直、平衡失调、行走困难的患者，应防止发生坠床、擦伤、烫伤和跌倒等意外发生。对有幻觉、错觉、欣快、抑郁、精神错乱或智能障碍的患者应特别强调专人陪护，注意“三防”，防自杀、伤人、走失等意外。

2. 生活护理　主动了解患者的需要，指导患者进行自我护理，协助患者完成洗漱、进食、沐浴、大小便照料，增进患者舒适，预防并发症。

3. 采取有效的沟通方式　对言语不清、构音障碍的患者，应耐心倾听患者的主诉，了解患者的生活需要和情感需要，可指导患者采用手势、纸笔、画板等沟通方式与他人交流。

4. 保持大小便通畅　对经常便秘患者，可指导患者多进食含纤维素多的食物及新鲜的蔬菜、水果，每天两次双手顺时针按摩腹部，15～30 分钟/次，促进肠蠕动，可口服蜂蜜、麻油或遵医嘱予口服番泻叶等通便剂；对于排尿困难患者应评估患者排尿困难的原因、膀胱充盈的情况，可采用热敷、腹部按摩、听流水声等方法刺激排尿，必要时给予导尿或留置尿管。

5. 运动指导 运动锻炼的目的在于防止和推迟关节强直与肢体挛缩，与患者和家属共同制订切实可行的锻炼计划。

（1）疾病早期：初期主要表现为震颤，鼓励患者尽量参加适当的运动锻炼，如下棋、散步、太极拳，注意保持身体和各关节的活动强度与最大活动范围。

（2）疾病中期：对于已出现某些功能障碍或感到困难的动作要有计划、有目的地锻炼，做力所能及的家务，尽量做到自己的事情自己做。

（3）疾病晚期：患者出现显著的运动障碍而卧床不起，应协助患者进行关节活动、按摩四肢肌肉等被动活动，预防压疮、泌尿系感染等并发症。

七、颤证的健康教育有哪些方面？

1. 颤证的生活起居调护

（1）早期症状较轻时，保持规律的工作、学习、生活，避免过度劳累。注意加强肢体功能锻炼，适当参加力所能及的体育活动，如太极拳、八段锦、内养功等。病情进一步发展时，协助患者在床边、房间活动。病情重者应卧床休息，协助生活护理。

（2）保持环境整洁、地面干燥，病室应保持安静、通风好，温湿度宜人，减少环境中的障碍物和危险品。过道和卫生间等活动场所应设置扶手，配高位坐厕、高脚椅，日常生活用具要方便患者，必要时使用约束性器具。

2. 颤证的情志调护 患者早期动作迟钝、表情淡漠，语言断续、流涎，患者往往产生自卑、忧郁心理，回避人际交往，拒绝社交活动，沉默寡言，随着病程延长，患者丧失劳动能力，生活自理能力也逐渐下降，会产生焦虑、恐惧甚至绝望心理。护士应细心观察患者的心理反应，鼓励患者表达他们的心理感受，及时给予正确的信息和引导，使其能够正确面对疾病，积极配合治疗。鼓励患者多与他人沟通交往。对语言困难者，指导患者及家属制订特定性语言沟通，家属关心体贴患者，减轻其心理压力。

3. 颤证的饮食调护

（1）给予高热量、高维生素、高纤维素、低盐低脂、适量优质蛋白的易消化饮食，多食新鲜水果、蔬菜，及时补充水分；避免进食高胆固醇、辛辣刺激性食物；戒烟酒。

（2）患者有饮水呛咳、吞咽困难时，药物和食物应磨碎后喂食，进食时取坐位或半坐卧位，给予软食、糊状或半流质食物，缓慢进食，不要催促患者，必要时给予管饲饮食。

4. 颤证的转归及预后 本病多为原发性的，亦可继发于湿热病、中风、中毒、颅脑外伤等疾病。临床多呈缓慢进展加重，有时病情可暂时停止进展，也有在数年内迅速发展至完全残废者，一般不能自动缓解，治疗较难，预后欠佳。体质强盛，正气尚充，病程较短的患者，运用中医治疗，部分患者可痊愈，部分病例在一定程度上病情可得到控制。少数气血亏虚，肾阴亏损，虚风内动患者，经益气养血、育阴熄风治疗，也有一定好转。但若失治或调摄治疗不当，以致气血大亏，脏器虚损，则逐年加重，可转为痴呆，并发它证而不治。

5. 颤证的预防 预防颤证应注意生活调摄，保持情绪稳定，心情舒畅，避免忧思郁怒等不良情绪刺激，饮食宜清淡而富有营养，忌暴饮暴食及嗜食肥甘厚味，戒除烟酒等不良嗜好。此外，避免中毒、中风、颅脑损伤对预防颤证发生有重要意义。

第五节 腰 痛

一、什么是腰痛？

腰痛又称“腰脊痛”，是指因外感、内伤或挫闪导致腰部气血运行不畅，或失于濡养，引起腰脊或脊旁部位疼痛为主要症状的一种病证。

二、腰痛的病因是什么？

1. 外邪侵袭　多由居处潮湿，或劳作汗出当风，衣着单薄，或冒雨着凉，或长夏之季，劳作于湿热交蒸之处，寒湿、湿热、暑热等六淫邪毒乘劳作之虚，侵袭腰府，造成腰部经脉受阻，气血不畅而发生腰痛。

2. 肾虚年衰　先天禀赋不足，加之劳累太过，或久病体虚，或年老体衰，或房事不节，以致肾之精气亏虚，无以濡养腰府筋脉而发生腰痛。

3. 跌仆闪挫　举重抬舁，暴力扭转，坠堕跌打，或体位不正，用力不当，屏气闪挫，跌仆外伤，导致腰部经络气血运行不畅，气血阻滞不通，血络瘀阻而生腰痛。

三、腰痛有什么临床表现？

腰痛以腰部一侧或两侧疼痛为本病的基本临床特征。因病理性质的不同，而有种种表现。发病缓慢，病程较久，或急性起病，病程较短。疼痛性质有隐痛、胀痛、酸痛、濡痛、绵绵作痛、刺痛、腰痛如折；腰痛喜按，腰痛拒按；冷痛得热则解，热痛遇热更甚。腰痛与气候变化有关，腰痛与气候变化无关。腰痛劳累加重，休息缓解。腰痛影响功能活动，腰“转摇不能”，“不可以俯仰”。腰痛固定，腰痛放射其他部位，引起腰脊强、腰背痛、腰股痛等。

四、腰痛的相关检查有哪些？

1. 实验室检查　血常规、抗溶血性链球菌“O”、红细胞沉降率、类风湿因子。

2. 内脏疾病引起的腰痛应查血、尿检查和泌尿系统检查。

3. 妇科检查排除妇科疾病引起的腰痛。

4. 影像学检查　腰椎、骶髂关节 X 光或 CT 片。

五、腰痛的治疗原则是什么？

腰痛治疗当分标本虚实。感受外邪属实，治宜祛邪通络，根据寒湿、湿热的不同，分别予以温散或清利；外伤腰痛属实，治宜活血祛瘀、通络止痛为主；内伤致病多属虚，治宜补肾固本为主，兼顾肝脾；虚实兼见者，宜辨主次轻重，标本兼顾。

六、腰痛的护理要点是什么？

1. 观察患者疼痛的部位、范围、性质、持续时间、放射范围，缓解方式。合理应用非药物性止痛措施：如松弛术，皮肤刺激疗法，分散注意力等。

2. 观察患者双下肢的感觉、活动、反射情况。

3. 观察患者大小便情况。有无血尿、尿频、尿痛等症状应。做相关检查，及时报告，对症处理。

4. 腰痛剧烈时应卧床休息，椎间盘病变者可卧硬板床，协助生活护理。

5. 局部有外伤者保持伤口干结，定时换药。

七、腰痛的健康教育有哪些方面？

1. 腰痛的生活起居调护　急性腰痛，应及时治疗，注意休息调养，以巩固疗效。慢性腰痛除药物治疗外，注意腰部保暖，或加用腰托固护，勿提重物，避免腰部损伤，生活规律，避免劳欲太过，防止感受外邪，经常适当活动腰部，或进行腰部自我按摩、打太极拳等活动。

2. 腰痛的饮食调护　宜进食富含蛋白质、维生素食物，多吃蔬菜、水果，避免食用辛辣刺激性食物、忌烟酒。如有肾功能不全患者，应给予低盐、优质蛋白饮食，限制水钠摄入。

3. 腰痛的用药指导

（1）本病常用活血化瘀药物治疗。护士应正确执行医嘱，密切观察患者用药后反应，注意患者有无出血倾向。

（2）寒湿腰痛、肾虚腰痛、瘀血腰痛可内服药物，配合熨法治疗，如将肉桂、吴萸、葱头、花椒四味捣匀，炒热，以绢帕包裹熨痛处，外用药膏贴之。并注意观察熨处皮肤的颜色，患者的感觉，防止温度过高引起灼伤。

4. 腰痛的转归及预后 腰痛患者若能得到及时正确的治疗，一般预后良好。但若失治误治，病延日久，痛久入络，气郁血阻于络脉，邪气益痼，营血益虚，腰部筋肉骨节失荣，可能转归、合并腰部强直、痿弱（痿病），瘫痪于床榻，则预后不良。

5. 腰痛的预防

（1）预防腰痛，应注意日常生活中要保持正确的坐、卧、行姿势和体位，劳逸适度，腰部用力应适当，不可强力负重，不可负重久行，避免腰部跌仆闪挫。若需作腰部用力或弯曲的工作时，应定时做松弛腰部肌肉的体操。

（2）避免坐卧湿地、暑季湿热郁蒸时，亦应避免夜宿室外，贪冷喜凉。涉水冒雨或出汗后应及时换衣擦身，或服用生姜红糖茶，以发散风寒湿邪。

（3）劳逸适度，节制房事，勿使肾精亏损，肾阳虚败。

参考文献

曹莉萍. 2012. 实用中医特色护理学. 武汉：湖北科学技术出版社.

陈利芬，成守珍. 2013. 专科护理常规. 广州：广东科技出版社.

程清琳，步晖. 2012. 老年痴呆症的中医护理. 内蒙古中医药，31（5）：152-153.

戴新娟. 2003. 中医护理健康教育. 长沙：湖南科学技术出版社.

戴新娟. 2014. 中医护理常规. 南京：东南大学出版社.

邓春华，王晓峰. 2009. 男性性腺功能减退症诊疗手册. 北京：人民卫生出版社.

邓铁涛，欧明. 1984. 中医内科学. 广州：广东科技出版社.

杜平平，赵双，吴限，等. 2016. 运用补阳还五汤治疗老年性眩晕的经验. 湖北中医杂志，（38）：32-33.

费秋红，张兴华，崔萍萍. 2014. 中医疗法护理耳聋耳鸣的应用体会. 辽宁中医杂志，（8）：1728-1729.

古月. 2012. 健忘症的饮食疗法. 东方食疗与保健，（5）：20.

郭彦. 2000. 常见病中西医结婚健康教育指导. 北京：科学普及出版社.

郭志红，张蓉. 2006. 慢性头痛的中医药治疗. 中国全科医学，9（13）：1115-1116.

胡洁莹. 2015. 浅谈神经性头痛对患者的危害及护理体会. 医学信息，28（12）：247.

贾建平，王荫华，杨莘，等. 2011. 中国痴呆与认知障碍诊治指南（六）：痴呆患者护理. 中华医学杂志，91（15）：1013-1015.

蒋婷. 2016. 老年性眩晕多因“虚”所致. 家庭医药：快乐养生，（6）：35.

金美英，张鹏，齐向华. 2014. 清阳不及之厥证新治. 云南中医中药杂志，35（8）：16.

兰芬. 2009. 膳食帮你远离健忘症. 从健康，（9）：35.

李茯梅. 2003. 中医护理概论. 湖南：湖南科学技术出版社.

李家邦. 2012. 中医学. 第7版. 北京：人民卫生出版社.

梁莹. 2011. 慢性肾脏病耳鸣耳聋患病率及其中医证候特点研究. 北京：北京中医药大学.

刘革新. 2002. 中医护理学. 北京：人民卫生出版社.

刘健美，王秀霞. 2012. 中医护理学. 第2版. 北京：中国医药科技出版社.

刘文俊. 1995. 中医内科护理学. 北京：学苑出版社.

刘艳娇. 1998. 肥胖病防治200问. 北京：中国中医药出版社.

刘阳，姜贺，王峰，等. 2013. 中医在治疗痴呆患者中的价值分析. 世界最新医学信息文摘（连续型电子期刊），（35）：450-451.

刘玉珍，张广清. 2006. 临床中西医结合护理全书. 广州：广东人民出版社.

柳淑芳. 2014. 老年痴呆的中医护理. 鄂州大学学报，（3）：82-84.

卢祥之. 1995. 中国药粥谱. 北京：科学技术文献出版社.

罗仁，曹文富. 2012. 中医内科学. 北京：科学出版社.

吕素英. 1988. 内科学及护理. 江苏：江苏科学技术出版社.

潘敏求. 1996. 中华肿瘤治疗大成. 石家庄：河北科学技术出版社.

荣堃. 2005.《内经》耳鼻咽喉科学理论探析及临床. 济南：山东中医药大学.

孙秋华，陈佩仪. 2012. 中医临床护理学. 北京：中国中医药出版社.

唐方，黄小波. 2013. 中医学. 第2版. 北京：北京大学医学出版社.

田红英. 2010. 中风患者的中医护理. 中国现代药物应用，4（15）：173-174.

田香玲. 1992. 中医临床护理学. 辽宁：辽宁科学技术出版社.

王虹，李伟，张素琼. 2012. 实用中医专科护理常规及操作规程. 北京：中国医药科技出版社.

王吉耀. 2012. 内科学. 第2版. 北京：人民卫生出版社.

王明杰，罗仁. 2006. 临床中医学. 北京：科学出版社.

王永炎，鲁兆麟. 1999. 中医内科学. 北京：人民卫生出版社.

王永琰，严世芸. 2009. 实用中医内科学. 第 2 版. 上海：上海科学技术出版社.

魏聪兰. 2015. 耳鸣耳聋中医治疗的研究进展. 临床医药文献电子杂志，(24)：5162-5163.

吴江，贾建平. 2016. 神经病学. 第 3 版，北京：人民卫生出版社.

吴霞. 2004. 实用中医护理学. 中国中医药出版社.

夏锦堂. 2006. 中医内科述要. 上海：上海中医药大学出版社，57-61.

冼绍祥，全小明. 2012. 中医护理康复指导. 北京：人民军医出版社.

徐桂华. 2007. 内科护理学. 北京：中国中医药出版社.

徐华初. 2012. 丛集性头痛和三叉神经、自主神经性头痛的分类、诊断. 按摩与康复医学旬刊，3（35）：100-101.

许虹. 2004. 实用中西医症状护理学. 北京：人民卫生出版社，1.

许学华，鲁静，隋学军. 2001，谈中风病人的中医护理. 辽宁中医杂志，28（8）：503.

杨峰. 2010. 头痛、健忘、痴呆病症的特色诊断和特效治疗. 现代养生，(9)：20-22.

杨海清，薛艳君，陈伟. 2013. 中风患者出院宣教的指导. 中国社区医师：医学专业，13（3）：294.

尤黎明，吴瑛. 2006. 内科护理学. 北京：人民卫生出版社.

余艳兰，张伟萍，刘霞辉，等. 2012. 常见内科疾病的中医护理. 广州：世界图书出版广东有限公司.

张伯臾. 1985. 中医内科学. 上海：上海科学技术出版社.

张传秀，李菲菲，金昌兰. 2014. 实用中西医护理技术. 北京：人民卫生出版社.

张杰，刘李红，张尉. 2012. 中医护理工作手册. 北京：军事医学科学出版社.

张林英. 2012. 老年健忘症运用中医康复辨证施护效果观察. 医学前沿，2（16）：322.

张素秋，孟昕，李莉. 2012. 常见病中医护理常规. 北京：人民军医出版社.

张云. 2015. 后循环缺血患者眩晕的护理策略. 吉林医学，36（36）：1648-1649.

张正浩，王桂祥. 1998. 实用中西医结合护理学. 北京：中国中医药出版社.

赵忠香. 2015. 耳鸣耳聋的日常护理及预防. 临床医药文献电子杂志，2（13）：2622-2623.

郑一宁，张洪君. 2008. 实用消化科护理与技术. 北京：科学出版社.

周凌，孙秀. 2005. 现代中医临床护理. 北京：人民卫生出版社.

周秀华. 2000. 内外科护理学（上下册）. 北京：北京科学技术出版社.

周仲瑛. 2007. 中医内科学. 第 2 版. 北京：中国中医药出版社.

周仲瑛. 2015. 中医内科学. 北京：中国中医药出版社.

诸姝君，吴承玉. 2012. 论厥与厥证. 南京中医药大学学报：自然科学版，18（3）：143.